吕叔湘 传

方有林 著

中国教育出版传媒集团　语文出版社

·北京·

图书在版编目（CIP）数据

吕叔湘传 / 方有林著. -- 北京 ：语文出版社，
2024. 12. -- ISBN 978-7-5187-2174-0

Ⅰ. K825.46

中国国家版本馆CIP数据核字第2024CM8931号

LÜSHUXIANG ZHUAN

吕 叔 湘 传

责任编辑	黄富雄
装帧设计	徐晓森
出　　版	语文出版社
地　　址	北京市东城区朝阳门内南小街51号　100010
电子信箱	ywcbsywp@163.com
排　　版	语文出版社照排室
印刷装订	河北新华第一印刷有限责任公司
发　　行	语文出版社　新华书店经销
规　　格	787mm×1092mm
开　　本	1／16
印　　张	16.5
字　　数	304千字
版　　次	2024年12月第1版
印　　次	2024年12月第1次印刷
定　　价	68.00元

📞 010-65253954(咨询) 010-65251033(购书) 010-65250075(印装质量)

序

　　方有林老师把他积十几年之功撰写的《吕叔湘传》书稿寄给我，我一口气读完，心情很不平静。方老师希望我为书作序，我很愿意借此机会谈谈我的感想。

　　书稿又一次唤起我对吕叔湘先生的回忆，他的音容笑貌，伴随着文字间一个个历史事件，栩栩如生地展现在眼前。不光是我，我相信这本书的读者都会感触到一个生动立体的吕叔湘，那位儒雅睿智、亲切和蔼的吕先生，从书中缓缓地向读者走过来。

　　非常佩服本书作者爬梳史料和还原现场的功力。这一点，是我读过书稿后最深切的感受。有林老师花了那么大功夫去搜寻史料，体现了他作传的责任心：一是对传主负责，二是对读者负责。

　　比起同时代许多著名学者来，吕叔湘先生在著作之外留存的相关资料不算太多。全面的传记几乎没有，相关的回忆文章也数量有限，这跟先生一生低调务实的风格是直接相关的，也给作传带来了很大的困难。我跟本书作者有共同的体会，先生离世二十多年来，我也曾尽量搜集相关的史料，却总是难以绘全先生一生的足迹。这个寻觅的过程，也是一个感动的过程。我在先生身边工作的时候，就多次见到他婉拒媒体的采访；先生日常做事，凡是有可能产生新闻效应的，他都习惯性地避开。先生固然是个名人，但他更愿意远离热度，静静地在书房里读书写作。他的人生舞台主要是在文字上，而不是在聚光灯下，他的生活方式注定是不会产生多少新闻度的。远离尘嚣的吕先生，并不是在静心"修行"，他也有不为人知的"火热"：在他那间狭窄的书房里，我数次见到先生汗流浃背地给堆积如山的图书打捆，默默地寄往家乡的中小学；或是在灯下一笔一画地给普通读者复信，耐心解答问题；或是让我帮他到邮局寄还有关单位给他的专家费，或是不事张扬地一笔笔寄出捐助……发现吕先生"新闻"稀少的过程，恰恰成了发现他人格伟大的过程。我想，这一点上，本书作者一定跟我深有同感。

　　史料不全的情况下，如何还原吕先生的生平事迹？本书作者并没有被这个难题困住。他大量查考先生履历的相关记述，或是先生经历的学校、机构的各种史实记载，或是与先生同时、同事的学人回忆，更广泛查考各类校史、方志、传记以及文学作品等，从各个角度锁定特定的历史场合，勾勒出吕先生历史行程的每一个具体场景。本书作者这个做法，并非仅仅是因为直接资料的不足所迫，其中更重要的意义，在于给读者提供一个个准确的时代坐标和历史定位，让读者在复杂厚重的历史背景中去理解吕先生。例如吕先生在东南大学求学的经历，是他人生观形成的重要时期。吕先生晚年还常说自己的思想是"五四"思潮在起作用。那么东南大学的现代科学精神与民主进步的校风，是如何塑造了吕先生一生的理想信念？本书作者旁征博引，让读者对东南大学的进步精神有了鲜活生动的了解，自然对吕先生早期学术理想的形成就有了更深的体会。再如，我们都知道吕先生初次到北京是在1925年暑假起的那一年，那一年他在北京见识了什么，经历了什么，体会到了什么，除了先生自己晚年自述中的寥寥数语，我们难解其详。本书作者却能详细征引有关记述中涉及的当时北京的政治形势和日常生活面貌，让我们自然而然地感受到那短短的一年京华履历，给吕先生的政治见识和民生体验产生了什么样的深刻影响。

这本书最难能可贵的地方，以我看来，就在对吕先生前半生这些重要经历的钩沉索隐般的悉心考证。这些考证，为我们揭示了青少年吕叔湘的人生底色，也帮助我们寻绎出了一颗伟大灵魂的塑造历程。在吕先生百年诞辰的时候，吕先生的得意门生、著名语言学家江蓝生先生曾经为中国社会科学院语言研究所编纂的《吕叔湘》画传作序，江先生称吕叔湘先生为"人民的语言学家"，这也是了解吕先生后半生事迹的语言学同道的共同心声。先生之所以成为人民的语言学家，是跟他早年植根人文、体味民生、追求理想的经历分不开的。这部书的前半部，从丹阳写到南京，从苏州追述到英国，又追随传主从成都到南京、上海、北京……作者带着我们，用吕叔湘先生的眼睛阅历了上个世纪初的江南社会，三十年代海外游子的求知与思乡，抗日烽火中大西南知识精英群体的文化坚守，以及新中国成立前夕爱国学人对新政权的热情期待和奔赴。我们也从中感受到了一个从江南小镇走出的觉醒的知识分子，是如何看清了民族的命运，如何感悟了历史使命，如何坚定了人生的方向。

作为一位学术巨人的吕叔湘先生，他学术生涯的起点，他学术品格的塑造，也都是起源于青壮年时期。本书作者对吕先生英文功力的锻造、汉语语法兴趣的发轫、教育情怀的萌生等，都做了追溯源头的努力。作者认为，吕先生晚年谦称的"杂家"二字实为吕先生身为"通家"的知识结构的真实写照。语言学家俞敏先生也曾经深有感慨地说："记得王引之说过作学问有三难：学、识、断。我看还该加上组织综合能力跟抽象能力。要培养这种能力，自然科学训练很有用。叔湘先生有这么大成就，可能得过他受的自然科学训练的力。"俞敏先生深知吕先生学术素养的来历，才下此断言。在吕先生八十寿辰、九十寿辰之际，以及百年冥诞的日子里，学者们对吕先生的学术道路和学术经验做了多方面的总结。如今，在先生百廿诞辰之际，由江蓝生先生主笔的《吕叔湘评传》也将问世，该书侧重于评述吕先生的学术道路和学术思想，是中国语言学在新时代继往开来的理论成果。这部学术评传跟方有林老师这部侧重于生平的吕先生传记两相映照，恰成对吕先生学术遗产的最好纪念。

方有林老师从事语文教学研究多年，吕叔湘教育思想的研究是他最有心得的。几年前，他就著有《语言学视角，科学化追求：吕叔湘语文教育思想研究》一书，并编著了《中国现代著名语文教育人物·吕叔湘》，对吕先生的教育思想做了系统的总结和阐述，并初步梳理了吕先生求学、从教以及领导语文教育改革的人生履历。我们眼前这本新的传记，既可以说是前一部著作中"吕叔湘传述"部分的扩展，更可以说是前著理论总结的延伸。吕叔湘语文教学思想的精神贯穿了这部最新传记的全书，吕先生丰富多彩的人生经历成为他教学思想的最好注脚，也使得教育家吕叔湘、翻译家吕叔湘、语言学家吕叔湘、共产党员吕叔湘这几个为人熟知的侧面，在吕先生的理想追求和民族情怀这个至大主题上，建立起完整的逻辑联系。阅读此书，我最深的体会就在这里。我也愿意借此机会，把这个感想分享给此书的作者和读者。

张伯江

2024 年孟冬于北京

(作者系中国社会科学院语言研究所所长)

目 录

  1904 年，吕叔湘生于江苏丹阳县城的小康之家。平畴的广袤，运河的灵动，四门的八音，熙攘的胜俗，水土人文，滋养造形。少年吕叔湘沐浴于金色的辰光：既入私塾读古书，又进学堂修新学；既有殷实家庭的照拂，又有淳朴民风的濡养；既有兄长、学长的砥砺，又有乱翻闲书的幸运。

  吕叔湘 14 岁进入常州省立五中，"存诚，能贱"的校训第一课，奠定了他一生做人做事的底色；近乎严苛的校规校纪，培育了吕叔湘优良的学习和生活习惯；丰富多彩的游艺课，养成了他张弛有度的行事风格；各展所长、宽严相济之名师风范，哺育了吕叔湘的高远志向和孜孜以求的学风。校园里弥漫着新文化运动的浓郁氛围，为吕叔湘的思想注入了民主、科学的新基因。

  吕叔湘 18 岁来到南京入读东南大学，文理科倡行的博雅教育，奠定了吕叔湘坚实的"杂家"底子。身处象牙塔，而来自家庭、学校和社会的变故却接踵而至，几似于天文大潮时风、暴、潮"三碰头"，却也逼他研读社会这本无字之书，借读北京大学时得见世面。还有，在学习和恋爱相融互促的一面，吕叔湘智慧地走出了一条改良旧婚姻的新路。

　　吕叔湘22岁回到家乡，在初创的丹阳县中谋得教职，无奈地迈出了汉语语法教研的第一步。然而社会动荡，世事维艰，吕叔湘被迫辗转多地谋求教职。最终，苏州中学为吕叔湘提供了安稳的生活环境和良好的发展平台，既有办"学术化学校"理念引领，又有同事中诸多名家相互砥砺，还有兼职图书馆主任和翻译人类学著作的履历，为其萌发学术理想扎实奠基。

　　吕叔湘32岁前往英国留学，先是在牛津大学旁听人类学课程，同时结识了杨宪益、向达、钱锺书等诸多优秀留学生。后入伦敦大学学习图书馆学，希望返国后投身祖国的文化建设和服务事业。"七七事变"消息传到伦敦，他与同学投身抗日救亡，一边编发《抗日时报》，一边关注淞沪抗战；一边写信催促家人逃离，一边中辍留学准备返国。两年留学浸淫，融通其中西所学，也改变了其人生轨迹。

　　历时半年，辗转万里，吕叔湘终于1938年5月入职云南大学，与家人落脚昆明。35岁"与名家商榷"之文，意外地引起连锁反应，开设语法课程，边教边研形成讲稿。吕叔湘应聘华西大学，躲避飞涨的物价、长鸣的警报，应约为中学教师撰写语法辅导书而成《中国文法要略》。整整八年，避难西南，成果丰硕，"雕龙"有语法学代表作，"雕虫"有多种普及读物和译作。

迎来科学春天，壮心不已。古稀之年，吕叔湘融通多个学术领域，成为名副其实的语言学家、编辑出版家、语文教育家、词典编纂家、翻译家等，既不乏搭建学术平台之功，又有孜孜以求之劳，更有年高德劭之仁，如主编《中国语文》杂志提携后进，以"吕叔湘之问"思考语文教学科学化，不遗余力地支持学术期刊问世，以《汉语语法分析问题》《马氏文通读本》著述为基点，全面检讨百年汉语语法研究……

吕叔湘融通 20 世纪 40 年代以来近代汉语研究诸旨趣，开拓近代汉语研究新领域；结合新时期语言研究所的内涵建设，搭建人才辈出的平台。老而弥坚，吕叔湘不废语言学本体和应用研究，融通多学科诸领域，成果丰硕，成就卓著，荦荦大者，如整理出版《近代汉语指代词》，任顾问编纂《中国大百科全书·语言文字》卷，倡行对比研究方法，创建语文出版社并任社长……

第一章　丹阳少年欢愉多

一、云阳镇的小康之家

光绪三十年（农历甲辰年）十一月十八日（1904 年 12 月 24 日），吕叔湘生于江苏丹阳县城（云阳镇）新桥西街柴家弄一户殷实之家。吕家又添一名男丁，祖父祖母自然欢喜不已，小康之家其乐融融，不难想见。

吕叔湘排行第三，上有两个哥哥：大哥钟淇、二哥钟泠，是父亲原配汤氏所生。母亲钱氏是继室，生三男二女，吕叔湘最大，弟、妹叫他三哥。后有四弟吕默深（谱名钟海）、五弟吕浦（谱名钟浦）、大妹吕瀚和小妹吕灏。

吕叔湘，谱名钟湘，上高小时用单名湘。上大学时因单名不便，在单名前加"叔"作为字，取排行第三之意，后以字行。

丹阳吕氏分布在云阳镇新桥，皇塘镇吕头村、吕家村，导墅镇吕家巷等地。其宗祠堂名为笃叙堂。《丹阳市志》记载：南宋时，吕瓒、吕瑾兄弟首迁丹阳城内新桥。至新世纪之交，丹阳吕氏发展到两千三百多人。

丹阳吕氏人才辈出。其中，有现代著名画家、美术教育家吕凤子，著名佛学家吕澂，当代艺术家吕去疾，火箭炮专家吕去病，国家"两弹一星"功臣、中科院院士吕敏，清华大学教授吕允文，知名画家吕无咎，知名翻译家吕同六，被联合国教科文组织授予"民间工艺美术大师"的吕存，等等。

曾祖父吕镜，育有二子：焕珍、焕卿。哥哥焕珍，就是吕叔湘的祖父。弟弟焕卿，就是吕凤子和吕澂的祖父。

吕叔湘回忆：老哥儿俩青年时代是在太平天国时期度过的，那时的生意不好做，他们哥儿俩一个在江北（清军控制区），一个在江南（太平军控制区），合伙走私双方需要的物资，有时赚了，有时被这边或那边的军队没收了，认倒霉。就这么混日子，好容易混到清军在江南也站住了，才过上比较太平的生活。

祖父焕珍的生意，主要在江南（太平军控制区）一带，最早落户于丹阳和丹徒交界的农村。到吕叔湘父亲一辈，才开始搬到丹阳城定居。祖父焕珍育有三子：荣生、瑞生、秀生。老大荣生就是吕叔湘的父亲。

叔祖父焕卿原在江北，就在那边十二圩（仪征县的大市镇）经商，后来开设德本堂钱庄，置了不少田产房屋，在丹阳城里盖了房子住家。《吕凤子传》（朱亮著）记载：凤子的父亲吕守成（谱名敏生）兄弟四人，他排行老大，读过几年私塾，子承父业，长江上下，苏杭二州，南北各省都跑遍了，生意兴隆，家境富裕。吕守成打扮朴素，和气迎人，常周济宗亲友朋，捐款投资，为地方修桥筑路，邻里称他为吕善人，都亲近他。

吕叔湘的父亲吕东如（谱名荣生，字东如），读过私塾，从小学做生意，先在商店里当学徒，做伙计。后来自己独立门户经营，闯荡商海，凭着自己的勤恳、精明，家境逐渐殷实起来，在两三万人的丹阳城里，算得上是小康之家。他除了在丹阳城里置有一所住房外，在扬州有合股生意，在镇江有一家合伙经营的洋纸店，还在金坛乡下置有几十亩田地。父亲常年奔波于丹阳、镇江和金坛等地，尤其是在镇江合伙经营"同孚永"洋纸店，在外的时候多，在家的时候少，家里的大事小情都由母亲钱氏操持。

勤劳俭朴的父亲，除了为一家老小解除了衣食之虞外，还营造了一种安分守己，瞻前顾后，无大野心，立身行事，有所为有所不为的家风。吕叔湘后来在学术上取得的丰硕成果，都源于他的勤奋，而这一勤奋的基因就拜父亲从小学徒、稍长自立、常年奔波所赐。

母亲钱氏虽然不认识几个字，读书不多，但是人聪明、能干，把家庭内部的事务处理得井然有序。她堪称贤妻良母，上孝老人，下幼儿孙，善睦邻里，只要力所能及，一般都是有求必应，因此在丹阳城里有极好的口碑。小商贩最愿意跟她打交道，她明知被糊弄，也乐呵呵的，不计较。对孩子也是宽厚、马虎的，只要孩子不大喊大叫、东颠西窜，就不去管。

母亲也有管得严的事，那就是不准孩子出大门，尤其是出去跟"野孩子"玩。这也许与二哥的"遭遇"不无关联。吕叔湘回忆："这样，我从小就只能在家里玩，胆小怕事，不愿与生人说话，怕见生人，常常躲起来。"

小时候母亲的"惯养"至少在两方面影响了吕叔湘的大半生。一个后果是，吕叔湘在学校里，从小学、中学到大学，都是只跟几个好朋友来往，跟一般同学非常冷淡，加上成绩拔尖，因而人家误以为他骄傲。还有一个不好的后果是，不习惯在众人面前讲话。即使做了好长时间的中学老师，虽然上课时不受拘束，可是要叫他对学生"训话"，他就觉得是一种煎熬，总是说不上多少话，就草草收场了事。吕叔湘在苏州中学任教时，每周一早晨有所谓总理纪念周[1]，每次要有一人讲话，当然是校长、教务主任讲话的时候多，但教员也要轮流上去讲，轮到吕叔湘讲的那一次，尽管他事先做了充分的准备，但是临到现场，还免不了手脚冒汗，张口结舌，面红耳赤不止。那时候还不兴念讲稿，都要求脱稿。吕叔湘后来作公开讲演，毫不胆怯，是《语法修辞讲话》在《人民日报》上登载之后，各处纷纷请他去作报告，他无法推脱，只能硬着头皮上讲台，久而久之，才逐渐有所好转。吕叔湘记得，第一次大场面是在大华电影院，底下黑压压一大片，他站在上面心慌得不得了，幸好那时候作报告可以念稿子，这才敷衍过关。以后次数多了，胆子也就大了，也可以不受稿子拘束，拿个简单的提纲发挥一通。

正因此，吕叔湘后来在阐述语文教学内容时，特别强调口语和书面语教学不可偏废，而必须"并举"。当然，这是后话。

二、吴头楚尾丹阳城

丹阳，地处长江三角洲的西部，长江下游南岸，有京杭大运河穿境而过。吕叔湘出生后不久，沪宁铁路建成通车，水陆交通更为便利。

丹阳（杨）得名的缘起有二：一是当地多赤柳，二是丹阳县由秦时所置的丹杨县迁变而来。

丹阳建置始于战国时期，初为云阳邑。秦始皇一统天下（前221年），实行郡县制，改云阳邑为云阳县，旋易名曲阿县。以后，曲阿县又曾名凤美县，以及于曲阿置云州、简州，并析置延陵、金坛、武进、扬中县。至唐天宝元年（742年），定名丹阳，为丹阳县。

---

[1] 1925年4月，建国粤军总部制定了《总理纪念周条例》七条，规定每星期一举行"总理纪念周"，要求全体官兵向孙中山像或青天白日旗三鞠躬，并默哀三分钟，其后大声宣读孙中山的遗嘱，以纪念孙中山。随后，总理纪念周在广州国民政府和国民党中央内先后实行，并逐渐固定成为制度。最后发展到最基层的乡村也要执行。

丹阳，素有"江南文物之邦"的美誉，又为南朝齐梁帝王故里。现存的古文化遗址有新石器时代的凤凰山、王家山、戎家山遗址 3 处，商周台型文化土墩遗址 44 处，春秋战国时的葛城、珥城古城文化遗址 2 处。帝王陵墓有三国吴帝王陵墓 1 座，南朝齐梁帝王陵墓 12 座。据《丹阳市志》记载，2005 年，丹阳境内有文物古迹 3230 件（处）。其中，全国重点文物保护单位"丹阳南朝陵墓石刻"计 11 处、26 件，江苏省重点文物保护单位 5 处。

丹阳，是帝王之乡，名人辈出之地。所出帝王有三国吴和南朝齐梁帝王 20 位，皇后、皇太后 5 位；所出名臣、名儒、名士有包咸、韦昭、萧子云、萧统、褚遂良、皇甫冉、王存、陈东等。在近现代，除前述吕氏家族知名人士外，还有复旦大学创始人马相伯，数学家华罗庚，教育家戴伯韬，民族学家秋浦，教育家匡亚明，体育名家夏翔，以及对革命事业作出杰出贡献的夏霖、黄竞西、管文蔚、韦永义、梅嘉生，等等。

在历史上，丹阳县现在所管辖的乡镇，有的曾属常州府，有的曾属镇江府。县域内各地方言有明显差异。

丹阳方言比较复杂，历来有"吴头楚尾"之称。其复杂性表现在两个方面：一是县内各地方言分歧较大，人称"四门八音"。二是方言归属难定。就以代表话城关话来说，它在语音、词汇、语法诸方面既有吴语特征，又有许多官话痕迹。

丹阳方言复杂性的形成，有其地理与历史的原因。丹阳县位于北方方言和吴方言两大方言区的交会处，与武进、金坛、扬中、丹徒 4 县相邻，而武进、金坛属吴方言区，扬中、丹徒则属于典型的北方方言区的江淮次方言区。因此，两大方言对丹阳方言都有影响。抗战时，在境内及周边地区先后曾建镇江、丹阳、茅东、金坛、镇丹、镇句、山南、山北等县。1987 年 12 月，丹阳撤县设市，为丹阳市。全市总面积 1047 平方千米。第七次全国人口普查数据显示，2020 年，丹阳市常住人口为 98.89 万人，占镇江全市人口的三成多。

城市建设日新月异，昔日的云阳镇已经面目全新。吕叔湘出生地云阳镇现为云阳街道，即丹阳老城区，原是丹阳市的政治、经济、商贸和文化中心。1985 年后，镇区内进行大面积、全方位改造。先后拓宽 5 条道路：新民中路、新民西路、丹凤南路、丹凤北路、城河路。新建 8 条道路：新民东路、云阳路、华阳路、南环路、南二环路、西环路、北环路、北二环路等。新建、改建的桥梁有 26 座。开发新建的居民新村有 20 多个。还新建、扩建了人民医院、中医院、职教中心、文化城、青少年宫、市高级中学、省高级中学等一大批文化教育、医疗卫生单位。市区面积已由 1985 年的 5.67 平方千米，扩大为 2005 年的 28.2 平方千米。人口从 100 多年前的两三万，上升到 2004 年的 15.6 万人，增长了五六倍。特别是实施旧城改造和新区开发联动推进两大战略以来，改造面积超过老城区总面积的 90%，在 5 平方千米左右。与此同时，构筑北二环路、南二环路，拉开框架，加速开发，使旧城区内道路内成网、外成框，形成"五纵四横"的骨架。

始建于清光绪初年的吕叔湘故居，位于丹阳城区新桥西路以北、城河北路以东，总面积约 1145 平方米。原有四进三院 24 间，1937 年毁于日军炮火，现存第三进及两厢房，砖木结构，硬山顶，抬梁式，进深七檩三开间，椽条上盖有望砖，方形水磨砖铺地，建筑占地面积约 160 平方米。历经 100 多年的沧海桑田，环伺而立的高楼掩藏了它当年的风采。尽管如此，它作为三吕故居的一部分，与丹阳市美术馆作为一个整体，还在静静地等待人们前来寻访和拜谒。

这里摘录吕叔湘在上世纪 80 年代研究丹阳方言时记录的丹阳简况，以一窥丹阳城百年沧桑巨变之一斑：

> 丹阳是江苏省沿沪宁铁路的一个市（原为县，1988 年改为市），属镇江市，东与常州市武进县为邻，南与金坛县为邻，西和西北与丹徒县为邻，东北以长江为界。面积 1047.8 平方公里，其中云阳镇（即城关区）23.81 平方公里。人口 78.59 万，其中云阳镇 8.51 万。（市的面积与人口据 1988 年统计，镇的面积与人口据 1989 年统计。）丹阳方言介乎江淮官话与吴语之间，读书音近于官话，说话音近于吴语，二者虽然有很多共同之处，基本上是两个系统。丹阳市面积虽然不很大，可是四乡八镇的语音还是相当分歧，这里记的是旧城关区的音。
>
> 其次，这里所记的语音是著者青少年时代的语音，也就是本世纪第一个四分之一年代的语音。著者在私塾和小学读书的时候，读的是文言文，读书音和说话音是分得很清楚的。从 20 年代后期起，小学的语文课里读的是白话文。尽管多数教师的"国语"还差劲，也不能用读文言文的字音来读白话文了。著者 1987 年回丹阳的时候，发现说话音的系统没有变，尽管个别人对个别字的音有改变；可是读书音已有很大变化。只有 60 岁以上的知识分子还能用旧时的读书音读文言文，中年以下的人无论读文言文或白话文都只能用像

样或不像样的北京音来读了。所以这里记的读书音只能作为丹阳方言语音史的一个剖面来看待。[2]

地处长三角黄金腹地的丹阳，东距上海200千米，西距南京68千米，如今陆、海、空交通都十分便捷。铁路有京沪铁路、沪宁城际铁路、京沪高速铁路、连淮扬镇铁路。公路有沪宁高速公路（G42沪蓉高速）、312国道、122省道、338省道等。水运方面，京杭大运河纵贯丹阳，九曲河向北通往长江，丹金溧漕河曾是主要的漕运河道之一；对外开放的长江第三大港——大港港口离市区18千米。航空方面，西距南京禄口国际机场80千米，东距上海虹桥国际机场、上海浦东国际机场2小时车程，与境内吕城镇接壤的常州奔牛国际机场班机直航世界各地。

便捷的交通使丹阳商贾云集、经济繁荣、百姓富庶，不仅印证了丹阳人杰地灵，而且为丹阳的新发展不断注入活力。

三、新学堂里读闲书

吕叔湘四岁启蒙，进了私塾。虽然当时丹阳已经有新式学堂，但是并不普及。是年已是宣统元年（1909年），清政府废除科举已经过去五年了，但私塾在当时中国大地上还相当普遍。

吕叔湘出生后的第二年，即光绪三十一年（1905年），科举制度被宣布正式废除，绵延1300多年的仕宦之途断绝了。人们转而求助于新式学堂、戎马之旅，或从商发家。在当时，科举之废除，在城市中产生了立竿见影的影响，许多士绅子弟转而走进新式学堂，或者负笈远洋，改变了传统生活的轨迹和模式。

但在乡村社会，却是另一番景象。新式学堂的建立与传统私塾的消亡，经历了一个漫长的过程，贯穿整个20世纪上半叶。在广大乡村，新式学堂从清末建立到完全占据所有正式教育空间，跋涉了半个世纪。新式学堂一直没有大规模地建立起来，与广大民众对私塾、传统书院的信任与景仰，以及对古典文献的膜拜有一定关系。但直接关联的是，新式学堂的入读花费较私塾更多，设立新式学堂开征的捐税加重了民众负担，新式学堂开设的学科与民间生活还缺乏密切的联系。尤其是，新式学堂的教师负荷重，教法比较陈旧，教学质量不高。资料显示，光绪三十二

---

[2] 吕叔湘.《丹阳方言语音编》前言[M]//吕叔湘.吕叔湘全集:第七卷.沈阳:辽宁教育出版社,2002:337.

年（1906年），在直隶省这个新式学堂办得相对较好的省份，很多县城和乡村的新式学堂基本处于缺如状态，用时人的话说，"风气未开，学生乐于就私塾，不肯入学堂"，即使有些有学堂之名，实际教法和学习还是与私塾一样，毫无二致。

吕叔湘入读的私塾离家很近，走路也就是三四分钟，与吕家在同一条街上。塾师是个乡下读书人，收了十几个学生。吕叔湘在私塾照例先念《三字经》《百家姓》《千字文》。"三百千"是传统语文教育集中识字的主要教材。其优点是，在儿童入学前后，用比较短的一段时间（一年上下）集中地教儿童认识一批字——两千左右。"三百千"作为启蒙教材广为流传，自然有它的道理：就语言形式来看，简短（三四个字）而整齐的韵语，便于记诵。拿文言的标准看，语言比较通俗。从句法上看，灵活丰富，包罗了文言的各种基本句式，既有训练儿童语言能力的作用，又使句子显得有变化，样式多，不枯燥。就所收的字和所涉及的内容看，既比较适合于"日用"，也多少能使儿童增长些"见闻"，还能教给儿童一点"义理"。识字的目的很突出，没有被不适当的内容所掩盖，而另一方面，又没有完全忽视儿童求知的要求和得到知识教育、思想教育的需要。

私塾里没有严格的教学计划（不像现在规定几岁入学，第一学期如何，第二学期如何，二年级如何，三年级如何，等等），但这并不表明私塾教育缺乏教学内容序列的安排。事实上，一般的私塾教育过程中，在"集中识字"阶段后有一个"巩固与拓展识字"教育阶段：继续进行识字教育，巩固前阶段所识的字，进一步再多识些字；与此同时，结合着进行一些思想教育，也进行一些知识教育。吕叔湘所读的"蒙求"类韵语读物，有训诫类的《弟子规》《昔时贤文》，轶闻掌故类的《幼学琼林》《龙文鞭影》，历史知识类的《鉴略》，各科知识类的《名物蒙求》，等等。

入私塾以后，吕叔湘用毛笔习字，坚持不辍，从"集中识字"阶段的描红、影格，到"巩固与拓展识字"阶段的中楷临摹，为长大后用恭楷书写打下了坚实的基础。

吕叔湘还在这所私塾里念了"四书"中的《大学》《中庸》。开始读"四书"时，小孩子根本不懂，所以老师是不讲的。每天上一课，塾师只教孩子们读，会读后还要读熟背出。第二天再上一课，再教孩子读，读熟背出。到了节日，如阴历五月初五的端阳节，七月初七的乞巧节，九月初九的重阳节，年终的大节，都不教书了，要温书，要背书。如在端阳节要把以前读的书全部温习一下，再全部背出。到年终，要温习一年读的书，全部背出。到第二年年终，除了要背出第二年所读的书外，还要"背带书"，即把第一年读的书也要连带背出。

从读《论语》开始，吕叔湘转到了另一家私塾。新的塾师是个秀才，比原来的高明多了，跟吕家也沾点亲，吕叔湘管他叫大姨爹。吕叔湘在他那里念完《论语》，又念了半部《孟子》。这种熟读背诵的方法，多被后世所诟病。就内容而言，读经的目的主要不在于进行语文教育，对于培养语文能力，客观上所起的作用不大；即使就读经本身来说，也为时过早。不过就方法而言，熟读背诵却不无可取之处。

如果换一种观察方式和思路，也许更容易理解熟读背诵的妙处。开始读时不懂，读多了渐渐懂了，把一部书全部读熟就完全不同了。这里的关键就在于熟读背诵，把所读的书全部装在脑子里。读了若干年，一旦豁然贯通，不懂的全懂了，而且是"立体的懂"。比方读《论语》，"仁"字在《论语》中出现了104次，开始碰到"仁"字不懂，当读到十几次时，对"仁"字的意义渐渐懂了，当读到几十次、上百次时，对"仁"的意义懂得更多了。因为熟读背诵，对书中有"仁"字的句子全部记住了，对有"仁"字的句子的上下文也都全部记住了，对于"仁"因上下文的关系而解释有变化也罢，对有"仁"字的词组因结构不同而用法有变化也罢，全都懂了，这就是所谓"立体的懂"。就某一"时点"而言，背诵也许难逃死记硬背之嫌，但在一个更长的"时段"中加以审视，其中蕴含着的"量变"引起"质变"的道理，就不言自明了。这是否算是读书之中的"标"（熟读背诵）"本"（深入理解）兼治呢？虽然速度难免迟缓、方法稍嫌简单，但慢工出细活，与语文能力形成的基本过程还是合拍的。

私塾教育中，在启蒙阶段的集中识字和进一步的识字两个教学步骤之后，大致在儿童入学的第三个年头（有的还早些），进入以读写基础训练为主的第二阶段。在这个阶段，一般的做法是：开始教学生读《四书》《五经》；配合读经，教学生阅读简短的散文故事和浅易的诗歌，教学生学对对子，有的还教给学生一点极浅近的文字、音韵的知识。阅读《书言故事》《日记故事》，教读《咏史诗》《千家诗》，切合了儿童爱听故事、爱大声朗读的特点，无论就培养儿童读书兴趣而言，还是就培养儿童对语言的敏感而言，都是值得充分肯定的。

在这个阶段里，吕叔湘跟着塾师对对子（也叫属对）。私塾教儿童属对的目的，并不一定是专为学吟诗作对。属对是一种同句读、声律相提并论的、综合的语文基础训练手段，配合"习字演文"的教学，使儿童了解字的"虚实死活"，掌握阴阳上去四声。

属对训练，首先作"一字对"，第二步作"二字对"，进一步作"三字对"和"四字对"，再进一步作"多字对"（五字、七字、九字等）。就现在的知识体系而论，属对是一种实际的语音、词汇的训练和语法训练，同时包含修辞训练和逻辑训练的因素。尤其就语法训练而言，属对训练是一种不讲语法理论而实际上相当严密的语法训练；经过大量的练习之后，儿童可以纯熟地掌握词类和造句的规律，并且用之于说话和写作。属对中涉及运用比喻等修辞方法，涉及概念、分类、比较等逻辑内容，灵活地将语法、修辞、逻辑的训练综合在一起，并且跟作文密切结合起来。

吕叔湘还"旁听"了塾师给几个年纪大些的同学讲《左传》。因为私塾里孩子大小不一，入读先后有别，塾师一般根据学生的程度安排不同的教学进度。塾师在给大师哥讲《左传》时，吕叔湘坐在自己位子上也能听得到，类似于现代的复式教学。

九岁那年（民国二年，1913年）春，吕叔湘转入新式学堂，开始了初小两年的学习。最先入读私立文中小学，念三年级。私立文中小学，是私塾改良为学堂浪潮的成果：凡塾师"文理清通，略知算术"者，学生在30人以上，有一定常年经费等，则准改为私立初等小学；凡塾师"由师范毕业，或久为塾师，成绩昭著"者，其学生在30人以上，有常年经费者，则改为私立高等小学。改良为学堂的显著变化有：在学制设计上，明确规定和真正实施初级小学四年义务教育；在课程编制上，废止讲经读经、拜孔祭孔活动，添设算术、历史、地理、体操、格致等西学课程；在教学方式上，改为班级式、讲解式；在师资遴选上，甄别改造与师范培养相结合，对原有塾师，合格者留职，不合格者斥退，有希望改造者送师范传习所或夜课班进行培训，以期通过短期培训获得合格塾师。[3]

吕叔湘在私立文中小学，除国文、算术、修身课程外，还有英文，用的教材是《华英初阶》。《华英初阶》原为英国人为其殖民地编写的英语入门课本。商务印书馆引进后，对其内容进行删减，逐课翻译并附中文注释，以中英两种文字编排出版，成为我国最早大规模使用的英语教科书。《华英初阶》曾是周作人、胡适等人

[3] 上海私塾总会改良章程[N].大公报,1906-04-23,1906-04-24.

小时候的英语课本，这在周作人的《知堂回想录》和胡适的《四十自述》中都有记载。作为中国第一代英语教科书，它培养了清末民初的几代读书人。

一年之后，十岁的吕叔湘又转学到一所公立初等小学——东岳庙小学，读四年级。学校设在东岳庙的一个跨院里，三间殿堂两间做教室，一间是教员休息室。院子里有两棵梧桐树，还养着一只羊。学生一共不到三十人，清静得很。吕叔湘功课轻松，闲下来就开始看"闲书"，书名是《镜花缘》。章回体小说故事性强，很容易引起孩子的阅读兴趣。

民国元年（1912 年），根据南京临时政府教育部颁发的《壬子学制》，省内小学修业年限为 7 年，初等小学校 4 年毕业，高等小学校 3 年毕业。初等小学、高等小学同设补习科，2 年毕业。因为吕叔湘初小是春季始业的，毕业的时候是年终，而高小已改为秋季始业，所以只能先进补习班念半年。

11 岁那年（民国四年，1915 年）秋天，吕叔湘以第一名考取丹阳县当时唯一的高等小学——白云街小学，校址坐落在县城白云街中段。

这所学校就是原来的鸣凤书院，当地人一般称它为"书院"。传说乾隆皇帝有一次下江南路过这里，看见两棵硕大的梧桐树，在夕阳余晖的映照下随风摇曳，叶声清脆，树影婆娑，宛如双凤鸣舞，乾隆皇帝顿生感叹："此地日后必出人才！"

1771 年，在丹阳白云街办起了鸣凤书院。历史上，曾有许多名人在这里设坛讲学。清末思想家、文学家龚自珍曾在这里担任主讲，留下了"我劝天公重抖擞，不拘一格降人才"的名句。

1901 年 8 月，鸣凤书院易名为改良学堂，吕叔湘的堂兄吕凤子当年曾在这里读书学习。后来鸣凤书院历经数次沿革，由当年的白云街小学最终成为现在的丹阳市实验小学。

当年白云街小学虽然没有多少先进设备，但教师水平较高，教学认真，管理极严。吕叔湘入学的这年，学校增开了英语课。校长杨鸿范是位忠厚的长者，教全校三个年级的算术，抓习题作业十分认真。作业本上绝对不准涂改。如果写错，全部重写。这样就养成学生不写错字的好习惯。国文教师张海宗讲批改作文，随改随讲。因此，一起叫去的五六个学生，可以听到五六篇作业的评改。吕叔湘考高小是第一名录取的，以后每学期考试都是第一名。

进入高小学习后，由于学业不紧张，吕叔湘读了大量的"闲书"，"三年里边看了不下百儿八十种"。阅读速度惊人，"四本头的三五天一部，大部头的十天半月一部。"尽管那时的中小学有图书馆的很少，但同学中间互通有无，交换着看。吕叔湘当时阅读的"闲书"，大致有这么几类：一类是历史演义，一类是武侠小说，还有一类是才子佳人小说。这些故事性强的书还是很对这个年龄孩子胃口的。

吕叔湘回忆自己读"闲书"时，感受特别深的一点是，中小学生的阅读"实在有加以指导的必要"。课外书中既有精华，也有糟粕，"如果有教师跟学生谈谈说说，比让他们去瞎碰瞎撞要好得多。"

吕叔湘的童年记忆中，除了读闲书外，还有小学里"结拜十弟兄"的趣事。那时候社会上有结拜兄弟的风气，吕叔湘就读的那个小学里有些同学也想搞结拜，为了凑足十弟兄，把吕叔湘也拉进去。除了他是一年级的，其余都是三年级大师哥。直到晚年，吕叔湘还能清晰地记得其中的几位：吕叔周（吕凤子的四弟）、姜嘉猷、林镕、胡嘉言。姜嘉猷后来成为电机专家，兰州铁道学院（现兰州交通大学）电机系教授；林镕后来成为植物学家，中国科学院生物学学部委员。

14岁那年（民国六年，1918年），吕叔湘高小毕业。问题来了：是升学啊，还是就业？民国学制规定的义务教育是4年，初等小学毕业。现在吕叔湘高小毕业，是高学历了。因此，按父亲的意思，要吕叔湘去一个商店当学徒，用那时候的话叫作"学生意"。可是吕叔湘的高小老师认为像他这样的学生不升学非常可惜，就让人捎话给吕叔湘的父亲，让他升学。父亲当时的身体和生意都不错，也就同意了。

当时丹阳没有中学，要么往西去镇江进江苏省立第六中学，要么往东去常州，进江苏省立第五中学。恰好那时吕叔湘同班有一同学夏翔要去考省五中，有他哥哥护送，吕叔湘就跟他一起去考省五中。结果，他们两个都考取了。

夏翔（1903—1991），丹阳导墅镇谭庄村人。少时就读于珥陵初等小学，后转入丹阳第一高等小学，与吕叔湘同学；毕业后考取江苏省立第五中学（今常州高级中学），又与吕叔湘同学。

夏翔自学生时代起品学兼优，喜爱体育活动。1921年在江苏省分区运动会上获得田径3项冠军和个人总分第一；1924年获撑竿跳高冠军；1924年至1927年代表国家参加第六、第七、第八届远东运动会。1926年在东南大学结业后，即回母校江苏省立五中任教。1933年起任清华大学体育教师。半个世纪以来，他坚定地从事体育事业，培养了大批体育人才，多次主持了在我国举办的国际田径比赛。当然这是后话。

第二章 负笈常中底色新

四、存诚能贱第一课

1918 年 9 月，14 岁的吕叔湘入读江苏省立第五中学校，开始了四年的中学生活。当时中等学校很少，入读中学的学生自然也就不多。

常州是一座有 3200 多年历史的中国历史文化名城。常州，地处长江之南、太湖之滨，处于长江三角洲中心地带，北携长江，南衔太湖，东望东海，与上海、南京、杭州皆等距相邻，扼江南地理要冲，与苏州、无锡联袂成片。常州交通十分便捷，古有京杭大运河，北与扬州、镇江相连，南与无锡、苏州、杭州相连；近代有1908 年建成通车的沪宁铁路，西连南京，东至上海。地理位置优越，经济繁荣，带来了教育的繁盛、人才的涌现。

历史上，常州的教育事业就很发达。由于它在相当长的时期内是府的所在地，行政地位远高于周边其他地区，所以常州可设府学，其所辖各县只能设县学，因此常州中学具有较为深厚的历史和文化底蕴。

吕叔湘入学时学校的正式名称是"江苏省立第五中学校"。在此之前，学校经历过多次更名。筹建时期的校名是"常州府学堂"。清光绪三十一年（1905 年），清政府迫于改革的压力，不得不宣布"废除科举，推广学堂"。当时的常州知府许星璧与士绅恽祖祈等人发起创设一所新式学堂。于清光绪三十三年（1907 年）11月 15 日正式开学，定名为"常州府中学堂"。1913 年 7 月，学校改归省办，易名为"江苏省立第五中学校"。此后，也多次更名。不过，大家一直都习惯地称它为"常州中学"，简称"省常中"或"省立五中"。

步出常州火车站，往南不多远，就看见省立五中的校舍了。现在和平北路的常州市高级中学就是当年的省立五中所在，那里是常州城东门内玉梅桥护国寺旧址。

学校教室楼二层，共 12 个教室，教室东面是可容纳数百人集会的大礼堂，再往东是理化实验室、仪器室、生化室，最东面是大饭厅。当时设置的教室与自修室分开，教室的东北部是三排楼房，每楼 10 间，楼上是宿舍，每室可住 8 人，楼下是对应的自修室，每天学生上完课，就到自修室复习功课。三排楼房西面与学校围墙之间，名为"西园"，有亭石花木之胜。园北设音乐教室。此外，学校内还有图书馆、风雨操场，校东南隅为露天操场。东面高大的城墙外，就是暮鼓晨钟的天宁禅寺。整个校园房屋均用厢屋和走廊相连，下雨天，师生们在校内活动不会淋雨。

吕叔湘入学时，省立五中的校长是童伯章。童伯章（1865—1931），名斐，以字行，常州府宜兴县芳桥镇人。幼时家道中落，几至赤贫。发奋读书，师从本县精通四书五经且酷好昆曲、古乐的宗亶卿（民间音乐家宗震名之祖父，徐舍镇美栖村人）13年之久。后童伯章中秀才，曾做塾师和官府幕僚，又求学于江阴南菁书院。1903年中癸卯科举人，此后任宜兴周铁竺西学堂校长。1907年11月常州府中学堂创立，应监督屠元博之聘任国文教员，1911年任学监。辛亥革命期间，童氏参与常州地区革命，任常州军政分府秘书长。1913年7月，按江苏省公署令，常州府中学堂改名为江苏省立第五中学，任命童伯章为校长，兼授国文。他在该校共19年，长校12年，为解放前该校10任校长中任期最长的一位。

童伯章是一位治校有方的杰出校长，任职时正值北洋军阀统治时期，政局动荡，办学困难重重。他呕心沥血，殚精竭虑，使学校蒸蒸日上，成绩斐然。

童伯章上任伊始，就确立了"存诚，能贱"的校训，将其制成匾额，悬于学校大礼堂。"存诚"出于《易·乾》："庸言之信，庸行之谨，闲邪存其诚。"童伯章解释为做任何事情，都应心怀坦荡。"能贱"，指心态平和，不高自矜许，能够做平凡人，做平凡事。

存诚者，不为外物喜好所惑，坚持内心的根本。童伯章曾谈及不同境遇中的做人态度："达而在朝，命也。穷而在躬，亦命也。"在任何时候，只要能做好自己，"于天无怨，于地无尤"。他教诲学生于学习要发自内心，不受外界干扰："居易以俟命焉耳。其治一艺、攻一学，视为终身之事，非为一时标榜之计。虽艰苦卓绝，而偶有所得，则旷然自怡，与穷通得丧，初不相蒙也。"[4]

能贱者，才能于平凡之中有不平凡之心胸，有不平凡之志向。童伯章曾记其前任屠元博的父亲屠寄每日坚持著述《蒙兀儿史记》一事，称赞说，"然天下之事，皆痴鬼所为"，认为正是在这种每日的平凡坚持中，坚持信念，能做出大的成就。童伯章自己也躬行能贱观。比如他晚年生病，休养于浒墅关其四子童致骞家中，命

---

[4] 朱季康. 童伯章的教育管理思想与实践研究[J]. 江苏教育研究,2014(08A):43-46.

其子将大有蚕种制造厂总部全班练习生的作文拿来批改。练习生听到大学教授为他们批改作文，感激涕零。以大学教授之尊来批改练习生作业，足称能贱。

"存诚，能贱"的校训感染和影响了省立五中的师生，从吕叔湘、张太雷等毕业生的人生表现来看，童伯章的树人宗旨对他们成人、成才影响巨大。在童伯章的《车声》诗中，我们更可以看到其存诚、能贱的心胸："利薮纷纷逐鹿来，多应捷足见高才。空山何处轻名士，安步康庄自往回。"

于"存诚，能贱"外，童伯章还强调淡泊金钱的人生观。他出身贫贱，却不为金钱所蒙蔽，一生坚持教育至上，不以财利为人生奋斗目标。曾以《金钱无裨于生命》为题，讲述了太平军攻陷宜兴期间，一富豪及一赤贫者出城逃难的故事：富豪某甲携带两个银元宝，而赤贫者某乙携带两个西瓜。"中途，某甲汗如雨注，口渴异常，苦不得水。某乙则剖瓜而食之。某甲垂涎甚，欲以一宝易之，不许。二宝皆易予之，亦不许。待乙尽其肉而余其皮，始许以二宝易之。某甲欣然食其皮而予以二宝，遂免于死。"以此告诫学生，"世之贪夫财奴，闻此当亦悚然而惧矣。"

每当新生入学，童校长第一件事，便是讲解校训："存诚，就是做任何事情，包括读书求学，待人接物，都要诚心诚意。能贱，就是不要以为进了五中，就自认高贵，仿佛处处高人一等，而不屑做一些平常的琐屑之事。要看得起普通人，要习惯自己做一切平凡的事。"

吕叔湘一生谨记"存诚，能贱"之校训，直至晚年仍念兹在兹。1987 年 11 月常州中学 80 周年校庆，吕叔湘应邀为母校题词，他写下了省立五中校训对他一生的影响："1918 年我进常州中学，童伯章校长为我们新生讲校训，两句话，四个字，一曰存诚，一曰能贱。我铭记在心，一生受用。"如今，这段话被镌刻在石头上，立于江苏省常州高级中学校园内的"大师林"中。

吕叔湘治学，始终践履着"存诚，能贱"四字校训。不仅如此，他还推己及人，希望后学将"嚼得菜根，百事可做"的人生箴言发扬光大。1987 年 10 月，吕叔湘返乡时，在丹阳县中学（现吕叔湘中学）全体师生大会上赠言"求真，能贱"。该校将之作为校训，并作如下阐释："求真"体现了追求真理、崇尚真知的科学精神；"能贱"就是愿从小事做起，成就大事业，体现担当勇任、崇卑实干的精神。以此号召吕叔湘中学的学子们要有"能贱"的处世心态，在人生成长中求真知、练真才、做真人，并付诸学真、养真、行真的真行动，最终成长为品行端、品位高、品格美的新时代中国青年。

吕叔湘中学更将校训"求真，能贱"演绎为如下之"校训铭"，进一步挖掘了"求真，能贱"在立德树人方面的丰富内涵：

> 求真能贱，乃我校训。吕老叔公，耳提面命。真之要义，精诚之至。诚信为本，实事求是。心底无私，一身正气。富贵不淫，贫贱不移，威武不屈，矢志求真。古之学子，戚戚贫贱，世纪新人，落落能贱。为孺子牛，充马前卒。做螺丝钉，当铺路石。能贱之人，始得成真。求真能贱，人生真谛。凡我师生，身体力行。处事务必，立定脚跟，读书则须，放开眼孔。开拓创新，与时俱进。吕公教诲，振聋发聩。大师之德，有口皆碑。

省立五中十分重视修身教育，除了以"存诚，能贱"校训在"知"的方面奠基外，还在"行"方面有相当具体的实践安排。

这还要从屠元博担任常州府中学堂监督之初说起。博学多才、目光远大的屠元博，胸怀振兴中华理想，为开拓常州的现代教育事业，筚路蓝缕，主持创制规范、编订管理细则、延聘教师、编排课程、考选学生、分设班级、编定学额等一应事务，诚可谓殚精竭虑。在没有先例的情况下，许多工作办得非常有特色，更有许多创见，使常州府中学堂迅速成为国内一流的中学堂。

屠元博（1879—1918），名宽，字元博，以字行。江苏武进（今属常州）人。出身书香门第，为著名史学家屠寄（字敬山）长子。幼承家学，后留学日本，加入孙中山领导的同盟会，接受资产阶级民主革命思想。1907年常州筹建常州府中学堂，遂应故乡之请，出任监督（校长）之职，至1913年止。

在监督之下，屠元博设置了学监、舍监和庶务三职。学监和舍监管理学校的具体事务，以学监为主，所管事务十分繁杂。舍监主要管理学生住宿、生活等事。庶务则主要负责学校后勤工作。学监童伯章，舍监刘伯琮（后陈士辛继任），庶务长朱稚竹。

创校之初，屠元博管理十分严格，几近严苛。他以"整肃"为校训，制定了严明的管理制度。常州府中学堂规定，学生一律寄宿于校中。学校实行点名制度，除上课点名外，吃三顿饭点三次，临睡觉前还要点一次。如此一天至少要点七八次名。

当时学生中同乡观念较重，为打破此观念，规定按学生编号安排住宿。但有些学生不听，自行搬住于同乡宿舍。舍监知道后，即令学生回原派定之床位。但有人不听而起哄，尤以宜兴学生为甚，以至于语出不逊。为严肃管理制度，轻者劝其退学，重者当即除名。

一个星期天，学校发现有学生六人在城北放生寺参与赌博，回校后即记大过二次，禁足半年，虽例假不准出校。同时学校规定星期日假期减少为半日。学生平时不准回家，只有从星期六晚到星期天的上午可以休假回家。星期日中午到校用膳，学监点名，不到者下周禁假。平时，如果要回家，必须持家长的请假书，否则是不准假的。

对违反校规者，学校毫不手软，如上文所说，轻者劝其退学，重者当即除名。该校首届校友，后来成为著名文学家、语言学家和教育家的刘半农，就受到过该校的"除名"处分。

屠元博还亲自考选学生，并根据学生程度分班（分层）施教。1907年（光绪三十三年）11月3日，常州府中学堂举行首次招生考试，科目为国文、历史、地理、算术，屠元博亲自主持考试，对考生点名给卷，并到考场巡视。钱穆回忆，他考国文交卷时，巡视者"略一阅看，抚余肩，谓此儿当可取。初不知为何人，后入学，乃知即元博师也"。经考试，首次招生录取了180名学生。

入学后，又进行了分班考试，把已学过一二年外语和国文，算术也算好的分在一班，定为四年毕业，其余分为两班，五年毕业。这种做法类似现在的分层教学，体现了因材施教的理念，对多出人才、快出人才颇具贡献。

童伯章长校后，继往开来，保留和延续了屠元博创校以来的诸多好传统、好做法，又不断创新。如日常管理仍以严格著称。省立五中是寄宿学校，哪怕你家在学校隔壁，也得住校。每天早晨有舍监来检查内务，当然没有人敢睡懒觉；每天晚上熄灯之后有舍监来巡视，看有没有人讲话或是点蜡烛看书。星期天放假半天，中午到校，十二点进饭厅以前要排队点名（平日进饭厅也要按班级排队，只是不点名），点名不到的要到舍监室去说明理由。这种半军事化的管理制度是清朝末年兴办"洋学堂"的时候就有的。每逢周末，只允许家在常州的学生离校，而外地学生必须留在校内，不能外出，只有遇到连续两三天以上的较长假期才可以回家。家在外地的学生很多，星期天留宿学校的人依然不少，大家都在学校里边，倒也不觉寂寞。周有光回忆说："学生呢，在学校生活还是喜欢的。"

学校面对的毕竟是孩子，光严格、读死书不行，还得"活泼"。屠元博治校不久，便设立了一个游艺部，相应开设游艺课，有音乐、绘画、摄影、篆刻、演说等内容，这项改革一直延续到民国时期。

为了使学生开阔视野，丰富知识，让学生到外面呼吸新鲜空气，锻炼体魄，他定期组织学生外出参观、旅行。1908 年 9 月，常州府中学堂首次举行修学旅行，学生无不欢欣鼓舞。"雇小轮一艘，拖船两艘，由常州西行，至镇江、登焦山，旋入城参观学校。复至金山，渡江至扬州，观小金山、平山堂诸胜。返舟至江阴，登黄山，得要塞司令许观炮台，且演放快炮，以殊礼待学生。继入江阴城，参观各学校，遂由江阴回校。"学生旅行，当时真可谓创见，所到之处，备受欢迎。而整队出行，并用军队编制，前有军乐引导，更为引人注目，所以每到一处，聚观者往往塞途。1910 年 8 月，全校学生又赴宁参观南洋劝业会。观会三日，再游明陵和龙江关而归。1911 年 3 月，全校师生 450 人乘火车到无锡惠山旅行一天。1912 年 10月，全校师生乘轮船赴宜兴，参观了蜀山、丁山的陶场，又游览了张公洞。

吕叔湘入读时，省立五中已于民初改清末学制五年为四年，只有男生，没有女生。吕叔湘是第十五级，1918 年入学，1922 年毕业。一级有甲乙两组（相当现在的班），吕叔湘在十五级乙组。一组的定额是 40 名。十五级乙组到毕业时只剩下34 名，同组同学有刘北茂（寿慈）等。吕叔湘的高小同学夏翔在十五级甲组。周有光 1918 年在省立五中读了一年预科，次年进入第十六级，比吕叔湘低一级。

省立五中上午上三课，每课五十分钟，下午是游艺课。游艺课可以自己选，假如你喜欢古典文学，可以选古文；喜欢书法，可以选书法；喜欢打拳，有两位老师教打拳，一位教北拳，一位教南拳；喜欢音乐，可以选音乐，音乐有国乐、外国音乐两门。有一位很有名的音乐家刘天华就在省立五中教音乐，吕叔湘就读时音乐课的乐理就是他教的。吕叔湘的"乐典"课考试分数挺高。刘天华在学校还搞一个军乐队，每到下午 4 点钟，就在学校里一面演奏一面绕一个大圈子，听到军乐声，大家都休息了。

吕叔湘回忆道：游艺课不用考试的，考是没有必要的。这个课程你有兴趣，会学得好的，用不着考。考得很好，不一定学得很好。

活跃的校园气氛，必然提高学习的热情。大家读书很用功。老师并不是追着你，给你很大的负担。省立五中教古书的能力很高，英文水平很高。学生到大学里，就能用英文了，不是像今天到大学还不能用英文，还要补英文，那就苦了。还有一点，中学时读世界历史、世界地理都是用英文课本，化学、物理、生物学都是英文课本。

吕叔湘晚年回忆省立五中生活：除交学校费用（包括膳费）外，每月只有两块银元零用钱，必得精打细算。当时绝大多数同学都是很俭朴的，即使家里有钱也不敢在校内乱花。实在也没有地方乱花，学校设有小卖部，只在每天上午第一、二节课中间多休息五分钟（为十五分钟），让特约的一家烧饼铺进来卖烧饼。那时候，不是下雨天看不见有人穿皮鞋，自来水笔全校没有几支。抽香烟的学生也没几个，都只能到操场角落里去偷偷地抽，也没有瘾。打扑克之类的事情没听说过。允许在自习的时间以外下棋。

吕叔湘回顾这四年住校生活的好处：第一是学会料理自己的生活。其次是学会怎样量入为出花钱。[5]

五 、 常 州 中 学 的 名 师

童伯章担任校长期间，省立五中聘任了陆殿扬、史国干、吴山秀、杨孟懂等一大批优秀的学者型教师，为英才辈出提供了重要保证。陆殿扬[6]，任教外国史地，后任南京第一中学校长，还是一名杰出的翻译家和教育家。担任国文、历史教员的史国干[7]，善诗文、书法、篆刻，尤精文字学。担任国文教员的吴山秀古文功底深厚。英文教员杨孟懂、沈同洽，英文的学养都极高。沈同洽在抗战时期与钱锺书一起任教国立师范学院（湖南蓝田）外语系，解放后任教南京大学外语系。

1948年，省立常州中学为纪念吴山秀、杨孟懂两位教员的69、59岁寿诞，筹建"长懂堂"，为其祝寿，并得到海内外常中学子热烈响应。由此盛况可见童伯章选拔与培养教师之慧眼。

[5] 吕叔湘. 致大年、晓燕[M]//吕叔湘. 吕叔湘全集:第十九卷. 沈阳:辽宁教育出版社,2002:314.
[6] 陆殿扬（1891—1972），江苏苏州人，翻译家。毕业于南洋公学，曾任常州高等实业学堂教员，江苏省立第五中学（今常州中学）教务主任兼外国史地教员，江苏省立第一中学（今南京宁海中学）校长，东南大学、浙江大学教授，正中书局高级编审。著有《实用英语修辞学》《英汉翻译的理论与实践》等书。
[7] 史国干（1876—1942），字哲夫，一作蛰夫，江苏溧阳人。光绪间廪生。终身为学校教师。善诗文、书法、篆刻，尤精文字学。著有《六书综》三十余卷。

童氏罗致的这些教师，有的在任职前就学有所成、享有名声，但大部分是在省立五中教师岗位上得到提高，术业精进的。

校长童伯章本身为优秀的学者型教师。他兼任国文教师，于训诂、古文、音律等学术造诣很高。他在教授古文时，不但"因材施教"，而且"亲自下水作文"。

童伯章讲授国文绘声绘色，深受学生欢迎。他平日庄严持重，步履不苟，同学都称他为道学先生。然而他在课堂上却判若两人，国学大师钱穆说他上课"善诙谐，多滑稽，又兼动作，如说滩簧，如演文明戏"，学生都爱上他的课。一天，童伯章讲授《史记·刺客列传》中的《荆轲刺秦王》，讲到图穷匕首见时，突然到讲台上翻开地图，一把匕首赫然露出，他迅速拿起，掷到一堵墙上，刀锋直插墙内，接着又迅速绕着讲台快跑，仿效荆轲追秦王的样子。同学都目不转睛、心情紧张地盯着他，仿佛穿越时空回到了那刀光剑影、诸侯争雄的时代。

童伯章亲自指导学生作文，更一时传为美谈。他善于进行写作示范，而且指导方法大异其趣。指导学生写作时，命题之后，为了帮助学生打开思路，激活学生的作文思维，他不仅主动下水作文，而且就同一命题，亲自用三种不同笔法写出三篇不同的文章。其深厚的写作功底由此可见一斑。

当时地方上曾发生这样一件新闻：某日午后，有一客人从苏州来常，随身带了700块银元藏在行李中。到常州后，他叫了一辆"小车"（一种用手推的独轮车），要去鸣凤镇。这时已有五个盗贼盯上了他，想在半路上实施抢劫。小车进城时，一个盗贼用手搭在小车夫的肩膀上悄悄耳语了一番。车夫知道他们的意图后，便佯称身体不舒服，不能把客人送去鸣凤，转请另一位车夫代他推车。其实，这位车夫很机警，随即秘密邀集了一帮人，悄悄把那批盗贼给盯上了。小车行至玉梅桥附近，盗贼冒充是查烟土的，强令那位客人解开行李检查。行李解开，银元露出。正当盗贼要抢了银元逃跑之时，那位车夫已经带人赶到。两个盗贼被当场抓住扭送警察署，另三人逃之夭夭。童校长便以《记车夫捕盗事》为题，要求学生写一篇作文。

这样要求学生作文，本属平常。令人钦佩的是，童伯章针对学生平时作文的弊端，亲自作文示范，而且用不同的笔法写了三篇相同内容的文章。第一篇文章叙述比较平实，采用"有某人来告诉我发生了这样一件事"的通常叙述方式。在学生作文后的第二天公布，说明叙述的基本要求是清楚具体，有头有尾。第三天，再公布自己写的第二篇文章。这一篇改变了叙述方式，以雇车的客人的口气，用第一人称的写法，充分写出"我"的观察和感受。要学生比较哪一种叙述方式更加生动。然后，再要求学生考虑，如果再换事件中的另一人为主体，又该怎样变换笔法、组织材料。次日，再公布自己写的第三篇文章。通过这样的示范讲解，学生自然兴致盎然，得益也实在。[8]

据1925届毕业的校友徐春霆教授回忆，童伯章还曾以《蝉》为题写过三篇不同类型的文章，并在学校的大礼堂讲解，全体国文老师都到场听讲。

童伯章在省立五中主编《国文读本》教材，颇有特色。所选41篇国文，大多是从《孟子》《左传》等精选而来。文选后面都有言简意赅、画龙点睛的点评。童伯章在"评"上倾注了大量心血，"不求篇幅长，但求言中肯"。扉页上有印刷者常州新群印刷所的一段话，其中黑色、粗体的标题是"研究国文之南针"，编者的"追求"，于此可略知一二。

童伯章还长于书法，闻名于常沪地区。曾书写字帖多本，供子女练习，惜毁于"文革"。每当学生毕业，他总为一些学生题词。他曾为省立五中毕业生夏翔（后为清华大学教授）书写一联："古人惜寸阴，丈夫志四海。"把精美的书法和深邃的哲理融为一体，这副对联，一直悬挂于夏翔教授的卧室。

童伯章在教学与专业方面的钻研在学校起到了示范、引领的作用。在他的带动下，很多教师在各自的专业领域孜孜精进，而专业水平的提高又直接带动了他们教学水平的提升。除了引领示范外，童伯章还积极创造条件，为青年教师提高业务水平创造条件。刘天华就是一个典型的例子。

刘天华是我国近代著名的作曲家、演奏家、音乐教育家。正是在童伯章主持省立五中期间，他从一个普通的音乐教师成长为全国闻名的音乐家。童伯章曾说："吾校军乐指导员刘生天华，究心西洋音乐者有年矣。暇日辄共谈中西乐之长短。……吾国学校，亦宜效之。取先圣经训名言，谱为诗歌。令学生日常歌咏，于心性当有裨益也。予深然其言，谓有当于古代教育之原理。"[9] 童伯章不但赞同这位年仅20岁的青年才俊的理论，而且尽其所能，为刘天华音乐素养的提升与教学发展提供可能。在他的支持下，刘天华恢复了学校的军乐队与丝竹合乐团，并使军乐队全省闻名。刘天华不但使本校音乐教育提升到一个新的层次，而且随着自身业务水平的提升而受到其他学校的青睐，如扬州省立第八中学、武进师范学校、无锡荡口工商中

---

[8] 钱穆. 八十忆双亲·师友杂忆[M]. 北京:生活·读书·新知三联书店,1998:65-66.
[9] 朱季康. 童伯章的教育管理思想与实践研究[J]. 江苏教育研究,2014(08A):44.

学、河南师范学校等都聘其为兼职教师。他还培养出了吴干斌、储师竹、刘北茂、吴伯超等近现代音乐家。

童伯章校长培养师资的一大特色是，让教师在教学的过程中提高自身专业水平，从而带动教学水平的进步，使学校名师辈出，优秀学生涌现，并引领更多学生进步。

吕叔湘回忆，在各种功课中，他对国文和英语最感兴趣，有空喜欢在图书馆广泛阅读。

吕叔湘的国文老师吴山秀，是学生们非常钦佩的老师。吴山秀（1877—1957），名樵长，字山秀，武进人。工诗文，擅长楷书，还善于吟诵。他出生于书香世家，自小打下扎实的国学根底。稍长中秀才，后又到著名的江阴南菁书院求学深造。1914年始在省立五中教授国文课程，长达四十余年，是该校元老级的教师，桃李满天下。那时候的国文教材都是文言文，上课时他解释这些文章，充分发挥自己的思想，给学生深刻的印象。他提倡白话文，可是当时白话文不进课堂，他就在课外教学生看白话文的东西，写白话文的文章，也在国文课上把许多"五四运动"的思想灌输给学生。

比吕叔湘低一级的周有光回忆道：常州中学当时还开设了"名人演讲"。有一个小组专门请名人来演讲，这个小组也请吴山秀来讲。吴山秀是本校教师，黑板上写好了"名人演讲"，他用粉笔把"名人演讲"改成"各人演讲"，谦逊中藏着幽默、俏皮。[10]

吕叔湘对英语学习有浓厚兴趣，并终身致力于语言学研究，与亲炙英文教员沈同洽（童侠）先生有关。

吕叔湘回忆：这位沈先生在每天教的课文中指定一段要求学生第二天背给他听，也就是十几行。同班的刘北茂和吕叔湘都能早早完工，多数同学也都能背下来。可是有那么几位就是结结巴巴背不好，沈老师就说："你背书就像推小车过桥（指旧式的石级桥）——'格登'！'格登'！"因为这句话他常说，所以几十年以后吕叔湘仍然清晰记得。即使二年级以后的英语老师没有沈同洽老师那么严格了，吕叔湘、刘北茂等几位爱好英语的同学，还是沿着沈老师任教时养成的习惯，一直十分认真而扎实地学习英语。

---

[10] 周有光. 我的人生故事[M]. 北京:当代中国出版社,2013:10.

使用难度不小的英语教材，也是保证英语学习质量的重要因素。省立五中使用的教材，二年级是《泰西五十轶事》，三年级是《莎氏乐府本事》，四年级是欧文的《见闻杂记》。吕叔湘回忆：他们的英语进步算是比较快的，到四年级念欧文的《见闻杂记》居然念得进去。刘北茂和他还比赛背书，背的是其中一个短篇，*The Voyage*（旅程）。1925 年吕叔湘和刘北茂在北京见面，刘北茂对吕叔湘说："我现在能背 *The Voyage*，不光是顺着背，还能倒着背。"意思是从末一句往前背，背到第一句。

沈同洽先生培养的优秀学生，除省立五中时期的吕叔湘、刘北茂外，还有苏州中学时期的钱伟长、胡绳等。沈同洽在苏州中学任教时与吕叔湘有更多的交集，以及于 1938 年与钱锺书、徐燕谋等知名学者执教国立师范学院外语系，乃至全国解放后任南京大学外语系教授，则是后话。

省立五中历来有重视英语学习的优良传统。一方面，世界历史、世界地理、物理、化学、生物等课程，都直接使用英文教材，老师也使用英语教学。另一方面，还有两个特点：一是名师执教，一是十分重视语言积累。

周有光回忆道："我们的英文教师都是教会学校毕业的。我们中学能用英文演讲比赛，英文不过关不能毕业。"周有光 1923 年参加上海圣约翰大学的入学考试，连续 6 天一共考 36 个小时，其中 30 个小时全是英文试题，要用英文解答。如果英文水平稍差一些，只怕连一个小时也混不下来。从这一案例，不难想见省立五中英语教学质量之高。

省立五中很有名，吕叔湘却感觉放任得很，和现在的学校不一样。他记得当时的学生比较重视的课只是国文、英文、数学三门。周有光回忆中学生活时也说："那个学校跟现在不一样。那个时候读中学很轻松。"

吕叔湘回忆道：拿功课来说，国文四年里换了三位老师，只有一位吴老师讲得不错；数学也是三位老师（算术和代数一位，几何一位，三角一位）。英文，也是先后三位老师，一年级二年级两位老师抓得紧，三、四年级一位老师不怎么样。除了国文课的作文得交给老师批改外，所有学科的作业，你交给老师，老师就看，你不交呢，他也就算了，很自由。不过，英文老师都比较认真，念过的东西，有些要求背诵。因为老师不要求交作业，所以不少同学也就不做练习了。

省立五中以严格而闻名，吕叔湘、周有光为什么却有"放任""轻松"的感受呢？

这也正是省立五中等名校的不同凡响之处。省立五中当时也就三五百学生，学生少且能力好、学习自觉，加上日常管理严格，在这样的环境和氛围下，不用功的学生倒是难找。现在也常能见到一些重点中学的学生自学意识、自学能力都非常强，自学内容已远远超过就读年级的课程要求，有的甚至已自学大学一、二年级的课程，学校安排的学习自然没有什么问题，也根本用不着老师的督促。

周有光回忆当时的读书生活："我在读中学预科时，补读古书，特别读了《左传》，一篇篇地背，那时候古文进步得快极了。我的老师教《古文观止》，他喜欢韩愈，因此我们大家都跟着他喜欢韩愈。现在想起来，那时候很糊涂的。那时候记忆力非常好，所以读了很多古书。我有一个同学叫史松培，溧阳人。那时候自修室一张桌子两人用，我跟他一张桌子，受他的影响，他从小就读许多古书，我很羡慕他。他很用功，清早五六点人家还没有起来，我们就起床。我跟他念了许多古书。"[11]

"善学者，师逸而功倍，又从而庸之；不善学者，师勤而功半，又从而怨之。"《礼记·学记》的这段话，揭示了学生善于学习的重要性：善于学习的学生，教师很轻松而教学效果却很好，并且学生把功劳归于老师教导有方。不善于学习的学生，教师教得很辛勤而教学效果却比较差，并且学生还怨恨老师。

吕叔湘、周有光等省立五中的学生，在"放任"中得到了自学能力，为他们搏击更广阔的知识海洋插上了翅膀。

如今，在江苏省常州高级中学校园内的"大师林"里，矗立着吕思勉、钱穆、刘半农、刘天华、吕叔湘五位先生的铜像，激励师生不断努力。110余年的办学历史中，该校诞生了吕思勉、童伯章、史绍熙等教育家、名师，培养了无产阶级革命家瞿秋白、张太雷，以及史学家钱穆、心理学家潘菽、文学家刘半农、音乐家刘天华、语言学家吕叔湘和周有光等一批杰出人物。

六、民主科学的新底色

"直到现在，'五四'思潮还在我的思想中起作用。"这是吕叔湘在晚年曾说过的话。确实如此，"五四"思潮的影响，决定了吕叔湘一生的道路。

---

[11] 周有光. 我的人生故事[M]. 北京:当代中国出版社,2013:12.

当然，"五四"思潮，不能简单地理解为就是学生上街游行的那么几天。"五四"思潮，是自清朝末年以来、时间跨度较长的新文化运动，或者说思想解放运动，白话文运动是其显著标识，民主、科学是其深刻内涵。自鸦片战争以后，救亡图强成为时代的主旋律，思想文化上的激荡很大，到"五四"达到一个高潮。吕叔湘的世界观形成于这个风云际会的大时代，他就是在这个大背景下接受了系统的小学教育、中学教育和大学教育。

重温那个时代的风气，周有光反思道："'五四'运动影响相当普遍，小地方都有活动。'五四'的确是个广泛的思想活跃的时期。我认为'五四'运动是中华民族觉醒的一个高潮。'五四'提出的口号'民主''科学'完全正确，解放后要抨击'五四'，这是错误的。仔细研究，'五四'时的文章没有整个否定传统，对儒学也没有完全否定。有人考证，'打倒孔家店'不是'五四'时提出来的，是后来提出的。"[12]

省立五中的教员中有水平很高的进步人士，国文教师吴山秀无疑是对吕叔湘影响最大者之一。前面说到，当时的国文教材都是文言文，于是吴山秀老师在解释这些文章时就发挥自己的思考，启迪学生思想。吴山秀提倡白话文，可是当时白话文不能进课堂，他就在课外教学生看白话文，写白话的文章，在国文课堂灌输"五四运动"的思想。吕叔湘的老同学周有光，直到晚年还对此有印象。

"五四运动"爆发时，吕叔湘15岁。当时只有13岁的周有光后来回忆："'五四'运动对我们来说，有几个概念，一个是要搞白话文，一个是要爱国，反对帝国主义。这都是老师引导我们。我们每个人拿一面旗子，上面写'同仇敌忾'几个字，我们都不懂，老师叫我们写就写。我到茶馆去演讲，茶馆里的人都停下来听我演讲，看不见我的人（我个子长得慢，当时很矮小），一个客人就把我抱了站在桌子上面讲。茶馆里面的人起劲得不得了。"[13]

常州及省立五中响应"五四"的反帝爱国运动，始于1919年5月5日。常州的青年，尤其是学生，从是日自上海运抵常州发行的报纸上得知运动的信息后，震惊不已。怀有强烈爱国思想的青年教师赵毅甫、省立五中以及县立师范学校的学生当晚就集中到县文庙（今工人文化宫）明伦堂开会，研究响应办法，组织成立统一行动的"三校联合会"，响应北京学生开展爱国运动。推选省立五中学生会会长蒋

[12] 周有光. 我的人生故事[M]. 北京:当代中国出版社,2013:24.
[13] 同[12]24.

瑞霖任会长，县立女师学生会会长史良[14]和县立师范学生会会长杨松涵任副会长。次日，他们各自按分工分头行动，负责与常州各个学校、各个行业联络，鼓动、呼吁全市民众联合起来开展声援行动。

5月6日，常州出版的《晨钟报》刊载了北京各校2.5万名学生致全国的公电，公电称："欧洲和会中，我国所提归还青岛问题，势将失败。5月9日在即，凡我国民当有觉悟，望于此日一致举行国耻纪念会，以保危局。"5月9日是1915年日本逼袁世凯承认丧权辱国的"二十一条"的国耻纪念日。每年的这一天，常州各界都要开展声讨活动。而这次运动，又是日本要将德国在山东的一切权益据为己有而引发，激起常州人民对日本帝国主义更大的仇恨，还有对腐朽、软弱的北洋政府镇压爱国学生的严重不满。觉醒了的常州学生联合通电北洋政府，谴责"执政诸公不该视民意而不顾，构监学生"，坚决要求政府以"民意为指归"。到了5月9日，西瀛里、南大街等主要商贸集中地，纷纷挂起了用白布书写的"五月九日国耻纪念""抵制日货""归还青岛"等横幅标语。

学生的一系列宣传，极大地激发了常州人民的爱国热情和民族觉悟。一些对"抵制日货"不感兴趣的商人，在"学生流泪跪在商店门口，宣传劝说"的爱国精神感召下，也开始觉醒，纷纷加入爱国运动行列，雇人穿着印有"抵制日货""劝用国货"的背心上街游行。

6月4日，传来北京学生因为3日上街游行而遭反动当局逮捕及当局取缔一切爱国活动的消息，更激起了常州人民的愤怒。省立五中、县立女子师范和县立师范号召全市所有学校立即宣布罢课，同时推动全市工商界联合起来一起罢市。8日，常州商学两界致电全国，从即日起，"全市不缴杂捐，农民不纳赋税"，声称"不达救国目的，不惩办卖国贼曹陆章"决不复业。人力车工人也加入罢工行列。"新商""招商"两轮船局停航，声援学生罢课、商人罢市活动。常州火车站60余名铁路工人在站长带领下，也加入了罢工行列，手执"不除国贼不通车"的白旗上街游行，将全市罢课、罢市、罢工、抵制日货的爱国运动推向了高潮。

---

[14] 史良（1900—1985），字存初，女，江苏常州人。1915年考入常州女师。1919年参加"五四运动"，曾任常州市学生会副会长。1923年考入上海法科大学。1927年毕业后任南京政工人员养成所指导员。"九一八事变"后，发起组织上海妇女界救国会，担任理事。1936年任全国各界救国联合会常务委员。因参加与领导抗日救亡运动被国民党政府逮捕入狱，为历史上著名的"七君子"之一。她是中国著名法学家、政治家，中华人民共和国首任司法部部长。曾担任全国政协副主席、全国人大常委会副委员长、民盟中央主席。

北洋政府迫于全国舆论压力，只得将抓捕的学生释放，并罢免曹汝霖、陆宗舆、章宗祥职务，以息众怒。6月12日，常州商学两界组织商团、童子军列队游行，散发传单，劝导商号开市，并大放爆竹，以庆贺胜利。全市各界七八千人聚集第一公园召开"民意胜利大会"。第二天，全市学校正常上课，工商业开门复业。

"五四"启蒙是以语文运动为先导的。周有光认为"五四运动"的先锋是白话文运动："这个现象好像非常奇怪。后来胡愈之的解释非常好，他写过一篇文章，认为西欧的文艺复兴、启蒙运动以语文运动为先锋，中国的启蒙运动也是以语文运动为先导。"而正是"五四"思潮的影响，使吕叔湘、周有光一生与语言文字研究结缘，都在语文现代化方面取得了卓著的成就。吕叔湘在语言学的多个领域造诣高深，被尊为"人民的语言学家"。周有光是汉语拼音方案的重要设计者。

当时常州只有两所中学，一所男中，一所女中，周有光的父亲周保贻就在女子中学里教国文。周有光回忆："我跟父亲在一起很少。不过我的印象中，父亲的脾气还是很好的，他并不固执。那时候提倡白话文，他教古文，可是不反对白话文。"[15]

省立五中的管理有严格的一面，也有开明的一面。开明具体表现为，一是鼓励学生自治，一是创办学校刊物，一是"文实艺"并立的课程设计和实践。

开明的童伯章校长鼓励学生自治，培养自律、自理、自学的能力。学校组织学生自治会，由各级学生选代表参与订立规约，选举理事员及议事员，"每月开理事会一次，议决事，交理事员执行。"虽然学生自治会存在时间不长，但可见童伯章于此的努力。

《江苏省立第五中学校杂志》创刊于童伯章长校时，成为表达思想的重要舞台。为了使学校的教学既扎扎实实又充满生气，童伯章还提议创办了《五中杂志》。杂志在1914年3月创刊，童校长在发刊词中明确说明了办刊的目的，主要是让社会了解学生学业之进展。"是刊有教室之课业，有学生自修时的笔录，有游艺之演习"，总之，"都是以学生为主体"，所以学生们写稿非常踊跃。1917届学生潘菽（1897—1988）在校时便是校刊的热心撰稿者，曾在校刊上写过《近日国民提倡国货之热心渐减说》等文章多篇。潘菽后来成为我国现代心理学的重要奠基人，中国科学院心理学研究所所长。

---

[15] 周有光. 我的人生故事[M]. 北京:当代中国出版社,2013:4.

《五中杂志》内容丰富，形式多样，图文并茂，创刊之后就受到广泛的欢迎，第一、第二期很快就销售一空。为了满足社会各界的需要，除由学校发行外，还在上海商务印书馆、上海中华书局、苏州玛瑙经房、无锡乐群书社、南京共和书局、杭州向经堂等 11 处设立分售处。可见这份刊物在当时影响之大。

《五中杂志》"登载学生教员平日撰述，定期每半年出一册"。一个中学出版杂志，发表学生、教师文章，虽然并非当时特例，但也足见童伯章的气度。

童伯章"文实艺"并立的课程设计和实践，是省立五中学生全面发展的保障。民国时期，文、实两科是并立还是分科教育的争论一直存在。高等教育中的文、实分科刺激着中学教学模式，对于当时的中学校长们而言，这是一个现实而敏感的议题。童伯章对此立场鲜明，在"文实艺"三者并立理念的原则下，坚持中学阶段文、实不分科教学。

1918 年 12 月 18 日，童伯章在《时事新报》发表文章《因论中学文实分科制与陆君书》，强调中学阶段教育中文、实是并立的，不可偏废。后来童伯章任教光华大学时，在其所谱词的《光华校歌》中，这样看待各个学科的关系："科分教育冀薪传，更参文理究人天。复以商业扩其用，众才分道扬先鞭。"他认为各个学科都有其用，主导教育者不能因为专业前景的不同而有所厚薄。

从童伯章自身具备多重专业修养来看，也不难理解他对于"文实艺"三者并立的坚持与实践。他对于音乐有相当造诣。"童伯章教授昆曲，笛、笙、箫、唢呐、三弦、二胡、鼓、板诸乐器，生、旦、净、末、丑诸角色，皆能一一分授。"其文《音乐教材之商榷》颇有见地。所著《中乐寻源》由上海商务印书馆出版，吴梅为之作序曰："君书出而海内承学之士，知华夏自有正声。"他在古文及训诂方面也有见解，著《学文三要》《虚字集释》等书。"先生精通训诂之学，著《虚字集释》一书，多所创见。"

主持省立五中期间，童伯章将其"文实艺"并立的课程理念付诸实践，科学地对学校的课内外课程进行了设计。他曾结合社会实际，创办师范、高等实业、简易师范、高等预科等班。而普通科课程，也包含国文、历史、英语、物理、化学、音乐、体育等各类学科。为强化英语学习，凡是外来课程，如《世界历史》《世界地理》《物理》《化学》等全部使用英文课本。童伯章认为："学生在校每日六小时，自修两小时，尚有余闲，若任为自由之嬉戏，恐无益而有损。不若以教员率之为有益之娱乐。""学生之不兴于实业，讵惟教育不良之咎。"故于课外，他还设计了若干兴趣活动课程，"由学生自由选择分组练习"。如 1914 年 3 月，"议增园艺部，乃招学生之愿营园艺者经营之。"学生李子宽回忆道："省立五中制度，上午上课四小时，下午上课两小时；下午三时后，学生主课较差者补课一小时，如国文、英文等。其他学生则于此时间上游艺课一小时，游艺内容有书法、篆刻、军乐、雅歌等。"学校举办过若干次游艺展览会，师生所作的作品曾送美国赛会参展，获得优等奖。

吕叔湘就读省立五中时期，正是新文化运动如火如荼的时代，民主和科学的口号，响彻神州大地。新文化运动以进化论观点和个性解放思想为主要武器，猛烈抨击以孔子为代表的"往圣先贤"，大力提倡新道德，反对旧道德，提倡白话文，反对文言文。身处资讯较为便利的常州，价值观正在形成阶段的吕叔湘，擦亮了一双批判的眼睛，他深刻地意识到人的尊严和中国人的尊严，人不应该做礼教的奴隶，中国人也不该再做洋奴。这些是吕叔湘追求学术的基本思想和情感，他于此有了"学会自学，学会独立思考"的初步历练。

总之，"五四运动"对省立五中和吕叔湘的影响，不仅仅是学生上街游行的那么几天。应该说，"五四运动"是中华民族觉醒的一个高潮，是新文化运动以来现代化思想剧烈激荡的一个重要节点。"五四运动"给当时的青年学生植入了若干重要概念：一是要搞白话文，一是要爱国、反对帝国主义，一是要进入精神文化现代化的深层领域。类似于西欧的文艺复兴、启蒙运动以语文运动为先锋，"五四"启蒙运动也是以语文运动——白话文运动——为先导，开启民智，从语文普及入手。

吕叔湘晚年曾说过："直到现在，'五四'思潮还在我的思想中起作用。"一方面，15 岁的吕叔湘开始对语言文字产生了初步兴趣，另一方面，"五四"思潮使吕叔湘的眼界大开。

1922 年中学毕业，吕叔湘为报考哪所大学颇伤了一阵脑筋。同学中有好几位准备考交通大学，也鼓动吕叔湘报考理科。父亲因为吃过打官司的亏，希望吕叔湘考法政专门学校（相当于现在的政法学院）。吕叔湘自己想考文科，那时候很多青年受"五四运动"、新文化运动的影响，都准备献身文化工作。最后吕叔湘还是按照自己的志愿报考东南大学的文理科。

第三章 东大高师润杂家

七、东大的博雅教育

1922年秋，18岁的吕叔湘来到南京，入读国立东南大学，开始了四年的大学生活。"东南大学当时为长江以南唯一的国立大学，与北大南北并峙，同为中国高等教育的两大支柱。"[16]

国立东南大学，是由南京高等师范学校改组而成。校名改过多次，按次序是国立东南大学，第四中山大学，江苏大学，中央大学。新中国成立后，其文学院、理学院和金陵大学的文学院、理学院合并，称南京大学。

南京"地连三楚，势控两江"，凭借万里长江天堑，又得紫金、幕府等群山屏障，江山雄奇，人杰地灵，曾令出使东吴的诸葛亮登临揽胜后连连击节赞叹："钟山龙蟠，石城虎踞，真帝王都也。"自三国东吴孙权在此建都并依山而筑石头城以来，东晋，南朝的宋、齐、梁、陈，以及南唐、明、太平天国、中华民国等，都将南京作为首都，因而南京不但有"六朝古都""十代都会"之称，而且跻身中国"六大古都"之列。

南京作为人文荟萃的"士林渊薮"，在中国文化教育史上曾留下辉煌篇章。东晋建武年间，南京就设立了太学，而且极一时之盛，仅学宫即增造房舍155间。南朝刘宋设立儒学、玄学、文学、史学四所学馆，有学者认为"可算我国分科大学之始"。南唐王朝则在御街之东、秦淮河滨首开国子监。而明太祖洪武年间设在鸡笼山下的国子监，弦歌不绝，学子云集，生员最多时曾逾万人，其中还有来自日本、琉球、暹罗等国的众多留学生。有研究者强调，明初南京国子监"学生人数超过15世纪时英国牛津、剑桥和法国巴黎大学，堪称当时世界上规模最大的国立大学"。

斗转星移，人间沧桑，当年盛极一时的明初南京国子监已如雪泥鸿爪，难觅遗踪。然而，五百年之后，中华民国建立后不久的1915年，却有一所崭新的现代意

---

[16] 王德滋. 南京大学百年史[M]. 南京:南京大学出版社,2002:73.

义的高等学校——南京高等师范学校，在它的旧址上建立起来。南京高师于 1915 年 8 月 11 日正式招生，与北京高师、成都高师、武昌高师和广州高师一起，成为我国最早创办的高等师范学校。[17] 1920 年，在南京高师的基础上筹建东南大学。1922 年，南京高等师范学校与东南大学合二为一。

吕叔湘入读之时，东南大学正处于承前启后、继往开来的"一校两制"时期。在东南大学筹建时业已议定：南京高师自 1921 年开始不再招生，待南京高师学生全部毕业，高师即与东大合并。东大成立后，学校逐渐有意识地由"高师"向"大学"转轨，直至最终停办高师，彻底并入东大。南京高师、东南大学本是一家，只是由于实施"双轨制"，才出现了三四年时间的"两块牌子、一套班子"的事实。因此，南京高师并入东南大学、合二为一之后，整体实力大增，学科十分齐全。

提起东南大学，就绕不过有"东南大学之父"美誉的郭秉文校长。郭秉文（1880—1969），字鸿声，江苏青浦（今属上海市）人，1914 年获哥伦比亚大学教育学博士学位。是年，南京高等师范学校刚刚筹建，郭秉文即被聘为教务主任，他奔走于欧美国家，为学校揽聘了一批留学欧美的专家学者。归国后即鼎力协助校长江谦办学，继任南京高师校长和东南大学校长，成为中国现代大学的开创者。

在吕叔湘入学前夕的 1921 年，时任校长的郭秉文，在副校长刘伯明[18]、教务主任陶行知等一批留美学者的襄助下，基本完成了对南京高等师范学校的改组，东南大学分设文理科、教育科、工科、农科、商科，有 5 科 27 系之盛。

　　合二为一后的东南大学分设 5 科 27 系：（1）文理科，设国文、历史、外文（由原西洋文学系、英语系及德、法、日各系合并组建而成）、政法、经济（由原政法经济系分设）、哲学、数学、物理、化学、地学等 10 系；（2）教

---

[17] 我国高等师范学校"实际设置"情况如下：1912 年改京师优级师范学堂为北京高等师范学校；1912 年改四川优级师范学堂为四川高等师范学校；1912 年改两广优级师范学堂为广东高等师范学校；1913 年 7 月，设武昌高等师范学校；1914 年筹办、1915 年开办南京高等师范学校。据潘懋元,刘海峰.中国近代教育史资料汇编:高等教育.上海:上海教育出版社,1993:680.

[18] 刘伯明（1887—1923），山东章丘（今属济南市）人，先后留学日本、美国，获博士学位。1915 年受聘为金陵大学国文部主任，同时任教于南京高等师范学校。1921 年起任国立东南大学文理科主任、行政委员会副主任、哲学教授、代理校长等职。他学贯中西，通儒、道、佛学，治西洋哲学，精于英文，通法文、德文，兼及希腊文、梵文。撰著《论学风》和《共和国民之精神》等文章，倡导朴茂、求实的学风。

育科，设教育、体育、心理、乡村教育等 4 系；(3) 工科，设机械工程、土木工程、电机工程等 3 系；(4) 农科，设动物、植物（由原生物系分设）、农艺、园艺、畜牧、蚕桑、病虫害等 7 系；(5) 商科，设会计、工商管理、银行等 3 系。[19]

其时，东南大学学科之全，居全国之首，而且多领风气之先。如由我国近代动物学的奠基人秉志创建的生物系，由我国地学界一代宗师竺可桢创办的地学系（包括地理、地质、气象），由最早把近代数学引进中国的熊庆来创办的算学系等，在我国大学中都是最早设立的。

当时担任东南大学工科主任的茅以升教授就曾这样评说："本大学学制以农、工、商与文、理、教育并重，寓意甚远。此种组合为国内所仅见。亦即本大学精神所在也。"[20]

其时全校共有教师员工 200 多人，学生 1600 多人，名师云集，人才辈出，被誉为中国东南地区的最高学府。美国著名教育家、世界教育会亚洲部主任孟禄博士在考察了中国各主要大学之后，称赞东南大学"是中国最有希望之大学"。

东南大学校长郭秉文的办学方针是"通才与专才平衡，科学与人文平衡，师资与设备平衡，国内与国际平衡"。郭秉文力求通过达到"四个平衡"，使学生们具有国士风范，能有"钟山之崇高，玄武之恬静，大江之雄毅"。

郭秉文深知提升办学质量的关键在师资，因此在任期内所聘任的著名教授众多，先后有 60 多位；而且其中任何一位，都是当时所在学科的一流学者。

文科有刘伯明、汤用彤、陈衡哲、梅光迪、王伯沆、顾实、柳诒徵、蒋维乔、楼光来、钱基博、陈中凡、吴梅、王易、吴宓、孙本文、林天兰、张士一、陆志韦、凌冰、朱君毅、赛珍珠、李玛。

理科有任鸿隽、胡刚复、熊正理、竺可桢、孙洪芬、张子高、熊庆来、王琎、叶企孙、何鲁、段调元、杨武之、曾昭抡、吴学周、钱宝琮。

教育科有陶行知、陈鹤琴、郑晓沧、廖世承、徐养秋、程其保、孟宪承、汪懋祖、李叔同。

农科（包括生物系）有秉志、邹秉文、胡先骕。

工科有茅以升、涂羽卿、沈祖玮。

[19] 王德滋. 南京大学百年史[M]. 南京:南京大学出版社,2002:71-72.
[20] 同[19]93.

商科有杨杏佛、孙本文、马寅初、李道南、沈兰清、胡明复、陈长桐、潘序伦、瞿季安、林振彬。

体育有卢颂恩、张信孚、麦克乐。

燕京大学校长司徒雷登在其所著《在华五十年》一书中也称赞道："郭秉文延揽了五十位留学生，每一位都精通他自己所教的学科。"

北京大学教授梁和钧在其《记北大（东大附）》一文中更有点睛之笔："北大以文史哲著称，东大以科学名世。然东大的文史哲教授，实不亚于北大。"

郭秉文被誉为"东南大学之父"，除了上述广延名师厥功至伟外，还有首开"女禁"，建造一流的科学馆等壮举，更添浓墨重彩之笔；在此过程中，其百折不回之坚毅，为东南大学之精神内核奠定了基调：

开"女禁"，首创大学男女同学。"五四"之前，中国除个别私立大学之外，没有同时招收男生和女生的高等学府。教育史上称这种男女不能同学的制度为"女禁"。在1919年12月7日召开的南高第10次校务会议上，教务主任陶行知提出了《规定女子旁听法案》。他说："中国女子高等教育最不发达，女子几无上进之路；大学不许男女同学，更是毫无道理。南高特宜首破禁区，融通办理，以遂女子向学之志愿。"校长郭秉文、学监主任兼文史地部主任刘伯明、教育系主任陆志韦等坚决支持，校务会议一致通过此项提案，决定自1920年暑期正式招收女生。为造成更大的声势，南高的郭秉文、陶行知、杨杏佛等人与北大的蔡元培、蒋梦麟及胡适等人商定，南北一致行动共同开放"女禁"。消息传出，朝野哗然，江苏省议会一片喧嚣，社会上的流言蜚语不堪入耳，甚至连思想比较开明的张謇和老校长江谦也都明确表示反对。庆幸的是江苏省教育会会长黄炎培是开"女禁"的有力支持者。经过郭秉文、陶行知等人的多方解释、疏通和不懈努力，南高终于如期开考。1920年暑期招收的8位女生是：李今英、陈梅保、黄叔班、曹美恩、吴淑贞、韩明夷、倪亮、张佩英。她们被安排在不同系科，与男生同班学习。南高与北大首创男女同校，实行了男女学生的同班学习，揭开了中国高等教育史上崭新的一页。

建造全国一流的科学馆。1923年12月1日凌晨，东南大学图书馆和实验室所在的口字房因漏电失火，扑救不及，木质结构的整座建筑化为灰烬，总计损失约40万银元。生物系、物理系之实验设备，7万件动植物标本和3万多册图书，包括稀世之宝——利玛窦所绘地图等均付之一炬，众多师生伤心落泪，有的更是号啕大哭。秉志教授闻讯晕倒，不省人事。郭秉文处变不惊，稳健地走上一处高坡，勉励师生勿过悲伤："祸兮福所倚，火能毁之，我能建之。""乌云过去，必大放光明，赖吾人自立奋斗。"并关照学生："各回寝室休息，明日照常上课！"此言一出，人心大稳。

事后全校教职员在体育馆集会，柳诒徵、邹秉文教授呼吁与学校共克时艰，倡议教员各捐薪一月，获一致通过。学生自治会号召学生各捐助 20 银元，并组织演讲队赴苏锡常宣传筹款。郭秉文当即向政府申请拨款，但因财政几乎都贴到军火上去了，省公署无钱可拨。郭秉文便转而向美国洛克菲勒基金会求援。洛氏基金会派专家来华调查各大学的科学研究状况，调查结果显示，只有东南大学在师资力量、科研水平等方面具有坚实的基础。于是，洛氏基金会一次捐赠 20 万美元，支持东大建造一座科学馆。建筑落成之时，又捐助仪器设备费用 10 万美元。这首开我国国立大学接受国外基金资助的先例，也使东南大学有了当时堪称全国一流的科学馆。

东南大学完全模仿美国的大学，是国立高校中最早实行学分制的，学生修满 160 个学分毕业。学什么课程，不作硬性规定，学生有自由选择的余地，不过所选的课程要符合某些条件，并且要系主任签字同意。

吕叔湘入读时，文理科一年级不分系，不管你主修是哪一系，都得修读 30 个学分。文理科的课程分为五个组：中文、外文一个组，历史、地理一个组，哲学、政治、经济一个组，数学、物理、化学一个组，生物、心理、教育一个组。这五个组的课至少要各修 6 个学分，可以分在四年里选修，一般都尽早在头两年里修完。这样，即使你学的是中文或外文，你也得学点历史、地理，还得学点数学、物理、化学，学点生物、心理、教育，学点哲学、政治、经济。这是规定的，不管你喜欢不喜欢，也不管你进哪个系，你都得学一点其他方面的课程。一般地说，学一门课是 3 个学分，一组的课程要得到 6 个学分，那最少要学两门。东南大学大一的文理科修读课程，类似于当下重点高校实施的博雅教育。

第二年正式分系，确定了就学某个系的课程，至少要修读 40 个学分。还要求有个副系，副系的课要修 20 个学分。此外，还有七八十个学分学什么，那就很自由，学校不来干预。所以吕叔湘虽然主要学外文，其他方面的课也都学了不少。

吕叔湘晚年回忆：

"那个时候，许多课程，哪怕主要是给外系学生开的，也都是由鼎鼎大名的教授来讲的。例如给我们讲化学的是王季梁（王琎），讲文化史的是柳翼谋（柳诒徵），讲地学通论的是竺可桢，讲生物学的是陈桢，讲心理学的是陆志韦。

"尽管这些课程，我们是外系，不和本系的学生在一起上课，可是学校里还是很重视、很认真的，并没有随便派个助教来敷衍。例如化学念3个学分，要上两节讲授课，一节辅导课，还要做实验。上课听讲是一个70人左右的大班，辅导的时候分成三个20多人的小班。就连辅导课也是大教授承担。王先生自己辅导一班，张志高教授辅导一班，孙洪荣教授辅导一班，三个人都是在化学界很有名的。

"我们学文的学一点地学，竺可桢先生也不是随便讲讲就算的，他要带我们出去实地考察。我记得有一天一个大早，他就带我们从成贤街（学校所在地）步行到燕子矶，又顺着江边走到下关，然后回来，走了一整天。一路上，竺先生到处指点，讲解岩石、地层等等。

"有一件表现竺先生认真、严格的事给我的印象很深。选修地学通论的，我们这个班有三十多个同学。考试的时候，竺先生把教室里的课桌摆成梅花形，每个学生的前后左右都是空的，无从交头接耳。尽管那个时候考试作弊的事情很少，竺先生也是严加防范的。

"由于大学里是这样学习的，我就什么都知道一点，变成一个杂家。后来在搞语言文字的同行面前，讲到数理化，讲到生物、心理、地学，我就比他们多知道一点。杂家有杂家的利弊。有可能什么都知道一点，什么都不深入，'门门精通，门门稀松'。但是有点杂家底子，在专门研究某一门的时候，眼界就比较开阔，思想就比较活跃，不为无益。比如搞翻译，尽管译的是文学作品，里边也难免会冒出有关物理、化学、心理、生物等等的事情。要是你有这些方面的常识，问题就比较容易解决。"[21]

文理科第一年分系是假定性的，第二学年分系，分系时有英语系和西洋文学系供选择，西洋文学系里的教授主要是吴宓和梅光迪；英语系系主任是张士一。吕叔湘主修西洋文学系，吴宓和梅光迪，都是名重一时的著名教授。

吴宓（1894—1978），字雨僧，陕西泾阳人。留学美国，获哈佛大学比较文学系学士、硕士学位。1921年受聘于国立东南大学文学院教授。他教英国文学史和

---

[21] 吕叔湘. 学习·工作·经验:在北京市语言学会召开的治学经验座谈会上的讲话[M]//吕叔湘. 吕叔湘全集:第十三卷. 沈阳:辽宁教育出版社,2002:156-169.

世界文学两门课，对阅读抓得很紧，引导吕叔湘步入文学史的大门，并进入堂奥。吴宓视野广博，学贯中西，博通古今，开创比较文学研究，被后世誉为"中国比较文学之父"。至于 1925 年创办清华大学国学院，延聘梁启超、王国维、陈寅恪、赵元任等四位学者为研究院导师，物色浦江清做陈寅恪的助手，以及 1938 年随清华大学迁至昆明，任西南联大外文系教授、代理主任，同时兼任云南大学教授，则是后话。

梅光迪（1890—1945），安徽宣城人，留美文学博士，1921 年始任东南大学西洋文学系主任，极力宣传人文主义，1922 年创办《学衡》杂志，与胡适讨论中国文学改革。梅光迪开设过"英文选读"和 Mathew Arnold[22]，Carlyle（卡莱尔）等专题课，吕叔湘只在大一选修了"英文选读"。吕叔湘回忆，用作教材的三本书是：Kipling（吉卜林）的短篇小说选，Stevenson（斯蒂文森）的 *In the South Seas*，以及 *Selected English Essays*。这三本书对大一年级学生来说难度还是不小的。

至于梅氏上课常"骂"胡适，事实上他与胡适交谊深厚。梅与胡和而不同，并在课堂上尽情展示他们之间的学术争议，也许正是这一代学人学术、个性风范的特点，也体现出东南大学学术自由风气之一斑。至于梅光迪 1927 年任中央大学代理文学院长，1936 年任浙江大学文理学院副院长、院长，则是后话。

东南大学里有两个外文系，一个叫英语系，一个叫西洋文学系。为什么会产生这个"双包案"呢？这也跟学术争议有关。当时主持英语系的张士一教授，是研究教学法的，他到处鼓吹直接教学法，在系里也强调基本训练，重视语音、语法、会话。对于念文学作品，他不怎么强调。吴宓、梅光迪两位留学哈佛大学的教授则认为，张士一搞的那一套只讲实用，不讲文化，不讲思想。他们不愿意参加英语系，要自己另搞一个系。那时候校长的权力很大，只要校长同意，一个系就搞起来了。吕叔湘在大学里念的就是吴、梅搞起来的西洋文学系，念英国文学，念欧洲文学，包括翻译成了英语的希腊文学、罗马文学。

---

[22] 马修·阿诺德（Matthew Arnold, 1822—1888），英国诗人、评论家，曾任牛津大学诗学教授（1857—1867）。主张诗要反映时代的要求，须有追求道德和智力"解放"的精神。其诗歌和评论对时弊很敏感，并能做出理性的评判。代表作有《评论一集》《评论二集》《文化与无政府主义》，诗歌《郡莱布和罗斯托》《吉卜赛学者》《色希斯》和《多佛滩》等。

　　主持东南大学英语系的张士一（1886—1969），江苏吴江人，曾任教成都高等师范学堂、上海南洋公学，继任中华书局英文编辑，编译了我国第一部英汉字典《韦氏大字典》。1915 年南京高等师范学校成立，张士一任该校英文教授兼英文部主任。1917 年被选送到美国哥伦比亚大学师范学院进修，获得硕士学位，于 1919 年应召返校任教。此后历任国立东南大学教授、第四中山大学教授、中央大学教务长兼师范学院院长。张士一从事英语教学 60 多年，潜心教学著述，培养了一大批英语教师，编写了一批英语教科书，改进了英语教学的理论和技术，成为著名英语教学理论家。

　　吕叔湘在东南大学还得到若干名师的指导，主修外国文学的同时，还跟着化学家王琎、生物学家陈桢、地学家竺可桢、心理学家陆志韦、文化史家柳诒徵等教授学习了多方面的知识。值得一提的是，陆志韦指导吕叔湘所在班级快速读报。

　　吕叔湘 50 多年后回忆，在东南大学当学生时，"陆先生教我们心理学，有时候也讲到别的事情。有一天，他问我们："你们每天看报用多少时间？"我们说这可说不好，有时候有事情，报就不看了，有时候没有事情，就看上很多时间。他说：应该每天看二十分钟的报，要在二十分钟里头把这个报里头的全部内容都看进去。我们说这个不容易呀！他说：是啊，不容易就得学啊！你不看报不行，要花很多时间也不行，你得在二十分钟里把一天的主要新闻乃至重要广告都看到。"[23]

　　指导学生在学校学会读书，看似平常，实质非常。学会学习、终身学习之类的概念，虽然出现得比较迟，但这却是学校教育题中应有之义。学校所学知识管一辈子的时代早已成为明日黄花。面对信息爆炸、知识迭代加速的时代和社会，缺乏终身学习意识、继续学习能力者，就只能沦为"新文盲"。正如著名未来学家阿尔文·托夫勒托所言："21 世纪的文盲不是那些不会读、不会写的人，而是那些不会学习、不会抛弃以往错误观点、不会重新学习的人。"

　　吕叔湘的"杂家"底子，除了在大学里学课相当"杂"——包括没有本系同学选的印度哲学、比较宗教学——这样的显性功夫，还与吕叔湘从名师教诲中获取"渔"的隐性功夫密不可分，他主动进取的学习精神，犹如海绵吸水一般。

---

[23] 吕叔湘. 关于中学语文教学的种种问题[M]//吕叔湘. 吕叔湘全集：第十一卷. 沈阳：辽宁教育出版社,2002:66.

杂，《说文解字》释义为：五彩相会。有时引申为"不纯"，略含贬义。吕叔湘自谦为"杂家"，而读者诸君更应透过其自谦，洞见"杂家"二字的"博"的内涵，一窥吕叔湘博洽淹贯之滥觞。

八 、 不 平 静 的 校 园

象牙塔，用来比喻唯美的艺术天地、远离社会的学术圈子。在汉语的语境中，象牙塔的意思和世外桃源有异曲同工之妙，也指远离世俗的身心栖息之所，而大学是最接近这样的地方。

然而，树欲静而风不止。身处象牙塔的吕叔湘，在风和日丽之后，与风霜雨雪不期而遇。如果说，风和日丽是大一大二的主旋律，那么，风霜雨雪就是大三大四的基调。这风霜雨雪，既有来自家庭的，又有来自校园的，还有来自社会的，而且接踵而来，相互交织，类似于天文大潮时风、暴、潮"三碰头"。20 岁的吕叔湘，突然遭遇父亲亡故，邂逅东南大学易长风波，更有"五卅惨案"，以及借读北京大学时的所见所闻。

1924 年夏，来自家乡丹阳的噩耗让吕叔湘五雷轰顶——父亲吕东如骤然病故。吕叔湘一时难以置信，父亲平常不大生病，怎么就突然亡故了呢？原来事出有因。吕父从镇江回家乡丹阳的路上，绕道去丹徒县彭桥村看三弟秀生，在那里住了一夜，不慎感染伤寒，回到家里就发作了。当时还没有特效药，中西医都束手无策，就看病人的造化，身体能否扛得过去。五十多岁年纪的人，身体本来就每况愈下，突然遭遇这样的重病，不啻为雪上加霜，病情发展得很快。不久吕父就撒手人寰。

逝者长已矣，生者常戚戚。顶梁柱折了，悲痛的吕母，带着五个孩子，还要继续未来的生活。

吕父健在时，吕叔湘的大哥钟淇和二哥钟泠早已成家，并且独立门户过日子了。大哥已经去世，大嫂带着一个儿子和两个女儿过，经济状况可想而知。大哥的儿子名字叫兆庆，就是后来清华大学教授吕允文（1935—2011）的父亲。二哥钟泠婚后生了个女儿，夫妻经常吵闹。妻子自杀后，他就在外面胡混，沾染上了抽鸦片的恶习，屡犯屡戒，屡戒屡犯。

那时吕叔湘 20 岁，大学读了两年。四弟默深 16 岁，中学二年级。五弟吕浦 12 岁，小学刚毕业。大妹吕瀚和小妹吕灏都还小。这样，吕叔湘弟兄三人不能同时都读书了，得有一个人撑起这个家，尤其是同孚永纸号是个股份店，怕吃亏。因为四子之前学过生意，所以吕母钱氏作主，忍痛让默深提前结束在南京中学的学业，到镇江同孚永纸号去经商。

吕叔湘心情逐渐平复后，又遇上了东南大学的易长风波。真是屋漏偏逢连夜雨，船破又遇顶头风。风波始于 1925 年 1 月 6 日教育部颁发训令，聘胡敦复为国立东南大学校长，同时免去郭秉文的校长职务。

胡敦复（1886—1978），江苏无锡人，美国康奈尔大学理学硕士。1912 年在上海创办私立大同学院。在随后的几年间，大同学院办学规模不断扩大，系科设置日臻完善。到 1922 年创办 10 周年之际，经北洋政府教育部立案，升格为大同大学，并附设中学。大学部有文、理、商、教育科本科专业和英语专修科。当年，在校学生超过 1000 人。一时，大同大学与天津的私立南开大学，一南一北，卓然而立，被人们并称为"北南开南大同"。随着大同大学的崛起，胡敦复的声誉日隆，"社会中人无不知大同之敦复先生者。"时任教育总长章士钊更称其为"中国第一流教育家"。被委任东南大学校长一职，也说明胡敦复执掌大同大学的成绩得到了执政者的首肯。

而此时郭秉文长校的东南大学是东南地区的第一学府，与北方的北京大学在学术文化上形成一种"双峰对峙，二水分流"的格局，"同为中国高等教育的两大支柱"。前文说过，美国教育家孟禄考察中国各主要大学之后，称赞东南大学"是中国最有希望之大学"，还说"将来该校之发达，可与英牛津、剑桥两大学相颉颃"。

始料未及的是，胡敦复的任职却引发了一场风潮，东南大学一时群情哗然。全校师生迅速分裂为"拥胡"和"拒胡"两派，双方频频在报刊上发文表明各自观点，争议不休，辩驳不止。同时，北洋政府内部派系的矛盾，也影响到了本来平静的校园，更加剧了双方的矛盾。

3 月 8 日，胡敦复在教育部的敦促下到校视事，遭到部分激进学生的驱逐，引发流血事件。就这样，胡敦复最终未能就任东南大学校长之职，而是改就北京国立女子大学校长一职。最终，郭秉文也挂冠而去，先是赴美考察教育，接着就到英国参加世界教育会议去了。

风波持续了半年。是年夏，教育部委任蒋维乔代理东大校长。7月，蒋维乔就任东南大学校长，风潮始息。在军阀混战、经费拮据的情况下，他按照"行政决于教务会议，教学决于教授会议，财政公开"三条原则，奔波于宁、沪二地，将东南大学维持了两年。

东南大学"易长风潮"爆发后，包括胡刚复（胡敦复胞弟）、过探先（胡敦复妹夫）在内的一批著名教授离校而去，东南大学的实力遭到了严重削弱，直至1928年学校改制为中央大学后才逐步恢复。

易长风潮对吕叔湘产生的直接影响，就是他决定大四借读北京大学一年。其借读一年碰到的事情，以及对他产生的影响，可参阅本书第九节。

"风乍起，吹皱一池春水"，校园毕竟不是世外桃源，尤其是大学校园。社会上的风吹草动，都免不了在大学校园内掀起或大或小的涟漪，乃至于波澜。如果说，易长风波是在东南大学校园吹起的涟漪，那么，5月30日发生在上海、震惊全国的"五卅惨案"，在东南大学就引发了波澜，尤其是发展到"五卅运动"，从行动上到思想上，对相当一部分学生产生深刻影响。与吕叔湘同一届的校友曹立瀛就是其中的典型。

曹立瀛（1906—2007），江苏南通人，1922年入读上海商科大学会计系。上海商科大学由国立东南大学分设，校址在上海法租界。之所以要设在上海，是因为上海是工商金融中心。1925年5月30日，他就在"五卅惨案"发生的南京路现场。曹立瀛著《江南春好：大学四年（1922—1926）》，记录了自己亲历的"南京路惨案"：

> 1925年5月30日，我去南京路先施公司买鞋。买了鞋，在商场里逛了一圈，就出门走上南京路。突然发现了一场严肃而恐怖的景象：东边浙江路口，拥簇了人群，手持小旗，高喊口号；西边贵州路口，排列着英国巡捕（即警察）和印度巡捕，持枪实弹。我走到东边的学生和工人前面，问是怎样一回事。人们说，"难道你不知道吗！日本工厂枪杀工人顾正红，我们抗议，游行示威，英国人阻止……"话没有说完，人群向西拥，我被拥在最前排。砰，一排枪射来。我左边倒一人，右边倒一人，我的浅灰色西装的左襟上沾满一大片鲜血。群众转身向东狂奔，我跟在后面奔，一直奔到山西路口才停下。（事后知道，这次被枪杀工人与学生十三人。）当时我义愤填膺，和几个不相识的工人与学生一起，开始沿路演讲，控诉英帝国主义者的血腥罪

行，我衣襟上的血迹就是明证。我们有时向商店借一张凳子，站上去演讲。我们从山西路到福州路，折往浙江路，直到金陵东路，西趋霞飞路，抵达我学校大门。我进校了，他们仍西进宣传控诉。

　　这时已是下午五时左右，同学都回去了。我走进尚贤堂大门，突然看见王锦焕独自一人在教务处门口看布告。我走过去，她看到我襟上血迹，吓坏了！我立即把南京路的情况告诉她。我既激动，又疲乏，一阵头昏，几乎晕倒。她抱住我，静了几分钟。她扶我到第一教室坐下。我叫她通知同学，今晚开会，声讨英帝国主义。她走出门，恰好遇到几个同学，同学们分头传知，一传十，十传百，全校都知道了。彭光球等许多人来看我。这天我没有吃晚饭。[24]

"五卅"当天晚上，那些已经成立的大学学生会，发起组织上海学生联合会。上海商科大学幸而当晚成立了学生会，5月31日接到紧急通知，当晚举行各校学生代表大会，结果学联成立，选出委员九校：交通大学、同济大学、复旦大学、上海商科大学、上海大学以及四所中学，会址在小南门体育专科学校内（1926年初迁闸北天通庵路）。曹立瀛自此投身学联工作，参与"五卅运动"的后续活动，如游行示威、抵制仇货、筹建光华大学等。曹立瀛也从"一个埋头读书、不问政治、连报纸都不常看的青年"，转而"投身于反帝反军阀的政治运动"，并且"这一转变，决定了我一生的事业前途"。[25]

5月31日，消息传到南京，一时间群情激奋，人们因帝国主义侵略郁积已久的怒火再也抑制不住了。

6月1日下午，东南大学附中率先罢课，次日东南大学全校学生罢课，组成东南大学上海惨案后援会，教授、学生、校工分别组有后援会并进行分工。教授会任务尤重，负责将"五卅惨案"始末用各国文字记述，分寄各国政府及各大报馆，以明真相。随后，全城各大、中学校都迅速建立起后援会，一场全市性的学生罢课展开。

6月3日，公共体育场内召开市民大会，3万余人聚集于此，大会主席宛希俨（中共南京支部书记、东南大学学生）报告了上海租界巡捕镇压学生与市民的情况，号召各界以实际行动声援上海人民的斗争。会后，队伍在城南的主要街道游行

[24] 上海财经大学校史研究室. 郭秉文与上海商科大学. 上海:上海财经大学出版社,2010:260.
[25] 同[24]260.

示威。当天，各团体都纷纷发出通电，要求政府对外严正交涉，"以保主权，而平民愤"。

6月4日，东南大学等校一万多名学生，手执小旗，臂缠黑纱，在共产党员宛希俨、曹壮父等带领下，在城北及下关游行，沿途散发的传单多如雪片，将地面铺满。"援救同胞！""收回领事裁判权！"游行学生高呼口号，齐集和记洋行门前，只待工人中午放工时进行宣传，却迟迟未见紧闭的大门打开。原来厂主闻风早已备好午饭，不让工人出来，且发放最近工资企图笼络他们。

党团员指挥学生暂散，稍作休息后重新整队，分两班驻守和记洋行大门左右。工人们一出来，二十余名学生便挤入人群中进行罢工宣传。

由于和记工人们平日颇受资本家压迫，怨恨已久，加上党员们深入工人群体中对骨干人员进行宣传，罢工很快被发动起来。6月5日清晨，和记工厂门口贴出了全体罢工的布告，5000余名工人开始了长达42天的罢工斗争。

中共早期领导人瞿秋白曾对此评论："南京方面英商和记工人响应上海的'五卅'惨剧，而引起社会上有力的反帝国主义运动……"

和记工人罢工后，南京迅速发展到抵制日货、英货的斗争，广大群众宣誓不用英、日两国货币，不乘两国轮船，不买两国商品。

南京各阶层民众反对帝国主义联合战线的形成，强有力地支持着上海乃至全国人民的斗争。

吕叔湘的同学夏翔参加远东运动会归来途经上海，适逢"五卅惨案"发生，深受震动，回校后就与进步同学共同创办了"五卅"中学，校训就是"勿忘五卅，廉、敬、勇、乐"，以铭记中华民族受到的奇耻大辱。

父亲骤然离世，换校长闹风潮，以及"五卅运动"的罢学、罢市等大事，在极短的时间里接踵而至，交织在一起，如暴风骤雨一般劈头盖脸地袭向年轻的吕叔湘。猝不及防的吕叔湘面对经济的、学业的双重压力，思忖再三，避开有租界的城市，尽快完成学业，拿到文凭，谋职领薪，才是解困的当务之急。而要毕业，首先要抓紧大四，修满学分，借读北京大学是一个不错的选项。于是他立刻付诸行动。

九、借读北京大学

1925 年暑假一过，吕叔湘搭乘火车沿津浦线来到北京，进入北京大学，开始了一年的借读生活。是年，吕叔湘 21 岁。

北京大学的前身是京师大学堂，是戊戌变法维新派克服顽固守旧势力的重重阻挠建立起来的高等学府，以和嘉公主府旧邸为临时校舍，校舍主体位于景山东街马神庙一带。中华民国成立后，大学堂改称大学校，校舍扩展至松公府以东。1916 年北京大学借款兴建校舍，位于沙滩 12 号的红楼（今东城区五四大街 29 号）1918 年 8 月落成，后来成为中国现代史的标记。

1917 年初蔡元培就任北京大学校长后，提出了"囊括大典，网罗众家，思想自由，兼容并包"的十六字办学方针，并进行了大刀阔斧的改革。

首先，他明确大学是研究"高深学问"的机关，大学培养的人才应是"硕学宏材"。在这一核心理念指导下，蔡氏明确了学生求学的宗旨，聘任博学与热心的教员，实行"思想自由，兼容并包"的学术管理制度。其次，改革学校行政管理体制，设立评议会、教授会，实行教授治校、民主管理。再次，改革学科设置，重点发展文理科，改革教学管理制度，实行选科制。最后，大力扶植成立学生自治组织和各种社团，丰富校园文化。

经过改革，北大"学风丕振，声誉日隆"，师生人数顿增。据 1918 年统计，当时有教职员 217 人，其中教授 90 人；学生 1980 人，其中研究生 148 人。北京大学的人才培养体系和整个管理体系逐步确立，人才培养模式的特点基本形成，蔡氏已将一座衙门式的旧学堂改造成现代意义上的大学，并迅速成为中国新文化运动的发源地。

吕叔湘借读北大的 1925 年，蔡元培长校北京大学已届八年，全方位的改革已大见成效。其中最为显著的是，蔡氏孜孜于大学应是研究高深学问的机关，采取了一系列措施提升北大的科研水准。

其一，创办研究所，培养研究生。1917 年底，北大成立了文、理、法三科研究所，为当时中国高校最早成立的学术研究机构。1918 年初，各研究所共有研究员（即研究生）148 人，另有通讯研究员 32 人。1921 年 12 月，合并三科研究所，拟在研究所下设自然科学、社会科学、国学和外国文学四门。因经费所限，

1922年1月只成立了研究所国学门，沈兼士任主任。国学门先后设立了歌谣研究会、明清史料整理会、考古学会、方言调查会、风俗调查会等。

其二，创办学术刊物，促进学术研究。1917年11月，创办《北京大学日刊》，刊载学校重要纪事，兼载文艺、学术稿件。1918年9月出版《北京大学月刊》，系中国大学最早的学报。另外如《自然科学季刊》《社会科学季刊》《国学季刊》等刊物均颇负盛名，有力地推动了师生的学术研究。

其三，聘请外国学者，开展学术交流。北大先后聘请了美国的杜威、英国的罗素、法国的班乐卫及量子力学创立人普朗克等学术大师来校讲学，还聘请校内外著名专家举办各种讲座，繁荣学术活动。

其四，扶植社团活动，鼓励学术争鸣。五四前后，各种社团纷纷成立，影响较大的有"雄辩会""进德会""新潮社""国民杂志社""马克思学说研究会""新闻学研究会""社会主义研究会""平民教育演讲团""哲学研究会"及"音乐研究会"等，这些社团、学会大多有自己的刊物，其中《新潮》《国民》《少年中国》《新闻周刊》《国故》《数理杂志》《音乐杂志》等在社会上有较大影响。

吕叔湘借读北京大学时，校园在沙滩（现东城区五四大街），吕叔湘租住在沙滩对面的银闸胡同四号。银闸胡同，位于故宫东侧，呈南北走向，两端曲折。今北起五四大街，南止北河沿大街。清代属皇城，光绪时称银闸。据《京津风土丛书》载：御河，有白银铸水闸一座，上镌有"银水闸"等字样，故名。宣统时称银闸胡同。民国后沿称。

民国时期的大学，学生规模一般都是以千人计，校园分散、校区面积也都不太大。当时，专供学生和小职员住的公寓很多，都在一些大学附近。"五四运动"时期的北京大学，学生在校内住宿的不到三分之一，大部分都在校外的公寓里租房。直至新中国建立时，北大的文、理、法、农、工、医六个学院的教学楼、宿舍、附属医院、药厂、农场等建筑，仍然比较分散。如今北京大学所在校园，是当年燕京大学所在的燕园。1952年全国高等院校调整，北京大学搬到燕园继续办学。

在常州就读省立五中时，吕叔湘在校图书馆阅读了白话文书刊，参加了声援"五四"的游行。入读东南大学文理科后，从报刊中读到了更大的世界，自然包括北京发生的新鲜事，而且不少。现在吕叔湘置身其中，徜徉于"五四运动"地标红楼，自由旁听新派和老派教授的课，感受与东南大学不一样的学术趣味与文化氛围。尤其让吕叔湘见世面的大事有：冯玉祥把溥仪赶出紫禁城；段祺瑞制造"三·一八惨案"。

冯玉祥"赶走"溥仪，发生于 1924 年 11 月，为什么仍然让吕叔湘大见世面了呢？话还得从末代皇帝溥仪逊位说起。1912 年 2 月 12 日（宣统三年十二月二十五日）皇帝退位诏书颁布，清朝统治结束。南京临时政府公布的《关于大清皇帝辞位之后优待之条件》中写有清帝退位后尊号不变，民国政府待以外国君主之礼，清帝退位后暂居宫禁，侍卫人等照常留用等，埋下了帝制借尸还魂的巨大隐忧。如 1915 年的袁世凯称帝、1917 年的张勋复辟，就是"你方唱罢我登场"闹剧之典型案例。在北京地界的日常生活中，朝拜、请安等不少"旧制"还是堂而皇之地自行其道，临时政府中的"共和"表里不一。这些不出现在书报中，却活跃在北京城官场、民间日常的封建余绪，与"共和"描绘的蓝图大相径庭。冯玉祥在这样的背景下，敢冒天下之大不韪，将末代皇帝逐出紫禁城，与"二次革命""护国运动""护法运动"（三次革命）等，共同汇入新文化运动的滚滚洪流之中。1925 年 10 月 10 日，故宫博物院在北京紫禁城成立，并向社会开放。这让吕叔湘大开眼界、大见世面也就顺理成章了。

1926 年 3 月 18 日，北大、师大、燕大等校和二百多个社会团体数万人，在天安门举行国民示威大会，抗议日本帝国主义炮击大沽口和所谓"八国通牒"。会后两千多人组成的请愿团在李大钊等人带领下，前往执政府请愿。队伍聚集在执政府门前时，卫队开枪，屠杀请愿群众，死 47 人，伤 199 人。次日，执政府下令查封国民党市党部和中俄大学，通缉李大钊、徐谦、李石曾、易培基、顾孟余、朱家骅、蒋梦麟、鲁迅等 50 人，是为震惊中外的"三·一八"惨案。

"三·一八"游行，其前因，或可溯及北京地区声援"五卅运动"之余绪。1926 年 1 月 1 日，北京总工会在北大三院召开成立大会，会员达五六千人。陈独秀对此是这样评价的："北京本是一个没有烟囱的地方，然而'五卅运动'后，也居然有了数千工人组织起来的北京总工会，并且热烈地参加政治争斗，在群众的示威运动中，几乎代替了'五四'以来的学生地位。"马克思主义在北京进一步传播，大革命形势如火如荼，北京各厂、各行业工会之间的联系也就更加紧密了。

吕叔湘回忆，在北京一年见了点世面，接触到的人穷的、富的，洋的、土的，左的、右的都有，不过都没有交上朋友。

吕叔湘所说在北京见世面，应该包括逛北京图书馆（中国国家图书馆前身）。他在晚年的回忆文章《图书馆忆旧》中有相关记述：

吕叔湘第一次走进北京图书馆是在 1925 年。那时候，馆址还在方家胡同，名称是京师图书馆。房子是旧式平房，藏书不少。其时，吕叔湘有一位同乡何迈尘在京师图书馆工作，就住在馆里。他常来找吕叔湘，也带吕叔湘到他那儿去。这就给了吕叔湘参观京师图书馆的机会。京师图书馆当然很有些好书，可惜吕叔湘当时念的是洋书，对中国古书既不很内行，也不太感兴趣，没有很好利用这个机会。

何迈尘在馆多年，跟吕叔湘说过好些故事。吕叔湘晚年还记得的有两件。一件是，有一位国会议员，名叫陈垣的，差不多天天来图书馆看书，馆里的藏书他几乎都翻过。这是吕叔湘第一次听到援庵先生的名字和他的事迹。

陈垣（1880—1971），字援庵，广东新会人。杰出的历史学家、宗教史学家、教育家。曾任国立北京大学、北平师范大学、辅仁大学教授和导师。1926 年至1952 年任辅仁大学校长。1949 年以前，还担任过京师图书馆馆长、故宫博物院图书馆馆长。1949 年后，任中国科学院历史研究所第二所所长。1952 年至 1971年，任北京师范大学校长。与陈寅恪并称为"史学二陈"，又加上吕思勉、钱穆，并称为"史学四大家"。

另一件是，有一天京师图书馆丢了一部宋版《陶渊明集》，窃贼是冒北大学生某君的名字，利用图书馆借书还书手续中的一个什么漏洞把书弄走的。后来天津一家旧书店捎来一个口信，说是书在天津，赶快拿多少块钱去赎，如果惊动警察局，书就出洋了。结果还是讲价赎回来的。

北京图书馆是京师图书馆和北海图书馆合并而成。北海图书馆是用美国退还的庚子赔款的钱修建的，就在现在的国家图书馆古籍馆。吕叔湘依稀记得，"北海图书馆"五个字是梁任公写的。北海图书馆 1926 正式开放时，吕叔湘已经回南去了。吕叔湘 1931 年第二次来北京，北海图书馆已经改名北平图书馆。

吕叔湘所说在北京的见世面，应该还与北京这座皇城的"许多好"不无关联。正像张中行在《北京的痴梦》中所说，北京"许多方面，说不胜说，只好化零为整，说印象最深的，计有四条"：

第一是文化空气浓。表现在许多方面，也只能说说显著的。一是学校多，大中小，上包括世界知名的北大、清华、燕京等，下也不当弃外号为"野鸡"的，可以说大街小巷都是。学校多，知书识礼的人也就多，如果当代还有孟母,她择邻就可以省很多力。二是读书人多,这多人中,自然还要包括不少有高名的,如王国维、鲁迅、陈寅恪等等。三是书多,图书馆,个人收藏,书店书摊,几乎到处都是书。我们常说书香,各种书,古,今,中,外,善本,木刻,铅印……清除"黄色"的之后,用鼻嗅,气味不一样,但有个共同的作用,是与之接近,日久天长,就可以野气渐减而文气渐增,所谓"文质彬彬,然后君子"。四是与文有关的事物多,这是说书之外,还有书画碑帖、笔墨纸砚等等,也是随处可见。就算作附庸风雅吧,比如你有了蜗居,想略装点一下,就可以到琉璃厂,写字找罗复戡,刻印找张樾丞,等等。几天就交工。五是雅人雅事多,比如你逛公园,路过茶座,会听到男女杂坐唱昆曲;往某街巷,不识路,问路旁老北京,他会领你去,高高兴兴的(今日就多半会索指路钱)。

第二是历史旧迹多。旧迹有什么好?我的体会,是给"逝者如斯"之叹略做一些补偿,即使如苏东坡所说"而未尝往也",也总可以抚摸柱础而想见昔时的宫殿之美。而说起北京,所存旧迹又不只是柱础。限于人而有文名的,其故居,只是宣南,就可以找到几十处吧?人因有艳名的就更容易引起思古之幽情,如铁狮子胡同有明末田畹府,从门前过,我们就禁不住想到陈圆圆。这样的幽情也许不该有吗?人生就是这么回事,我们是俗人,俗是本分事,不矫情,也可以说是无伤也。

第三是富有人情味。这是与其他城市,尤其新兴城市比,与北京人,尤其老北京(还可以分为深浅二级,深是旗下人,浅是非旗下的多年住户)相处、交往,总感到亲切、温暖。这由于他们(包括妇女)惯于待人如己,助人为乐。

第四是吃穿日用。北京老字号多,花点儿钱,所得轻说是靠得住,重说是必很好。这方面,由程朱陆王看是小节,但是,如果由唯心而移近唯物,所费不多而能得到自己想望的,就成为大事了。以切身感受为例,单说老而没有字号的,我住在后海北岸,西行,小市喝大麦粥,东行,大葫芦买甜酱萝卜,晚间家中坐,买推车串街的羊头肉,都价不高而味绝美,其他都市就未必能这样。[26]

[26] 张中行. 北京的痴梦[M]. 北京:北京出版社,2018:2-5.

一年的时间很快过去了。1926年6月，吕叔湘返回南京。但是不能再坐火车了，那时北伐军已打到湖北，京汉、津浦两条铁路都中断客运。吕叔湘只得取道天津，坐轮船回到南京。

十、旧婚姻，新恋爱

清末面临"三千年未有之变局"，西方文明以坚船利炮进入封闭的中国。清末出生的那一代人注定生活在西学和中学的激荡之中，大到国家的意识形态、物质文明，小到个人的生活方式、婚恋观念，都在深刻的变动之中。

戴震在《孟子字义疏证》中说，"仁义礼智非他，不过怀生畏死，饮食男女"。这就足以说明结婚是人生不可或缺的一件大事了。

事实上，将吕叔湘及其同时代学人的婚恋和家庭生活细节放在20世纪历史风云中考察，情感的宿命，人生的无常，生活的漂泊，精神的求索，乃至民族的大义，历史的荒谬，时代的诡异，都会纤毫毕现。简而言之，把私人的情感生活置于公共的历史场域去观察，有助于避免学人形象的抽象化和符号化。

吕叔湘那一代学者的婚恋模式，大体可以分为三种类型：一、旧式婚姻。全凭父母之命，媒妁之言，个人在婚姻中被人支配，处于被动的地位，个人的意志似乎完全被忽略不计。二、自由恋爱。自己的婚姻自己做主，看好另一半，主动追求，最后有情人终成眷属。三、半中半西。亲友了解双方的情况，为之牵线搭桥，双方有一定的自由，能否走到一起，要看缘分和努力了。

吕叔湘的婚约，就是父母之命、媒妁之言的旧式婚姻，这种婚约在当时是很普遍的，现在也没有绝迹。

面对这种旧式的包办婚姻，当时一些受过高等教育的青年，有两种不同的态度：一、对抗式。有的青年坚决反对，非解除婚约不可，闹得不可开交。二、退让式。有的青年则忍气吞声，无可奈何地接受。上述两种态度，都不乏其例。前者，如鲁迅、蔡元培等。后者，如胡适等。而吕叔湘对待自己的包办婚姻，区别于"对抗式""退让式"，而取"调和式"态度，就是设法与对方通信、会面，培养感情。吕叔湘采取的第三种方式，与他中庸平和的性格相吻合，而且贯穿于他一生的为人处世和工作生活。

男大当婚，女大当嫁。当时全国没有统一的婚姻法，也没有强制一夫一妻，适婚年龄比现在要早，一般是男子不小于 18 岁，女子不小于 16 岁。早在吕叔湘十岁时，父母做主，给他确定了"未婚妻"——同镇的程家姑娘程玉振。

程玉振比吕叔湘小半岁，同是丹阳县云阳镇人。父亲是一位塾师，上有大哥、大姐，下有妹妹程淑珍。程淑珍后来与吕叔湘的五弟吕浦成婚，这是后话。

程玉振大哥程寅谷（1894—1976），字虚白。1919 年毕业于上海美术专科学校，留校任师范科主任。后在江苏扬州、太仓、丹阳及四川的重庆等地从事美术教学工作。对词曲素有兴趣，并通过悉心研究，获得较深造诣。全面抗战爆发后，先避居重庆，1939 年由重庆师范转任于北碚国民政府教育部国立编译馆，主编昆曲方面的书籍。1946 年随编译馆迁回南京。新中国成立后，回丹阳正则师范任教。

1922 年寒假，吕叔湘从南京回丹阳过春节。程玉振当时在丹阳县正则女子中学上初中。学期末了要展览书画成绩。吕叔湘为了了解程玉振的情况，去看展览。回来对别人夸奖，"程玉振的字写得很好"，并写信给程玉振。

程父是一位教私塾的老学究，心想："男女尚未结婚，怎么能见面通信呢？"于是就把信锁在抽屉里，不给女儿看。

吕叔湘知道后，又写信给未来的老岳父，讲解通信的好处。老先生没了主意，找长子程寅谷商量。开明的程寅谷晓以利害，老先生终于同意两人联系。

程玉振初中毕业，家里认为女孩子读完初中就足够了，而且当时在丹阳，初中毕业可以谋一个教小学的职位，所以不打算让她再升学。吕叔湘坚决不同意，找到程玉振的哥哥，说："将来结婚不要嫁妆，但必须让程玉振继续上学。"程父无奈，只好同意。程玉振因此得以进入苏州女子师范学校。此后，在南京东南大学就读的吕叔湘常去苏州探望未婚妻，还留下了那时的合影。

苏州女子师范学校，地址在苏州盘门新桥巷，校长杨达权（女）。前身是江苏省立第二女子师范学校。江苏省 1921 年共有省立师范学校 13 所，其中男校 10 所，女校 3 所。

1927 年 5 月，23 岁的吕叔湘与 22 岁的程玉振结为夫妻，开始了长达七十一年相敬如宾、同甘共苦的生活。除了吕叔湘出国留学的两年（1936.2—1938.2），以及下放"五七干校"的一年，他们夫妻在一起共同生活了六十八年。

吕叔湘走到哪里，几乎都有程玉振的陪伴。在战乱年间，吕叔湘的工作地几经辗转，在各种艰苦的条件下，一家三代近十口人的生活全靠程玉振操持。不管是远隔重洋，旅途奔波，住所局促，还是生活拮据，程玉振都想尽办法把丈夫的工作、婆婆的生活、子女的学业，安排得井井有条，不让丈夫因为家务事而分心。程玉振称得上是一位贤良淑德的贤内助。

男人的成功之花，离不开女人温柔与坚忍的浇灌。吕夫人程玉振就是这样一位园丁。"先生的家庭生活和谐而温馨，这几乎是人所共知的。师母对人和蔼可亲，对先生的照顾更是无微不至。我每到先生家，总是由师母把我让进屋里，然后细声慢语地告诉正在里间伏案工作的先生。师母走路的声音几乎是听不到的，她唯恐惊扰了先生。师母说，先生的胃曾动过手术，须少吃多餐，每晚十一点，总是让深夜工作的先生加次夜餐。家里虽雇有保姆，但照顾先生，师母一定是亲力亲为的。在一次庆贺先生八十大寿的宴席上，我恰与先生、师母同桌，我问先生：'在您的贡献与成就里，应有师母的一半儿吧？'先生愉快地说：'那当然。'先生动过不止一次大手术，却能健康地工作到九十多岁，成为一代语言学大师，不能不说与幸福温馨的家庭生活密切相关。"[27]

程玉振过门的时候，公公已经离世，婆婆中年寡居。侍奉婆婆之余，还要协助婆婆料理生活琐事，帮助操办弟弟和妹妹的婚姻大事。

婚后第二年，程玉振生下了长女吕霞。1928 年至 1935 年与丈夫共同养育了两子两女：吕霞、吕敏、吕敞、吕芳。吕叔湘晚年回忆："在苏州这几年是我们生活中最愉快的时光。那时候我们都还年轻，生活宽裕，小孩有人带，我的工作又顺心。"[28]

吕叔湘与程玉振的子女（左起）吕敏、吕芳、吕霞、吕敞

1936 年春节后，吕叔湘启程到英国留学，夫妻远隔重洋，正所谓"天涯地角有穷时，只有相思无尽处"（晏殊词）。欲知吕叔湘和程玉振夫妇如何牵肠挂肚、魂牵梦萦，请参阅本书第五章。

1937 年卢沟桥事变爆发，日军侵占平津以后，紧接着发动"八一三事变"，向上海大举进攻，对上海狂轰滥炸。不久，程玉振收到丈夫的来信：担心在丹阳的一

[27] 王海棻. 怀念恩师吕叔湘先生[M]//《吕叔湘先生百年诞辰纪念文集》编辑组. 吕叔湘先生百年诞辰纪念文集. 北京:商务印书馆,2010:55.
[28] 吕叔湘. 致外孙吕大年[M]//吕叔湘. 吕叔湘全集:第十九卷. 沈阳:辽宁教育出版社,2002:319.

家老小可能很快陷入战火，忧心如焚。让她一定要带家人撤往后方，绝不能待在沦陷区。

程玉振带领一家老小和哥哥一家人打算坐火车撤往后方。当时的火车票早已一票难求，挤上火车更不容易——车厢里挤满了，车顶上也人满为患。程玉振带着一家老小根本挤不上去，只好雇了黄包车到镇江，准备从水路撤往内地。

1937 年 11 月初，程玉振带领一家老小和哥哥一家人自丹阳出发，来到镇江，奔走了差不多一个星期，总算买着了船票。即使有船票，上船也是惊心动魄：

> 船不靠码头，因为怕人太挤，来不及查票，会让买不着票的人挤了上去。它停在江中心，乘客都乘小划子到船旁，再上船。……那小划子真小，坐在里面身子随着它一摇一摆的。四面都是水，万一不幸，船翻了，我们一定没命。我本来就晕船，这个时候，我更怕了。拉着妈妈的衣裳，不吱一声，全身都在替船夫出劲。好容易划到了船边。

> 船虽然是停在江中心，可是照样的挤，船旁靠满了小划子。我们跨上甲板，挤进了舱门。什么都看不见，只是黑漆漆的一团。我紧牵着妈妈的衣服跟在后面，自己也用不着走路，都是后面的人把你推上前去。……

> ……从一个有铁条拦住的监狱式的窗子望出去。看见挤上来的人还是源源不绝，小划子还在增加。结果，船上负责人也没法了，关上舱门，用起重机把乘客和行李吊上来。有时候行李上来了，可是行李的主人倒还在底下，急得大叫，也没有人理他。也有人上来了，行李没有上来的。乱哄哄的一团糟。

> 人越来越多，走廊上、甲板上全是人。你要出去一下，非得爬山越岭从行李上、人身上翻过去。秩序越来越坏了。[29]

等上了船，结果甲板上也满是人，躺都躺不下，就连上厕所都很难挪动。两家二十几口人只能窝在过道边的一角，老人孩子因为晕船吐得死去活来。程玉振顾了这个，又顾不上那个，丈夫的嘱托支撑着她这个平时看来娇弱的女子。幸运的是一路还算风平浪静，"黄浦号"终于历尽艰难来到汉口。

到达汉口后，程玉振又带家人历尽千辛万苦，辗转前往长沙。到了长沙，大家不想再走，所以在旅馆里住了一些时候之后，就在南门里找了几间房子搬了过

---

[29] 吕霞. 在抗战中度过的童年[J]. 读库,2017(1705):312.

去。程玉振自从在镇江写了一封信以后，因为行踪不定，一直没有给吕叔湘去信，这时候才写了一封信去告诉丈夫一路的经过和现在的住址。

吕叔湘收到信后，想象妻子一个弱女子带领家人在战乱中奔波的艰辛，想到一家老小在异地他乡生活无着的凄苦，再也无心等待留学期满，立刻买了船票，乘船回国，并将归国日期也电告家人。

程、吕两家来到长沙不久，报上就传来坏消息，先是"丹阳失守"，大家一方面为可爱的家乡流泪，同时想起留在家乡的亲人。随后，"镇江失陷""南京失陷"的消息也接踵而至。[30]

屋漏偏遭连夜雨。坏消息的阴霾还没有散尽，半个月后，湖南省政府又下令疏散省城的居民。程玉振带着一家老小，来到湘潭的杨梅洲，这里离长沙近，吕叔湘回来后容易找。

"平平淡淡地就把新年过去了。整日整夜听见人家打锣鼓，放火炮。我们不但没锣鼓可打，连一个火炮也没有放。"吕霞在《在抗战中度过的童年》中说："从我能记忆起，过过的年没有一个是像这一个这样冷清的。"

等吕叔湘乘坐的轮船抵达香港，已经是 1938 年 4 月了。

下船后的吕叔湘一心记挂家人，顾不上路途劳顿，马不停蹄地乘火车赶往长沙。他按信上所写地址寻找家人，一路上已经有很多地方被日军的轰炸机炸毁了，长沙城到处是废墟！吕叔湘一边祈祷家人平安，一边加快了脚步，终于找到那间小屋！谢天谢地它还在，虽破旧却无恙！他激动地推门进去，却发现已经人去屋空！

原来长沙为湖南省省会，日本发动侵华战争后，一直将占领长沙视为重要的战略目标，1937 年 11 月开始，就对长沙进行轰炸，很多人为了避难迁出了长沙城。当时的吕叔湘内心茫然：这偌大的长沙城，到底家人在哪里？他们是否还平安？又或者，他们是否已经离开长沙？

不过他很快冷静下来，他相信家人收到他的信，知道他要来长沙与他们会合，应该不会远离。他相信在长沙慢慢打听，早晚会有家人的下落！于是他找了一家旅馆住下来，每天上街打听家人的下落，一边打听，一边不忘在"告白栏"留下自己的联络方式。日子一天天过去，眼看半个月过去了，却一点消息也没有。

---

[30] 1937 年 12 月 3 日丹阳沦陷，12 月 8 日镇江沦陷，12 月 13 日南京沦陷。

一天，吕叔湘拖着疲惫的身躯从街上回来，心里不无失落：又是毫无消息的一天！明天，希望明天就能找到他们……

刚进门，门房就告诉他："吕先生，有人找你。"话音未落，吕叔湘已经抬头看见了朝思夜想的程玉振，她就站在那里，离自己只有几步远的地方！吕叔湘简直不敢相信自己的眼睛——"从别后，忆相逢，几回魂梦与君同"（晏几道）——不会又在做梦吧？正在他迟疑的时候，热泪盈眶的程玉振已经跑了过来，激动地抓住吕叔湘的手："终于找到你了！"

原来，程玉振他们在长沙刚安顿了半个月，就遭遇日军轰炸。政府勒令疏散，他们就迁往湘潭郊外、湘江中间的一个叫杨梅洲的小岛居住。"知道你从英国回来，要来长沙与我们团聚，找不到我们一定很着急，最近我一直在哥哥的陪同下满长沙城找你。今天，日本飞机轰炸时，我们挤在防空洞里，遇到了从老家逃难来的小澄，他隔着人群对我嚷：'三姐，我看见三哥了，他住在长沙旺新旅馆！'我一出防空洞就来找你了，你果然在这里！"

程玉振激动地诉说着他们逃难以来的经过，吕叔湘觉得这真像一个故事，一个发生在戏台上的悲欢离合的故事！

几天以后，吕叔湘夫妇带领全家踏上了前往昆明的旅程。从长沙出发乘火车南下，经广州中转，辗转香港登船到越南海防，再经河内过老街，到开远，最终抵达云南昆明。千里之遥的逃难旅程，十多口人，昼行夜伏，风餐露宿，历经十七天奔波，终于抵达了目的地——云南大学。

从湖南长沙辗转半个多月，最终抵达云南昆明的逃难旅程，艰辛异常，但是跟之前的担惊受怕、悬心吊胆相比，程玉振觉得辛苦只是体力上的，而精神上是放松的、充实的。同时，一家人到广州后，传来台儿庄大捷的喜讯，"全城都欢腾起来，不断地听见爆竹声、欢呼声。第二天火炬大游行，我们在旅馆楼上靠街的窗口向下看，只见前头是自行车队、汽车队，后面就是一队队的民众拿着各式灯笼和火把，喊着口号，当中还夹着好些扮演戏文的台阁。路旁人山人海，怕比过年过节的时候还热闹呢。"[31]

---

[31] 吕霞. 在抗战中度过的童年[J]. 读库,2017(1705):328.

吕叔湘一大家子先是住在昆明城，后来为了躲避日机轰炸，被迫疏散到了晋宁县城。程玉振和家人住在晋宁，一大家子的日常生活重担都落在她肩上。吕叔湘住在昆明城，两头跑。

1940年暑假，吕叔湘一家迁居成都，原因之一是希望避开昆明像火箭一样飞涨的物价。然而，吕叔湘在成都的薪水也没有跑赢飞涨的物价。为了养家，吕叔湘不得不去兼课，为的是私立学校工资以米价折算，跟着物价涨。程玉振不仅在华西制革专科学校找了份工作，而且在宿舍旁开了块菜地，养鸡，种菜，借此补贴和改善一家人的伙食，让正在长身体的孩子们有基本的营养保障。

1940年，高校教授实际收入的四分之三已因通货膨胀而蒸发。到抗战后期教师生活水平已降至社会的最低点。西南联大教授王力（字了一）在《领薪水》中这样写道："在此种情况下，家里人不敢想到做衣裳，小姐看电影《忠勇之家》的建议因大家认为'饥寒之家'没有资格看而付诸东流。大少爷也发誓不再用功念书，因为像爸爸那样读书破万卷终成何用？小少爷只恨不生于街头小贩之家。"[32] 可以想见，程玉振在这样的背景下，料理全家衣食住行的窘境。

抗战胜利后，程玉振随同丈夫于1946年回到金陵大学，把家安在南京。然而，战事逐渐紧急，南京也不太平。吕叔湘加盟开明书店，程玉振将家迁到了上海，时间是1948年底。彼时，金圆券害苦了上海人民。程玉振就是在如此民不聊生的情况下打理全家生活的，其艰难或可想见。

"那时人人买银元，通货恶性膨胀，金圆券每小时都在贬值。餐馆卖酒按碗计算酒钱，第二碗的价钱比第一碗高。排队买米，排尾的付出的价钱比排头贵。坐火车的人发现餐车不断换价目表，一杯茶去时八万元，回时十万元。买一斤米，钞票的重量超过一斤。银行收款不数多少张，只数多少捆。信封贴在邮票上，而不是邮票贴在信封上。饭比碗值钱，煤比灶值钱，衣服比人值钱。'骑马赶不上行市'，'大街过三道，物价跳三跳'，生活矫治犹豫，训练果断，人人不留隔夜钱。乡间交易要盐不要钱，要草纸不要钞票。"[33]

1950年，吕叔湘应聘清华大学，程玉振一家迁居清华园，住在北院。1952年，高等学校院系调整，吕叔湘调任中国科学院语言研究所。不久，程玉振将家迁

[32] 王了一. 领薪水[N]. 生活导报,1944-03-26.
[33] 刘统. 战上海[M]. 上海:学林出版社,2018:120.

往中关村。先是住在中关村中国科学院宿舍 12 号楼二层一套三居室里，后来搬迁至 15 号楼（"特楼"之一）3 楼 314 室。

70 多年前北京中关村三座"特楼"刚刚建成的时候，许多配套设施都还没有建起来。再说，当时中关村正在大兴土木，有些事，有关部门一时也顾不过来，或者根本想不到。三座"特楼"和周围的一些居民，面临着许多困难，没有商业网点，没有幼儿园和学校，甚至有了急病却没有医院……

要把"家"的事情办好，让科学家、专家们安心地建功立业，光靠领导的关心、女主人的能干还远远不够，更不是有了保姆就万事大吉的。郭永怀院士的夫人李佩教授当时担任"西郊办公室"副主任，这是当时中科院管理中关村地区的机构。在她组织下，吕叔湘的夫人、赵忠尧的夫人、赵九章的夫人、邓叔群的夫人、梁树权的夫人组成了"家属委员会"，许多生活上的事，卫生、学习、安全、子女教育，等等，都由她们担当起来。这个全部由院士夫人组成的家属委员会可能是中国档次最高的家属委员会了，程玉振的名字赫然在列，并排在前面。

后来，语言所从中关村搬到端王府，吕叔湘的家随之搬到端王府夹道东面的一个小胡同。那里离他上班的地点只有五六分钟的样子。常见吕叔湘与夫人肩并肩在外面散步。见到熟人打个招呼，老两口继续走路。

吕叔湘夫妇待人和善，更体现在关心和帮助青年上。如，郑张尚芳是浙江温州的一位热爱语言研究的青年，家境贫寒，靠刻苦自学掌握了方言和音韵研究的方法，上世纪 60 年代初写出了温州方言研究报告。当吕叔湘得知他的生活近况以后，便从 1963 年 3 月起，每月给他寄去 10 元钱补助生活。另外，还经常给他寄去买稿纸的钱和他所需要的书籍。

又如，陆丙甫是因为"文革"而没有机会读大学的青年，插队劳动中对语言问题产生了兴趣，1973 年写信向吕叔湘请教，吕看信后很是赞赏。同年 10 月，陆丙甫到北京拜访吕叔湘。吕叔湘留他在自己家里住下，连着几天，不分白天晚上与他谈语法问题。"文革"以后，刚刚恢复研究生招考，吕叔湘马上写信鼓励他应考。

晚年的吕叔湘、程玉振

程玉振理解、支持丈夫，总是默默地从旁做好后勤服务。"文革"期间，吕叔湘受到冲击，程玉振每天都接丈夫下班，为他开解心事。闲暇的时候，程玉振陪同吕叔湘下围棋，打羽毛球。数十年间，程玉振悉心照料吕叔湘的饮食起居，连吕叔湘的头发，都一直是她亲手修剪的。两位老人在安危与共中享受着生活的乐趣。

程玉振与丈夫吕叔湘共同养育了两子两女，子女们都受到了良好的教育，并且都成才、成器，程玉振功不可没。长女吕霞1952年至1954年赴朝鲜开城停战谈判代表团秘书处工作，回国后进入外交部新闻司工作。1976年调入北京外国语大学，参与编写《汉英词典》修订版，历时19年，作为代表获颁"1986—1996年中国图书奖获奖编辑"。长子吕敏1952年从浙江大学物理系毕业后分配到中国科学院近代物理研究所工作，1991年当选为中国科学院学部委员（院士）。次子吕敞教授长期在武汉大学任教，曾任武汉大学俄语系主任。次女吕芳在中国科学院工作，女婿是唐孝威院士。

关于吕叔湘夫妇的生活，这里有王海棻的两段回忆。"先生对师母同样关爱有加。记得一次去先生家，先生很亲切地给我切了一块奶油蛋糕，说'吃一块蛋糕，你也会活到我们这个岁数。'原来那天是师母的生日。"[34]

"到先生家，常会看见一位比师母还要年长的耄耋老人，那是师母的姐姐。老人家受社会变迁的影响，别无依靠而长住先生、师母家。当时我想，要是统计家庭常住人口的平均年龄，先生家在北京市可能都是首屈一指的。这又使我看到了一种家庭之外的、亲友间的、恒久的、默默的关怀与亲情。"[35]

1994年来访者所见吕叔湘永安南里寓所的陈设是：

"客厅的陈设简单得已经到了简陋的程度：靠墙有两把早已磨得发亮的木扶手沙发，其中一把扶手已经断裂，用塑料绳草草绑了一下。沙发边有一只不知是书橱

[34] 王海棻. 怀念恩师吕叔湘先生[M]//《吕叔湘先生百年诞辰纪念文集》编辑组. 吕叔湘先生百年诞辰纪念文集. 北京:商务印书馆,2010:55.
[35] 同[34]55.

还是板箱改制的储物架，也许比较杂乱，用一块白布遮得严严实实。就在这储物架顶上，搁着五六只图书馆常见的'报刊盒'，每只上面贴有标签，里面插着吕老每天必看的报纸。李行健先生曾向我介绍过吕老为人的朴实平淡，一踏进门便得到了深刻印证。吕老既不喝酒，后来又不抽烟，更不讲究家里的摆设。他并不是没钱，五十年代初，他和朱德熙先生一起把《语法修辞讲话》的全部稿酬捐献出来，购买抗美援朝的飞机大炮；'文革'后落实政策，吕老拿到几万元钱，用来设立青年语言学奖金；前几年，又把六卷本《吕叔湘文集》的稿酬，捐给了家乡江苏的教育和公益事业。"[36]

确实，吕叔湘的客厅是简单以至简陋的。然而，也许正是主人"何陋之有"的淡泊，并且乐此不疲，折射出男女主人的通达、宁静、高尚的人格境界。

吕叔湘与夫人携手走过了七十年的白金婚，着实令人羡慕。正如古语所云：修身，齐家，治国，平天下。吕叔湘家风敦厚朴实，夫妻相敬，兄弟友于，尊长慈爱，子女孝顺，既具中国传统特色，又有现代民主精神。吕叔湘爱家人，爱学生，爱朋友，对他人充满了爱心和责任感。在吕叔湘家，夫人程玉振无疑是最有凝聚力的人物，七十多年中她与丈夫同甘共苦，悉心照料丈夫的生活起居，是吕叔湘事业的坚强后盾。[37]

吕叔湘年事已高，身体机能退化，1996 年 3 月，因肺部感染住进北京协和医院。他对自己的身体状况很了解，对生死也看得很淡。进医院前，他就笑着对子女及夫人说："这次进去恐怕就不能再出来了。"吕叔湘早几年做过胃切除手术，后来又咽喉肌肉萎缩，进食困难，因而身体消瘦，营养状况很差，体力和精力都跟不上。然而，对送给他看的文稿，他总是仔仔细细、一丝不苟，哪怕有一处微小的错误也能检查出来，并且总要很认真地向同事、学生或家人交代清楚。1998 年春节以后，吕叔湘身体极度衰弱，神志渐渐模糊，可是，只要一向他提起学术方面的问题，他的脑子马上清楚。这一点使得他的家人都感到很奇怪。

吕叔湘平易近人，很注意嘉奖和帮助后学。在住进医院后，仍旧有人向他请教问题或者请他题词。即使哪怕在身体状况极度不佳的时候，他也尽量坚持满足这些

---

[36] 郝铭鉴. 润物细无声：吕叔湘先生与《咬文嚼字》[M]//吕叔湘. 吕叔湘全集：第十九卷. 沈阳：辽宁教育出版社,2002:559.

[37] 江蓝生. 人民的语言学家永在：纪念吕叔湘先生百年诞辰[M]//《吕叔湘先生百年诞辰纪念文集》编辑组. 吕叔湘先生百年诞辰纪念文集. 北京：商务印书馆,2010:3.

后辈晚生的要求。李行健回忆：1998 年 1 月，医院已经通知病危。经抢救缓解后，2 月 1 日，他拿着刚到手的《现代汉语规范字典》的样书去探望吕叔湘，吕叔湘竟然一口气把序言读完。吕叔湘反复看看书的封面后，笑了笑说，"出版了就好"。大家多次劝他休息，他才把书放在自己的枕头旁边。

吕叔湘有很多藏书，他的子女辈中有两个中科院院士，却没有一个是做语言学研究的。因此，吕叔湘晚年花了很大的精力把这些书籍分门别类整理出来，赠送给一些学校和科研单位，如北京语言文化大学、国家语委，家乡江苏丹阳的中小学校。后来，吕叔湘的身体实在不济了，但仍让儿女们帮助他进行这项工作。吕叔湘一直认为，他的藏书虽然价值不菲，但作为一种私人财产藏匿在那儿是没有意义的，只有把它贡献给真正需要的后学青年，这种财富才能真正发挥作用。

在生命的最后日子里，吕叔湘最依恋、最牵挂的便是他的夫人程玉振了。在书房看书，一定要夫人陪伴着。外出回来，进门第一件事就是朝孙子喊："奶奶呢？"他住进医院后，每次儿女们去看望，吕叔湘都要询问夫人在家的情况，听说有人陪伴，他才放心。程玉振晚年曾深情地说："这一辈子跟着吕先生到云南，到四川，颠沛流离，一直到解放后，才在北京安顿下来。能和吕先生相伴七十多年，这一辈子也算值了。"

吕叔湘于 1998 年 4 月 9 日下午 1 时溘然长逝，享年 94 岁。除了捐献角膜，捐献器官供解剖用，以及不留骨灰，要把骨灰埋入地下，上面栽树，绿化大地的遗嘱外，吕叔湘对身后之事的处理，还有一段感人肺腑的遗言：

> 我从小遵守先世传统，节俭持家，战乱年代，大家过苦日子，我也不例外。人民共和国成立之后，我虽一直享受优厚待遇，但仍不敢浪费，因此稍有积蓄，加上笔耕所得也不少。我的 4 个子女俱已成家立业，我不再分给什么。中外孙男女 7 个，重孙 2 个，当赠送 3000 元，以作纪念。捐助希望工程10000 元。所余存款皆为老伴程玉振养老之资。

> 回顾我的一生，我非常满足，如果我开罪了哪一位，我请他原谅。[38]

程玉振比吕叔湘仅小半岁，2004 年百岁初度，仍能生活自理，真是大德大福之人。2019 年 1 月 12 日，程玉振驾鹤西去，享年 104 岁。

[38] 徐凡. 吕叔湘最后的日子[N]. 丹阳日报,1998-04-27(6).

晚年的吕叔湘、程玉振

第四章 苏南砥砺思雕龙[39]

十一、两进两出丹阳县中

1926 年 6 月，丹阳城迎来了一位曾在这里出生并度过了童年时光的家乡学子——吕叔湘。

22 岁的吕叔湘离开家乡已有八年，但他对丹阳家乡的大街小巷、大小店铺还是那样熟悉。他听说就在一年前，与他家只有城河相隔的城隍庙改建成了一所名叫"丹阳县立初级中学"的学校，人称丹阳县中。[40]

吕叔湘身穿一身干净笔挺的中山装，梳着二分头，揣着国立东南大学的学士毕业证书，怀着教育强国的梦想来到了学校报到。

丹阳县立初级中学，是为了解决丹阳小学生升中学的困难，1925 年刚刚由丹阳乡贤吕凤子、林立山、韩笔海和陈湘圃等人创办的，校址在丹阳县城西门府馆巷城隍庙，陈湘圃为首任校长。

陈湘圃（1893—1956），名兆蘅，字湘圃，丹阳吕城镇人。幼年苦读四书五经，后随师习英文及数学。稍长考入江阴南菁学校[41]，毕业后就读河海工程学堂和北京高等师范学校。从北京高等师范学校英语系毕业后，又入教育心理专修科深造，其间曾翻译美国人桑代克所著《教育心理学》，由商务印书馆出版。毕业后任教山西平定中学、河南开封中学，在江苏省教育厅任科员。1923 年任教苏州女子

---

[39] 古人对于雕琢文字，修饰文辞，撰写文章，有所谓"雕龙""雕虫"的说法。本书所涉，"雕龙"多指专门性的研究和著述，"雕虫"多指普及性的工作和写作。

[40] 丹阳县中现称吕叔湘中学。吕叔湘中学近百年办学历程中，"四易校址，八更校名"：1925 年创校于西门府馆巷城隍庙的"丹阳县立初级中学"。1928 年迁至西门夫子庙。1946 年又迁至老北门积谷仓（现城河北路），更名为"丹阳县中"。后又更名为"井冈山中学""丹阳县第二中学""丹阳县中学""丹阳市中学"。1998 年更名为"丹阳市高级中学"。2003 年 9 月更名为"吕叔湘中学"。2025 年将迁至丹阳市高新区新校址办学。

[41] 南菁学校的前身为南菁书院。南菁书院创办于 1882 年，1898 年改为南菁高等学堂，1901 年改为江苏全省高等学堂，辛亥革命后改为江苏公立南菁学校。

师范学校，兼教务主任。1925 年回乡创办丹阳县立初级中学，并任第一任校长。1926 年兼任丹阳县教育局局长。[42]

步入校园，只见丹阳县中新建的两排平房，与破旧的城隍庙并峙而立，形成对比。他隐隐地预感到，教育又何尝不是如此呢，要打破不合时宜的旧教育，另起新式现代教育制度，并非一朝一夕之功，二者可能就是这样长期相融和相生。

陈湘圃向吕叔湘介绍学校情况：去年只招收了一个初一班，40 名学生。今年又招了一个初一班，全校共两个班级。学校暂时还不招收女生。

在布置教学任务时，陈湘圃说："现在只有两个班，我教一个班英文，你教一个班英文。由于工作量不够，委屈你兼教两个班的国文文法。如何？"吕叔湘欲言又止，陈湘圃看出了他的顾虑，赶忙补充道："不要紧，你先教起来，教材可以先用马建忠的《马氏文通》。马先生可是我们的前辈乡贤哟。"这样吕叔湘上两门课，一个班的英文，两个班的国文文法。

英文，吕叔湘是正宗的科班出身，自然不在话下。国文文法——白话文语法——对吕叔湘而言却是完全陌生的，虽然这是当时的时尚之学。当时人们希冀通过对语法的学习来提高语言文字学习的效率，缩短语言文字学习的时间，以便有更多的时间来致力于有用之实学；但是要落实到日常学习，尤其是作为一门课程来教学，确实不是一件轻松的事情。作为刚入职的新人，也不便推辞，于是吕叔湘一边研读《马氏文通》，开始认真钻研国文文法，一边试教。

或许是丹阳先贤的余荫庇护，或许是"存诚，能贱"的做人本分使然，或许是冥冥之中命运的安排，或许是三者兼而有之，吕叔湘走上了这条路。吕叔湘入职之初教研国文文法实属无奈。这种"被安排"，不仅在吕叔湘一生之中多次"复现"，而且都出现在他人生转折处。而这种"被安排"多次联结，却累积成为他的终身志业。就直接方面而言，始于 1926 年的《马氏文通》研读，终有 1986 年《马氏文通读本》（吕叔湘、王海棻编校）的出版；就间接方面而言，这成为他打破学术研究阈限的开端，从英语语法到汉语语法，从现代汉语语法到近代汉语语

---

[42] 至于陈湘圃 1929 年任江苏民众教育学院讲师，1933 年回母校北京师大任教，抗战初期在重庆任教育部社会教育工团团长，1942 年任教四川璧山国立社会教育学院，1944 年夏赴美国密苏里大学和哥伦比亚大学进修，获哥伦比亚大学心理学硕士学位，1947 年春回北京师大教育系任教授，1949 年北平解放后任北京师大校务委员会常委兼秘书长，那是后话。

法，从学术研究到语言应用，他留下了人民语言学家清晰的"杂家——大家——通家"的成长轨迹。

《马氏文通》是晚清维新派为救亡图存在语言文字方面学习西方的产物。[43] 全书 10 卷。卷一"正名"，共 23 个"界说"，分别给有关字类、句子成分、位次、句、读、顿等 26 个名词术语下定义。卷二至卷九"论字类"。其中卷二至卷六论实字。卷七至卷九论虚字。讨论各类字在句读中的功能和作用，实字重在讨论充当何种句子成分，虚字重在讨论如何配合实字造句，名、代字的"次"及字类假借等问题也在这八卷中。卷十"论句读"，对上述内容加以综合总结、补充，进一步讨论各句子成分及顿、读和句子分类状况。《马氏文通》建立了字、顿、读、句四级语法单位，全书在重视句读的前提下来区分字类，分析字的用法及位次，构成了一个较完整而科学的体系。这在《马氏文通》之前的中国传统语法史上是没有过的。

作者马建忠（1845—1900），字眉叔，江苏丹阳人，生于江苏丹徒（今江苏镇江市），是我国最早到欧洲学习社会科学的留学生。他曾留学法国，学习外交、法律、矿学等，获法学博士学位。回国后助李鸿章办洋务，办过外交，做过翻译，经营过航运、纺织等实业。他既精通中国典籍，又精通英语、法语、古希腊语和拉丁语等西方语言。面对越来越深重的民族危机，他在思想上也从洋务派逐渐趋向资产阶级改良派，提倡"富民说"。他认识到教育对国家富强的作用，因此就从中西教育方式的差异中寻找中国教育困弊乃至国家贫弱的原因，他认为中国人学习语言文字的时间长、效果差是重要原因。为此，他从"富国强本"的愿望出发，力图缩短语言文字的学习时间，以期学人有更多的时间致力于其他有用之实学。这样，他就积十余年之辛勤，在 1898 年写成了《马氏文通》一书。

《马氏文通》最早由商务印书馆分两次出版，前 6 卷初版于"光绪二十四年孟冬"，后 4 卷初版于"光绪二十五年季冬"，即 1898 年至 1900 年出齐。《马氏文通》的出版，标志着中国人自己创立的汉语语法学正式诞生，也是中国语言学步入现代语言学的开端，开创了汉语语法学重视语法事实的务实学风。

除在丹阳县中任教外，吕叔湘还在丹阳正则学校兼课。正则学校，是丹阳的第一所私立女校，取屈原的字"正则"为校名，寓意为弘扬 2000 多年前爱国诗人屈原刚正不阿的崇高气节。创校者吕凤子手书校训：正则者，品行端正，思想纯正，为

---

[43] 陈昌来. 二十世纪的汉语语法学[M]. 太原:书海出版社,2002:45.

人正直，处事公正之谓也。1912 年初创时校舍为三间废屋，分设小学和妇女补习班。1917 年迁至丹阳县城中心的白云街后增设中学部。如今丹阳市冠名"正则"的学校、单位屡见不鲜，应该与崇尚屈原气节和怀念吕凤子树人之德都有关。

吕叔湘与堂兄吕凤子相差十八岁，吕叔湘懂事时，吕凤子已到外地工作，两人很少见面。在丹阳工作的这段时间里，吕叔湘上课前后，有时候去吕凤子的屋子里随便谈谈，两人很快便熟识起来。吕凤子（1886—1959），近现代著名画家、书法家和艺术教育家，职业教育的重要发轫者，"江苏画派"（"新金陵画派"）的先驱和最重要奠基人，著名画家徐悲鸿、吴冠中等人的业师。先后创办神州美术院、私立正则艺术专科学校，并担任国立艺术专科学校（中央美术学院、中国美术学院前身）校长。吕叔湘与正则学校的缘分由浅渐深：前有其妻程玉振就读正则女校，他去学校看未婚妻的作业展览；今有他本人在正则学校兼课，结交正则同仁；后有抗战后将家产捐献给正则，成为正则学校校董。后者可参阅本书第廿一节。

一年后，即 1927 年暑假后，陈湘圃改任江苏省立徐州中学校长，带了一些教师跟他去了徐州。吕叔湘没有去，仍然留在丹阳县中。

继任丹阳县中校长的是何金元。他在丹阳县中只干了短短的半年，就被地方势力逼得辞职。起初这种权力之争，只限于"高层"，离教学一线的老师还比较遥远。

可是不久，类似的权力斗争愈演愈烈，而且殃及池鱼，连兢兢业业教学的吕叔湘也不能幸免。继任的陈姓校长带来了自己的一帮人马，准备大换血，"旧人只留下一位美术教员"。吕叔湘不得不另谋出路。恰好吕叔湘有一位同学在苏州中学教历史，他介绍吕叔湘到苏州中学去教"党义"（三民主义）。吕叔湘没有别的出路，虽然十分不情愿，也只好去了。

自 1926 年暑假至次年寒假，初出茅庐的吕叔湘勤勤恳恳地在丹阳县中工作了一年半。这就是吕叔湘一进一出丹阳县中。

时隔半年后，1928 年的暑假，丹阳县中情况更为糟糕，吕凤子等人商讨对策，把一向在杭州安定中学教书，跟丹阳教育界无甚关系的何其宽（丹阳人）请回来担任丹阳县中校长，希望借此能缓和矛盾。新任校长何其宽提出，要吕叔湘回丹阳县中给他当教导主任。吕叔湘因为教"党义"没意思，也就欣然同意，于是回到丹阳县中。

吕叔湘回忆，何其宽这个人办事认真，请教师不照顾地方势力，从外地请来三位有学问、有经验的教师。一时间，丹阳县中教师阵容整齐，学校气象为之一新。可这不符合某些地方势力的愿望，他们想方设法捣乱，不断给何其宽制造困难。何其宽感到很棘手，只干了一个学期就不想干了，辞职。吕叔湘也就跟着辞了职。

1928 年的下半年，吕叔湘回丹阳县中只工作了一学期。这是吕叔湘二进二出丹阳县中。

1929 年上半年，吕叔湘来到安徽凤阳第五中学任教。这个学校刚闹过风潮，赶走了校长，听说学生里边有共产党组织。新任安徽第五中学校长胡梦华[44]，是吕叔湘的东南大学同学，请吕叔湘去"帮忙"。吕叔湘回忆，胡梦华是国民党安徽省党部派去整顿这个学校的。可笑得很，他不敢到学校（凤阳）去，待在省城遥控，派他的教导主任胡伯玄（丹阳人，东南大学同学）去坐镇。他请的教员相当整齐，可是学生不理这一套，谁爱上课就上，谁不爱上课就不上，过些时忽然一下子全不上课了，过些时又零零落落地复课。而且常常谣传学生要闹事，有一次确实是关上校门，不让教员和学生进出。连胡伯玄也不敢留在校内了，跑到十八里外的临淮关去办公。吕叔湘就这样糊里糊涂过了一个学期，上课的日子只有五十多天。学生怎么样也不肯就范，结果是提前放假。

虽然吕叔湘在丹阳县中前后工作只有两年时间，而且是两进两出，但是吕叔湘对生于斯长于斯的家乡眷念不已。

吕叔湘在大学期间有空喜欢在图书馆读书，工作后得益于苏州中学图书馆丰富的藏书。也许是从这个时期起，他萌生了为丹阳县中建一所图书馆的想法，一方面可以给老师们提供一个教学研究的场所，另一方面又可以为学生们创造一个自由学习的空间。可是，由于当时的办学条件有限，办学经费不足，学校一时很难实现这个想法。然而他一直没有放弃这个念头。在苏州中学任教期间，他受益于其丰富的藏书，兼任图书馆馆长时设开架阅览室，不断提供新书让学生随意阅览。

"文化大革命"时期，吕叔湘捐赠一万元给丹阳县第二中学，希望兴建图书馆，为丹阳的教育事业尽一份力。他亲自设计了图纸，并在信中提出，如经费不够，可再补寄。但在当时极"左"思想的影响下，有人怕接受个人捐款办馆会被扣上"给社会主义制度抹黑"的帽子，因而拒绝接受捐赠。吕叔湘得此回音，写信给在丹阳的程玉振大哥程寅谷："此意令我莫名其妙，真是莫名其妙！"

---

[44] 胡梦华（1903—1983），字圃荪，安徽绩溪人。1920 年考入南京高等师范英文科，后随校转国立东南大学，入西洋文学系。1927 年毕业后留校任教，后任商务印书馆编辑、安徽省立第一师范校长。

　　但吕叔湘创建图书馆的愿望并未就此打消。1975 年，吕叔湘先后去中国书店、新华书店为丹阳县第二中学选购二十四史等书籍，连同十几种语文小册子一并寄出。1985 年，吕叔湘将自己珍藏多年的杂志、书籍等分别寄往丹阳县中学和丹阳县实验小学。此外，还两次寄赠书刊给丹阳师范学校。

　　在吕叔湘的赞助下，丹阳县中学图书馆终于 1986 年 12 月落成，了却了吕叔湘为家乡捐资办学的一大夙愿。吕叔湘亲笔题写的"图书馆"三个字悬挂在馆门上方。馆门两边，镌有吕叔湘亲自题写的赠联："立定脚跟处世，放开眼孔读书。"他希望全校师生不仅要认认真真地教与学，更要踏踏实实做人，这才是读书的目的与做人的道理。图书馆建成后，吕叔湘还多次捐赠书刊。

　　1987 年 10 月中旬，吕叔湘偕夫人回到家乡丹阳。[45] 这是实至名归的荣归故里，他成就卓越早就蜚声海内外，当年还有两项荣誉：一、荣获香港中文大学荣誉博士学位；[46] 二、荣获吴玉章奖金特等奖。[47]

　　吕叔湘来到了阔别多年的工作地——丹阳市中学——探望师生。在校长潘国良等的陪同下，吕叔湘参观了校园，并为落成不久的图书馆题写楹联"立定脚跟处世，放开眼孔读书"，为当时丹阳市中学的全体师生作了演讲，题为"求真，能贱"，并将所获吴玉章奖金中的两万元在丹阳市中学设立奖学金。在该校举行的欢迎会上，他亲自给第一批获得吕叔湘奖学金的 7 名学生颁发证书。演讲结束后，他又就文言文与现代文、课内与课外、教与学、主动与被动等语文教育问题，与该校当时的全体语文教师座谈，并合影留念。

　　现任副校长张京霞，就是当年第一批吕叔湘奖学金获得者。在积谷仓校区校史馆，吕叔湘中学现任校长朱玉海向笔者如数家珍。

　　当时读高三的张京霞有幸成为首届奖学金获得者，吕叔湘亲自为他们 7 位获奖者颁奖并合影留念。正是有着这样幸运的经历，张京霞对吕叔湘有着特殊的感

---

[45] 1987 年 10 月中旬，吕叔湘回家乡丹阳，先后参观丹阳市中学、丹阳县实验小学（原丹阳县第一高等小学，现丹阳市实验小学）、丹阳师范学校（原私立正则女校，现镇江高专丹阳校区）。为母校丹阳县实验小学留言"饮水思源"；在该校设立奖学金，并向 5 位小学生颁发"吕叔湘奖学金"。为丹阳师范学校题词"作育人才"。

[46] 1987 年 3 月下旬，吕叔湘偕夫人赴香港出席香港中文大学第 33 届颁授荣誉学位典礼，接受香港中文大学授予的荣誉文学博士学位。典礼赞词云："英语世界中，英文之用字造句法度遇有争议，常以佛勒之意见为准则。在中文领域中，我们则惯于以吕叔湘先生之意见为依归。"

[47] 吴玉章奖金是面向全国的人文社会科学奖，主要用于奖励国内有重大影响的优秀人文社会科学论著，旨在促进我国人文社会科学的发展和繁荣。

情。"我仰慕先生之才，崇敬先生之德，高考时毅然报考了师范院校的中文专业，后来如愿成了母校的一名语文教师，每每捧起先生编纂的《现代汉语词典》，心里总倍感亲切与自豪。巧合的是女儿也成了我的校友，在母校读书期间也曾获吕叔湘奖学金，两张跨越时空的证书摆在一起，见证了母校走过的四分之一世纪的历程，浓缩了我们母女两代对母校、对吕老的浓情厚意，值得我们一辈子珍藏与感恩。"[48]

吕叔湘与获得吕叔湘奖学金的学生合影

2022 年 8 月 24 日，在校史馆里，张京霞指着她与吕叔湘的合影说，因为横幅上有"热烈庆贺吕叔湘先生荣获吴玉章奖金特等奖大会"字样，不少人误以为拍摄于北京。其实，这是 1987 年 10 月拍摄于丹阳市中学。当时丹阳市中举行欢迎仪式，祝贺吕叔湘接受香港中文大学荣誉博士学位，并庆贺吕叔湘荣获首届吴玉章奖金特等奖。她指着站在吕叔湘先生左手边的自己说，当年吕叔湘先生给自己颁奖的情景，至今还历历在目。中国社会科学院语言研究所所长张伯江曾说，吕叔湘一直保存着这张照片，目前这张照片收藏在国家档案馆。

后来，丹阳市中学与吕叔湘一直保持着密切的联系，经常向吕叔湘汇报学校发展情况，得到吕叔湘的指点。1990 年，丹阳市中学六十五周年校庆，吕叔湘本想前来祝贺，但"惜余老而且病，不克躬与其盛"，于是寄来题词："做人要做正直的人，有理想的人，有事业心的人；凡事要先公后私，先人后己。愿与诸同学共勉之。"吕叔湘还将自己编写的《笔记文选读》寄给丹阳市中学师生，激励广大师生努力学习。学校前任校长程伟夫、陆廷华等也多次前往北京看望吕叔湘。

2003 年 9 月，在吕叔湘诞辰一百周年来临之际，征得吕叔湘家人的同意，经江苏省人民政府批准，丹阳市中学更名为"吕叔湘中学"。自此，吕叔湘中学在教育家文化育人的理念下翻开了崭新的一页。

目前，吕叔湘中学师生在校长朱玉海的带领下，正深入挖掘吕叔湘语文教育思想内涵，用更新的思路指导教育实践，用更有力的举措促进学校发展，着力谱写"办好人民满意的教育"新篇章。

---

[48] 张京霞.永恒的记忆 不变的情怀:献给吕叔湘中学建校九十五周年[N].丹阳日报,2020-04-24.

2010 年，丹阳市马相伯教育发展促进会成立，除了奖励丹阳的优秀教师外，还启动了丹阳籍教育家研究的系列课题。目前丹阳籍五大教育家（马相伯、吕凤子、吕叔湘、匡亚明、戴伯韬）的研究和实践正在丹阳展开，助力学校特色发展和文化传承，已经取得了一系列阶段性成果。

吕叔湘给丹阳市中学师生寄送《笔记文选读》的信

十二、苏州中学最愉快的时光

1929 年，吕叔湘在安徽省立第五中学任教了一个学期，学校闹风潮，提前放暑假。吕叔湘只好回到丹阳家里。此时苏州中学又来信了，这一回是请他去教英文。于是暑假之后吕叔湘第二次到苏州中学，一直待到 1935 年寒假，共六年半。这样，加上 1928 年那个半年，吕叔湘在苏州中学整整执教七年。

前文提到过，晚年回忆在苏州中学的生活，吕叔湘动情地说："总觉得在苏州这几年是我们生活中最愉快的时光。那时候我们都还年轻，生活宽裕，小孩有人带，我的工作又顺心。我教书相当忙，但是精力旺盛，不觉得累。"[49]

吕叔湘在苏州中学教授的英文课，受到学生们的欢迎。他当年的学生严秉淳回忆：

> 我班高中三年的英文课，始终是叔湘先生讲授的。他学贯中西，博览群书，讲课认真负责，生动活泼，为全班同学所爱戴。讲单词发音时，结合江浙各地方言的特征，指出各地学生在英语发音上可能碰到的困难。讲句法分析时，经常把英文原句与中文翻译句相对照，说明中外语言"习惯"的不同。反复强调：英译汉，应避免外国式中文，关键在不受英文句法框框的束缚；汉译英，应避免中国式英文，关键在熟悉英语语法的习惯。叔湘先生在讲台上既授英文文法，又讲中文句法，头头是道，娓娓动听。我们在下面闻所未闻，听得出神。热天下午第一节上英文课，从来没有人打瞌睡的。

> 大约是高中三年级开始做英文作文。说来可怜，词汇有限，文法生疏，不可能畅所欲言，言之有物。只能就已经掌握的词汇，东拉西凑，一句一句生硬地写出来。文法不通者有之，前后脱节者有之，中国式英语更有之。叔湘先生仔细批改，只见他删几个词或加几个词，原句顿时改观，文法通顺了，前后连贯了，像英语句子了。真是妙手回春，点铁成金。别轻视这几个词，这是叔湘先生辛勤劳动再三斟酌的心血。[50]

那时，高中英文课缺少中国人自己编的课本，于是苏中的几位英文教师组织起"苏州中学教员英文研究会"，大家合作编英文教材，定名为《高中英文选》，自1928年秋季至1931年初由上海中华书局出齐，共三册。

关于这段编《高中英文选》的经历，吕叔湘在1979年11月13日写给苏中的信《回忆〈高中英文选〉》中有生动的描述：

> 编辑工作并不繁重，主要是选定篇目和注释词语。但在这两件事上是很认真的，有时也会各有主张，相持不下，但是从来没有闹到面红耳赤的地

---

[49] 吕叔湘. 致大年、晓燕[M]//吕叔湘. 吕叔湘全集:第十九卷. 沈阳:辽宁教育出版社,2002:319.

[50] 胡铁军. 吕叔湘先生在苏州中学[M]//《吕叔湘先生百年诞辰纪念文集》编辑组. 吕叔湘先生百年诞辰纪念文集. 北京:商务印书馆,2010:80-81.

步。五人[51]之中沈问梅年纪最大，资格最老，还是圣约翰大学的前身的一个中学毕业的。他从来不把岁数告诉我们，据我估计至少比我大二十五岁，其次是胡汪二位，都比我大十多岁，沈同洽和我那时都是二十五六岁的青年。因为沈问梅的年纪最大，我们推他当事实上的组长，虽然没有这个名义。还有一个原因，他在中华书局担任过编辑，《高中英文选》由他介绍在中华书局出版。我们分篇目担任注释，每两个星期碰头一次，讨论定稿。碰头的地点轮流在各人家里，在谁家谁请吃饭，有时候也上馆子。我们最高兴在沈问梅家碰头，因为他的住房宽畅，有个小花园，家里很"洋气"，请我们喝咖啡都是现炒现轧，特别香。一次碰头会有三四小时，讨论课文注释涉及英语里的词义、语法，往往由此及彼，渐渐与课文无关，一扯能扯得很远，真有点"奇文共欣赏，疑义相与析"的味道，很叫人怀念。[52]

三册《高中英文选》，所选课文共约 120 篇，体裁多种多样，散文、诗歌、短篇小说、戏剧、童话和议论文等，无所不包，风格各异。在编辑上颇有特色，它以散文为主，如华盛顿·欧文的《在乡村旅舍中的雨日》、肖伯纳的《百万富翁的忧虑》、《富兰克林自传》（节选）等。其他体裁也都是名家名篇，如奥斯汀的《傲慢与偏见》、都德的《最后一课》、莫泊桑的《项链》、欧·亨利的《麦琪的礼物》、拜伦的《希腊群岛》等，无不是驰誉世界文坛的瑰宝。这套选本虽然是一套英语教科书，但称之为英美文学选本亦未尝不可。当年使用这套《高中英文选》的学生，回忆起来，仍十分动情地说："在进学校十多年间，读过的课本多似过江之鲫，有些连书名也记不清了。唯有《高中英文选》却至今不能使人忘怀。在回顾我过去历程的时候，在追忆我平生所散失的书籍的时候，我总要想到它。……它是我学习英语的阶梯，又是我粗识英美文学的入门书。"[53]

当时的苏州中学校长、著名教育家汪懋祖在《高中英文选》序中说："余喜其内容，于精神技能两端，兼顾并进，而又深浅合度，附以句解、问答、作者小传，以便自修，较桑戴克为美国中学所编之本，尤为适用，亟劝付印，以飨学子。惟此书纂集之动机，在引起各校教师之研究，以期将来有更善之本出现。" 因此可以说，

---

[51] 指苏州中学英文教师沈问梅、胡达人、汪毓周、沈同洽和吕叔湘。

[52] 吕叔湘. 回忆《高中英文选》. 转引自 **69** 页[50]81.

[53] 胡铁军. 吕叔湘先生在苏州中学[M]//《吕叔湘先生百年诞辰纪念文集》编辑组. 吕叔湘先生百年诞辰纪念文集. 北京:商务印书馆,2010:81.

《高中英文选》开现代高中英语教材编写和教学研究的先河，既满足了当时各校英语教学的急需，同时又积极倡导开展教学研究，真可谓是有识之举，一举两得。

那时候，高中英文课缺少中国人自己编的课本，所以《高中英文选》销路很好，江南地区乃至全国的许多学校都把这套书定为教材，一时之间风靡全国。另一方面，吕叔湘与同事合编的《高中英文选》，被中华书局这样一流的出版社看中并出版，也可见其质量之高。

在苏州中学教授高中英文，吕叔湘也有过烦恼。那就是，他在大学里念外文时没有认真学过一个英文教员必须学会的一套本领。由于所读西洋文学系过分偏重文学，对语言方面有所忽略，吕叔湘未选修英语语音学、英语会话、英语教学法这些课，在教书时就感觉很吃亏。真是书到用时方恨少。

吕叔湘晚年回忆道：在大学里念的是西洋文学系，念英国文学，念欧洲文学，包括翻译成了英语的希腊文学、罗马文学。什么语音啊，语法啊，会话啊，上学的时候是不去多管的。这叫作好高骛远。他认为，这跟当时的时代潮流有关，他们是"五四"时代的青少年，很受新文化运动的影响，有点"志大才疏"。

这样学，出来教英语可就吃苦头了。"老师！这个字你刚才念得跟字典不一样啊！"坏了，自己念了个白字！"老师！这个成语是什么意思啊？""老师！这个句子怎么分析啊？"哎呀，一时答不上来。怎么办呢？只好补课，补语音，补语法，特别是多翻词典，再不敢"不求甚解"了。吕叔湘晚年回忆道："我教英语，起码是在三年之后才基本上过关的。"[54]

为了消除自己的烦恼，吕叔湘不得不补课。幸好，苏州中学的图书馆有这方面的不少藏书，他也花了不少时间补齐这些短板。

在苏州中学图书馆，吕叔湘读到了叶斯泊森的多本著作，尤其是 *Philosophy of Grammar*（《语法哲学》）和 *Essentials of English Grammar*（《英语语法要义》）这两部书，使他大开眼界。他敏感地觉得，叶氏的方法比当时流行的《纳氏文法》简明，实用性强。

勤勉的吕叔湘立即把《英语语法要义》翻译成中文，交给正中书局。译作尚未出版，吕叔湘已赴英国留学。回国以后，有朋友告诉他曾在上海看见过这个出版了的译本。吕叔湘却始终没有得见。抗战期间他曾给重庆正中书局写信询问，书局竟

---

[54] 吕叔湘. 学习·工作·经验:在北京市语言学会召开的治学经验座谈会上的讲话[M]//吕叔湘. 吕叔湘全集:第十三卷. 沈阳:辽宁教育出版社,2002:160.

然也说不清是否已经出版。吕叔湘家里现在还保留着他读过的原版的 *Essentials of English Grammar* 一书。书中密密麻麻写满了吕叔湘的批注以及补充的例句。书中多处粘贴字条，有用铅笔写的，有用钢笔写的，也有用毛笔写的，可以想见这本书在不同时期跟着主人走过的历程。

《英语语法要义》原著者奥托·叶斯泊森（Otto Jespersen，1860—1943），是著名的语言学家，丹麦人。一生著述多达 487 种，研究涵盖普通语言学、语法学、语音学、语言史、符号系统、语言哲学、外语教学、国际辅助语等多个领域，对普通语言学和语法学的贡献尤为显著，影响了包括布龙菲尔德（L. Bloomfield）、乔姆斯基（N. Chomsky）、韩礼德（M. Halliday）等语言学泰斗在内的大批学者。他还是英语界公认的英语语法的最高权威，对英语语法学贡献巨大，影响着一代代的英语研究者和学习者。

叶氏在《语法哲学》中讨论了逻辑范畴和语法范畴及其相互关系，尤其强调，语言理论应是概括语言事实的工具，而不是让语言事实去迁就语法的教条。这对一般语法理论的探索具有十分重要的意义，是使传统的规范语法向现代的描写语法转变的重要一步。这使该书近百年来一直被看作是语言学史上的经典文献。《语法哲学》在上世纪三四十年代，对中国语言学家的汉语语法研究产生了巨大影响，如王力的《中国现代语法》和吕叔湘的《中国文法要略》都曾引进过其"三品说"。这种词品区分法是否适用于汉语语法，曾一度是中国语法学界的热门议题。如今虽然"三品说"风光不再，但它对中国语法理论发展的贡献是不应被忘记的。

在吕叔湘一生的语法研究中，叶斯泊森产生着重要而持续的影响。吕叔湘在中学教书时"补课"学习英语语法，"被逼"研读叶氏的语法著作，是他接触语法理论的开端。自此以后，他在反复精研叶氏语法理论的同时，不断收获和开掘"语言之妙，妙不可言"的内在旨趣。他主动借鉴叶氏理论观察汉语语法现象，持续地开拓汉语语法规律的新天地。他也从开设汉语语法课程时的无奈，逐步过渡到探究汉语语法过程中的自觉。他不时地将叶氏语法与《马氏文通》相对照，在比较中进一步触发汉语语法研究兴趣，进而登堂入室，深入语言学的堂奥。回过头来看，真可谓"失之东隅，收之桑榆"。

十三 、 见贤思齐， 同侪砥砺

吕叔湘在苏州中学任教的七年，是生活中最愉快的七年，也是他与诸大家砥砺奋进的七年。

苏州中学这所名校的历史传承，为青年吕叔湘的成长创造了不逊色于纯粹学术机构的优良环境。

介绍苏州中学的资料多称，这是一所有着千年办学渊源、百年办学历史的中国江南名校。其前身可上溯至北宋景祐二年（1035 年），当时名相范仲淹在此创建苏州府学，聘请有声望的教育家胡瑗等名师掌教。他们言教身传，奠定了优良的学风，苏州府学遂声名鹊起。其后，历南宋、元、明、清各朝，均有发展。至清代康熙五十二年（1713 年），府学内增设紫阳书院。光绪三十年（1904 年），扩建为江苏师范学堂。民国后改为江苏省立第一师范学校。1928 年，合并省立一师（三元坊）、省立二中（草桥）、苏工专高中部及补习班，组建为第四中山大学区苏州中学，即江苏省立苏州中学。

吕叔湘任教时的苏州中学分为初中部、高中部。初中部在草桥，高中部在三元坊。吕叔湘教高中英文。高中部一个年级九个班，后来很多知名人士都是那个时期的苏中学生，胡绳就是其中的佼佼者。

三元坊，因纪念钱棨连中三元的牌坊而得名。所谓连中三元，即在科举考试中，乡试第一、会试第一、殿试第一，分别称为解元、会元、状元。钱棨为乾隆四十四年（1779 年）己亥科江南乡试解元，四十六年（1781 年）辛丑科北京会试会元、殿试状元。一人连中三元，极为难得。在清代，仅有两人；自唐至明代，也只有 11 人。苏州籍士人连中三元者唯有钱棨。这是苏州人自古以来崇尚书香文化的历史见证。

曾主讲于紫阳书院的俞樾、曾创办江苏师范学堂并任监督的罗振玉等人创造了一种文教传统：必须由学术底蕴深厚的学者来办学，才能使矗立在三元坊这块地方上的学堂，创造出一流的学术与教育成就。这正是三元坊的历史人文留给苏州中学的光辉文教传统。换言之，在三元坊办学、教学的人都将感受到一种压力（当然也可以是动力），他们必须成为学术底蕴深厚的学者，然后拿出一流的学术与教育成就来续写辉煌的办学历史。苏州中学的后来者，不得不面对这份厚重的文化遗存。

　　如此厚重的文脉，整整七年的熏染，自然让置身其中的吕叔湘倍感压力，进而转化为前进的强大动力。同时，这种动力还与汪懋祖、胡焕庸等当政校长营造的浓浓的学术氛围，以及与苏州中学同事中的不少大家过从甚密，关联较深。

　　当时苏州中学汪懋祖、胡焕庸等校长的"学术化学校"办学理念，给青年吕叔湘提供了成长环境。

　　吕叔湘任教苏州中学七年，经历过四任校长，他们是创校校长汪懋祖（1927—1931年在任），继任校长胡焕庸（1931—1933年在任）、吴元涤（1933—1935年在任）、邵鹤亭（1935—1938年在任）。

　　汪懋祖（1891—1949），字典存，江苏吴县（今属苏州市区）人。13岁中秀才。留学美国，受教于杜威，获哥伦比亚大学硕士学位后被哈佛大学聘为研究员。1920年回国，历任国立北京师范大学教务长兼代理校长、国立北京女子师范大学哲学系主任兼教授、国立东南大学教育系主任兼教授、江苏省督学等职。1927年7月，辞去大学教授及督学等职，返乡创建苏州中学，任校长。

　　长校四年中，汪氏按"教育源于生活而改造生活"的教育理念，刻意把苏中作为实验基地，探索"现代中学教育"的新模式，立志办成"学术化的学校"。他四方邀请当时的著名学者、名人如钱穆、吴梅、吕叔湘等任教员，经常请名人学者如蔡元培、胡适、顾颉刚等来校讲学，建立各种学科的科研组织，创办《苏中校刊》等刊物。在教育实践中，他根据国情，并借鉴国外如伊顿公学等的经验，对教育方法、教材选编、课程设置、师资素质、管理制度等进行了一系列的改革和创新。

　　他的这些先进教育思想，正确的办学方针，以及高水平的师资队伍，凝聚成鲜明的"苏中精神"，即促使学生在体质、心智全面发展的同时，"培养有转移环境的能力，而不为不良环境屈服的学生"。他力倡师生开展学术研究，为苏中营造了浓郁的学术气氛，使苏中迅速名声鹊起，享誉海内；一时形成名师荟萃、名人（如胡绳、钱伟长等）辈出的鼎盛之势，形成了苏中发展史上的第一个高峰。

　　汪懋祖认为，苏州中学不仅是学子刻苦求学考入名牌大学的成长摇篮，而且首先是教师努力治学，直至水平堪与大学教授相比的学术园地。试问现在有几家学校的校长，有这样的气魄？又能有几位中学教师，敢与大学教授一比身手？殊为难得的是，继任者胡焕庸校长也有着同样的教师观和学生观。他公开声明：学校乃教师学生研习之所，以学术相切磋，以气节相砥砺。

汪懋祖定苏州中学英文校名为 Soochow Academy，志在进行"培育园"型教育，注重因材施教，设立了学分制和选科制。

1931 年，汪懋祖校长因一项"提高苏中学术化"的建议未被省督学接受，愤然辞职，离开苦心经营多年的苏州中学，到南京任中央政治学院教育系主任。抗战期间，他辗转西南，一边任教西南联大，一边创办了云南大理师范、丽江师范等多所学校。

当时的江苏省教育厅与中央大学联络，希望由胡焕庸出任苏州中学校长。他因事务太忙曾两次婉拒，但终被打动，来到苏州中学任职。

胡焕庸（1901—1998），江苏宜兴人，1919 年至 1923 年就读南京高等师范学校（后更名国立东南大学），师从气象学界泰斗竺可桢先生。1926 年至 1928 年留学法国，师从白吕纳（Jean Brunhes）等名师。回国后，担任中央大学地学系教授，成为竺可桢的得力助手。1930 年任中央大学地理系主任。1935 年提出了著名的"胡焕庸线"，即中国人口的地域分布以"瑷珲（爱辉）-腾冲线"为界而划分为东南与西北两大基本差异区。

胡焕庸长校苏州中学的两年间（1931.9—1933.7），每周两头跑，三天南京，三天苏州。其间遭遇"九一八事变"和"一·二八事变"，国难当头，苏中校内人心不稳。为了稳定师生情绪，他当即把一家老小都搬到苏州，让留校的师生有了主心骨。胡焕庸多次慷慨陈词，鼓励莘莘学子读书报国。他在《反日救国特别弁言》中写道："其教育目的，不仅为培植建设之才，以应承平之世也；一旦国家有变，挺身赴难，以戡乱除暴，为天下倡，抑亦士人所应有之素养。"对于学生，他也极为保护。著名哲学家、近代史专家胡绳 1931 年至 1934 年在苏州中学读书，是个进步学生，遭军警抓捕，胡焕庸义无反顾地开了后门叫他赶紧走。

胡焕庸离职后，当时著名的生物学家吴元涤继任。吴元涤（生卒年不详），字子修，江苏江阴人。毕业于江苏师范学堂优级选科博物科，曾留学日本。先后担任多所大学的教授。1927 年 9 月，担任苏州中学生物学教员以及自然学科首席教员。1933 年起担任苏州中学校长。先后编写了《生物学》《普通胚胎学》《动物学概论》等著作。任教苏州中学时编写的《吴氏高中生物学》，是当时比较通行的高中生物教材。

苏州中学当时汇聚了诸多名家，成为青年吕叔湘见贤思齐的楷模和相互砥砺的挚友。

汪懋祖长校时广延名师，不仅主科敦聘国内一流名师，如国文教员钱穆，英文教员沈同洽、胡达人等；而且一些"副科"也同样聘请国内一流名师，如历史教员杨人楩，生物教员吴元涤，美术教员颜文樑，音乐教员陆修棠；而且每月至少请一位学术文化界名流来校演讲，像蔡元培、胡适、顾颉刚、吴梅等四十多位学界名流都曾来校演讲，使学生在读中学时就能与大师亲密接触，接受潜移默化的教育。

汪懋祖校长鼓励教员研究学术，著书立说。在汪懋祖的倡导下，苏州中学教员研究学术、著书立说蔚然成风，一大批学术成果层出不穷，沈同洽、吴元涤、汪畏之、顾元、陈其可、吕叔湘、沈佩弦、张绳祖等教员的著译不断，形成了苏州中学罕见的学术文化高峰期。其中荦荦大者有：吕叔湘、沈同洽、胡达人等英文教员合编的《高中英文选》三册，生物教员吴元涤编著的《吴氏高中生物学》，历史教员杨人楩编写的《高中外国史》上下册。于此得窥汪氏办"学术化的学校"成果之一斑。

同声相应，同气相求。以吕叔湘和杨人楩为例，两人皆擅长翻译，在苏中教书之际，都曾翻译过一系列西方著作，且译介书目之主题主要是依据自己之兴趣，而绝不囿于自己所擅长之领域。于吕叔湘而言，马雷特所著《人类学》（商务印书馆，1931 年），路威所著《文明与野蛮》（生活书店，1934 年）、《初民社会》（商务印书馆，1935 年），都是任教苏中期间翻译完成的。于杨人楩而言，霍伦德的《世界文化史要略》也是在这一时期翻译完，并于 1933 年交由北新书局出版。虽然他所译克鲁泡特金的《法国大革命史》（北新书局，上册 1930 年，下册 1931 年），在福建泉州黎明高级中学即已着手翻译，但译稿最终修订、润色完成及出版，乃是在苏州中学执教期间。

杨人楩（1903—1973），湖南醴陵人，著名历史学家杨东莼（号人杞）胞弟。1922 年毕业于长沙长郡中学，1926 年毕业于北京师范大学英语系。先参加北伐革命，旋返长沙任教于长郡中学。1929 年任教泉州黎明高级中学，后转到上海暨南大学附中和苏州中学任教英文。

曹聚仁在《史学家杨人楩》中说："我和杨兄相识于苏州，其时，苏州女子中学的两教师：杨兄和吕叔湘兄，都是英文修养最深，译笔最畅达的能手。后来，他们应留学（英国）考试，他们都是百中取一，先后抓到那机会到伦敦去读书的。以他们的学养，到了牛津大学，教授们还说这样轻描淡写的话：'你们的常识，都还不够来听讲呢！'我听了这句话，不禁出了一身冷汗。可是，杨兄毕竟学成归国，自是史学权威呢！"[55]

在译事中，吕、杨两位同事一同讨论，相互切磋，译本因此得以更臻完善。杨人楩译克鲁泡特金的《法国大革命史》即从吕叔湘那儿获益不少。如他所言：《法国大革命史》"译后随时由杨东莼兄替我校阅；当我下笔时又和卫惠林、吕叔湘二兄讨论，使我减少很多困难"。同样，吕叔湘在翻译中，也时常得到杨人楩之点拨与鼓励。1932年4月，他在《文明与野蛮》一书中的"译序"中就曾说道："致谢友人杨洛漫君[56]及浦江清君，这个译本几度中断，倘非他们鼓励，大致不会续成的。"

杨人楩在《病中读书记》（1931）中记述与吕叔湘在读书与学术方面的相互砥砺：他在病中阅读的两本英文原著，全是吕叔湘借给他的。一本是，U. Sinclair（辛克莱）的 *The Book of Life*（《生命之书》），一本是 Robert H. Lowie（罗伯特·H. 路威）的 *Are We Civilized?*[57]。杨人楩非常推崇后者，他认为"我们中国人尤其要读这本书"，尤其是那些"富有偏见而妄自夸大的人，更有读它之必要"。此时吕叔湘正在翻译路威的另一本书——《初民社会》，因此杨人楩希望吕"在脱稿之后，接着把这本'我们文明了吗'也译出来"。由此可见，吕叔湘尚未开始翻译《文明与野蛮》这本人类学著作时，杨人楩便已读过这本书的英文原版，并且是他提议吕叔湘翻译这本著作。不难想见，两位"英文修养最深，译笔最畅达的能手"一定会就译本中的一些细节相互交流。这便不难理解上文吕叔湘所谓"倘非他们鼓励，大致不会续成"一语了。

汪懋祖校长公开提出："一所优良学校的成绩，不仅在毕业生能多数考取大学，或中学会考能得到锦标；而在入学后能独立研究学术，崇高人格，出大学后复能发展其能力，以各得其用。"汪懋祖在主持校政的三年半中，聘请陈去病、钱穆、吕思勉、吴梅、吕叔湘等国内知名学者来校任教，力求将苏州中学办成学术化的学校。他主张教育应源于生活而改造生活，并对教材、德育、学生身心发展规律等方面加以研究，做出显著成绩，学校声望日隆。苏中"以教师的学术去引领学生

---

[55] 曹聚仁. 我与我的世界[M]. 上海:上海三联书店,2014:234.

[56] 杨人楩仰慕法国作家罗曼·罗兰，因字"洛漫"，或"萝蔓"。

[57] *Are We Civilized?*：字面意思是"我们文明了吗？"。吕叔湘翻译后定名为《文明与野蛮》。原有副书名 *Human Culture in Perspective*（人类文化透视）。

的学业"，因此"桃李门墙多俊彦"，其时先后在此就读的有哲学家、历史学家胡绳，以国家需要为专业的科学家钱伟长等。

十四、图书馆主任与人类学译著

任教苏州中学的吕叔湘，有一个时期兼图书馆主任，把原来的一个旧式的藏书楼改造成一个新式的图书馆，颇受学生欢迎。

苏州中学的老底子叫紫阳书院，有不少书，其中有许多是木版书。苏州中学的几任校长都比较开通，学校里每年总拿出相当一部分钱来购置图书。

吕叔湘主持图书馆，是 1931 年暑假他的北平之行引起的连锁反应。事情的原委是，1931 年正在休暑假的吕叔湘，收到老同学浦江清的信。信中说，他已经将吕叔湘推荐给了傅斯年[58]。傅斯年要找一位懂点国学而又能写英文的，参加《历史语言研究所集刊》的编辑工作，主要是给集刊里的文章撰写英文提要。傅斯年说见面谈谈再定。于是，吕叔湘就向苏州中学请了两个月假，八月中旬跟浦江清北上。到北平后才知道傅斯年出国去了，短期内回不来。

事有凑巧，恰好北平医学院（今北京大学医学院前身）院长徐诵明[59]托浦江清找一位图书馆主任，浦氏就将吕叔湘介绍给他，吕叔湘就走马上任了。北平医学院图书馆，馆址在和平门外八角琉璃井，馆舍是一个二层小洋楼。吕叔湘回忆：当时所有有用的医学书全借在教授们手里，久假不归，馆里只剩些无用的旧书，也没有几架。倒是有一屋子中文旧书，经史子集都有。记得还有一部大字本的《册府元龟》。图书馆有馆长和馆员各一，终日无事。

既来之则安之，吕叔湘一边在北平医学院图书馆上班，一边利用空闲翻译《文明与野蛮》。《文明与野蛮》本来已译了三分之一，现在吕叔湘借这个机会继续译事。

吕叔湘还抽空去北京图书馆，其时已经改名北平图书馆，馆长蔡元培、副馆长袁同礼。他们很延揽了些学者在馆中任职，向达、贺昌群、赵万里、王重民、孙楷

---

[58] 傅斯年（1896—1950），字孟真，山东聊城人。"五四运动"学生领袖之一。著名历史学家、古典文学专家、教育家。中央研究院历史语言研究所创办者，任历史语言研究所所长 23 年。

[59] 徐诵明（1890—1991），浙江绍兴新昌人，著名教育家和病理学家。留学日本，同盟会会员。1928 年起任北平医学院院长。1932 年任北平大学校长。1937 年，负责组建西安临时大学（后改为西北联合大学）。

第、谢国桢都曾先后在馆里工作过。他们替北京图书馆采访有价值的图书，也做些研究工作，写文章在馆刊上发表。吕叔湘因为认识其中的几位，所以也有机会参观里边的藏书，赵万里[60]引吕叔湘看他掌管的善本书室，王庸[61]引他看馆藏的旧地图，很长见识。

九月中旬，苏州中学的几位要好的同事知道吕叔湘"搁浅"的情况，一再写信来劝吕叔湘回南。9 月 19 日，吕叔湘正在参观北平图书馆的善本书展览，在会场听到"九一八事变"发生的消息（报纸上还没登）。妻子程玉振在家里也着急，写信催吕叔湘回去。于是吕叔湘就在九月底回到了苏州。

吕叔湘晚年回忆："苏州中学要我整顿（或者说是改造）图书馆，很可能是由这一段插曲引发的。而我到英国去不学文学或语言学而学图书馆学，则又是更进一步的连锁反应了。"[62]

吕叔湘兼任图书馆主任后，即倾情投入整理和改造。他主持的图书馆设有开架的阅览室，不断提供新书让学生随意阅览。为了向师生推介书刊报纸，他在公开出版发行的《苏中校刊》上不定期地发表《图书馆书报介绍》，在《苏中校刊》第七一、七三、七七、七八、八一、八二、八四期刊出书评七篇，介绍新书八十八种。

吕叔湘 1985 年收到苏州中学校史组的校史稿（油印），有一段记载很详细，说是不定期在校刊上刊出新书介绍八十八篇，短的一二百字，长的五六百字，有的只简述内容，有的还兼有评论。那里边举来做例子的书有梁启超《要籍解题》、朱光潜《给青年的十二封信》、茅盾《子夜》、废名《莫须有先生传》、蒙文通《古史甄微》、陶希圣《西汉经济史》、黄凌霜《西洋知识发展史纲要》、柯昌颐《王安石评传》等，都摘录他对各书的评介文字。

吕叔湘晚年回忆："这些，我已经全不记得了。今天看起来，那些评介也还中肯。那时候我还不满三十岁，也算可以了。"[63]

---

[60] 赵万里（1905—1980），字斐云，浙江海宁人。精于版本、目录、校勘、辑佚之学。曾任北京图书馆善本特藏部主任。中国近现代著名文献学家、图书馆学家、版本目录学家、敦煌学家，中国古籍保护事业先驱。

[61] 王庸（1900—1956），字以中，江苏无锡人。中国科学史开拓者。1925 年考取北京清华学校国学研究所研究生，亲炙于梁启超、王国维、陈寅恪等，深究史地之学，开始撰写《明代北方边防图籍录》《海防图籍录》。1929 年毕业后留校任助教。两年后离校南归，在上海暨南大学、中国公学任讲师。1931 年出任北平图书馆编纂委员兼舆图部主任，撰成《中国地理图籍丛考》。

[62] 吕叔湘.致大年、晓燕[M]//吕叔湘.吕叔湘全集:第十九卷.沈阳:辽宁教育出版社,2002:321.

[63] 同[62]320.

苏州中学图书馆的管理使人耳目一新，应该始于吕叔湘任图书馆主任时（1932.7—1935.12）。

除了实行开架方式方便师生借阅外，吕叔湘编撰的《图书馆书报介绍》，刊载在《苏中校刊》的"新到图书公告""新书介绍""本馆现备杂志一览""介绍与批评"等栏目中。下面选摘书评五篇，一则因为书评文章难写，最见作者学问功力、读书眼光，借此或可一睹青年吕叔湘笔下流淌的灼灼才华。二则或可一窥人才辈出的苏州中学的读书底色，为当下书香校园建设和全民阅读作镜鉴。

评胡仲持译《世界文学史讲话》：

这是近来颇受人称道的一本书。著者美国人 John Macy[64] 氏，是当过大学教授的，可是这本书决没有一般大学教授的著作的令人头痛的派头。读这本书像读房龙的《人类的故事》一样，清言娓娓，不觉终卷。（可惜译文颇生涩，没有能传出原来的明爽的笔调。）倘若一定要吹毛求疵，也未尝不能指出一个缺点，那就是讲英国文学的部分太多，几及全书三分之一，同时波兰、匈牙利等东欧小国的文学竟不能占一席地，这不能不说是比例不当。

评《梁遇春君译著》：

小品文是中国新文学运动以来最有收获的田地。周氏兄弟不必说，继起的作家中卓然有以自立的少说也有一打，这里面有一位是梁遇春君。他是北大英文系出身，平时已深受 Lamb、Hazlitt[65] 等人的陶融，以后在《语丝》上发表作品，渐渐养成他的委婉而清丽的风格。可惜今年春间在北京病故。他的作品不多，大部已收入《春醪集》。译品除小说及诗歌外在散文方面成书的有《近代论坛》及开明、北新两种英文小品文选译。后面这两种本馆已有，《春醪集》及《近代论坛》是本期入藏的。《近代论坛》为英人 G. L. Dickinson[66] 所著，纵谈近世思潮，行文亦极曼妙，译文又能曲曲传出。书由春潮书局印行，坊间亦不易觅得矣。

---

[64] John Macy：约翰·梅西。
[65] Lamb、Hazlitt：查尔斯·兰姆、威廉·哈兹里特。
[66] G. L. Dickinson：狄更生。

评一部《英文法》（*O. Jespersen: A Modern English Grammar*, Vols 1-4）：

当学生时心理，读外国语最怕两本书，一是字典，一是文法，非必要时绝不翻检。后来居然有人说，字典可作旅行良伴（林语堂），又有人说，文法可于良辰美景伴爱人共读（岂明老人），这两位真是会做翻案文章，也可见字典、文法之类也并非天生讨厌。林氏意指《袖珍牛津字典》，这在我们学校里已经很普通，可是还没有人报告过旅行作伴的经验。岂明介绍的是一本《家庭大学丛书》里论英语的书，那自然是一本好书，但不是一本文法。现在我们介绍一部文法书，虽不能和爱人共读，但窗明几净独坐萧斋时，偶一披览，也会趣味盎然。著者是丹麦人，精究英语，颇为英美人所钦折。这部文法已出四本，第一本论语音，第二本至第四本全论缀法（syntax），其中颇多独到之处。为篇幅所限，姑举一例。在"He has found the key you lost yesterday"这一类句子里，普通都说是省略一个"that"，他引许多例来证明这是古已有之的句法，非常自然。倘若以"省略"来说明，则读者会以为不省略更对些，而这是错误的。著者特为立名曰"Contact clause"。这部书的第一本印于一九零九年，第四本前年才出，前后已历二十二年，第五卷还无消息。

评王稚庵编《中国儿童史》：

分"智""仁""勇"三编，辑录古今有名儿童故事一千多则，用力不可谓不勤。但如果照卷首题字的张先生的话，叫小朋友们自己去玩味，则此书不见得可以成功。第一，这本书的白话不是天足，是解放了的金莲，小朋友不爱读；第二，所录各条都照史传，只是一个故事的轮廓而不是一个故事，小朋友不感觉兴趣。倘若用作教师参考，倒很合适。最好能有热心儿童读物的人，在这里面挑一些来重行编写，多加入一点想象的分子，使它有声有色，那就真可以送给小朋友做礼物——但不能没有插图，还得要好的。

评周作人《看云集》:

"行到水穷处，坐看云起时。"以此名集，不图老人意兴阑珊至此。然读"哑吧""麻醉"二赞，亦时复见牢骚。[67]

显然，吕叔湘撰写的上述"新书介绍"特色鲜明，此择其显要者概述如后:

一是，言简意赅。其书评能以寥寥数语，概括新书内容。对梁启超的《要籍解题》，吕评:"这是梁先生在清华学校的讲稿。其中论及《论语》《孟子》《史记》《荀子》《韩非子》《左传》《国语》《楚辞》《诗经》《礼记》等十部书。每篇先述著述编纂之经过，次论其内容与价值，最后则指陈其读法。简明而扼要，又处处能提出问题以启发读者之研究兴趣，非同类书籍之沉闷无味者可比。此书由清华周刊社印行，近来坊间已不多见，此本是小书摊上买到的。"对朱光潜的《给青年的十二封信》，吕评以为，"这本薄薄的一百页左右的书，是值得一读再读的。"原因在于:"谈哲理而能不离实际生活，进忠言而能不使读者废书而起。""无一篇不是向青年说教，却无一篇不是感人的文章。"

一是，有真知灼见。1933年1月，茅盾的《子夜》由开明书店出版。6月，吕评:"何家干君在《自由谈》上许为近年来的惟一杰作。"全文仅只一语。对废名的《莫须有先生传》，吕评:"这本书恐怕更不免'难懂'二字之评吧。和茅盾君的作品一比照，令人起异样的感想。恭维他'超时代'的未必有人，讥诮他'落伍'也大可不必。不错，废名君是不大理会他的（也就是我们的）时代的，但在某意义上他仍然是属于这个时代的，正如《桃花源记》的作者属于他的时代一样。"

一是，批评商榷得当。有好说好，有坏说坏，有名无名，一视同仁。对蒙文通的《古史甄微》，吕评指出作者"旨在阐述三晋史闻"后，即说:"惟此种工作所重，端在搜罗排比，即有附论，宜极小心，而作者颇勇于造说，转驱使材料以为己用。立论虽新奇可喜，终嫌立脚不牢，例如'海岱 ==== 泰族 ==== 渔猎，江汉 ==== 炎族 ==== 农稼，河洛 ==== 黄族 ==== 游牧'这个中国上古民族三分的公式（这是本书的主干），在先史考古正在创始的今日，殊不易得充分之佐证。"对林语堂的《开明英文法》，吕既指出"此书编制颇新颖，由内而外，由'意思'而列举其'表现'"，又指出，此书"例文中生字颇多，初学者谅感不便，亦一病也"。对陶希圣的《西汉经济史》，吕评:"战国时代为中国经济史上的一大转变时

---

[67] 胡铁军. 吕叔湘先生在苏州中学[M]//《吕叔湘先生百年诞辰纪念文集》编辑组. 吕叔湘先生百年诞辰纪念文集. 北京:商务印书馆,2010:82-84.

期，西汉继其趋势，以完成商业资本之优越地位，其重要自不待说。此书大致能说明此意，然议论多而事例少，殊不类名教授之著作耳。" 只有对读者极不负责的作者，吕叔湘才毫不客气，如李俚人译《中国社会发展史》（著者为俄国人沙发诺夫），吕评："译者太不尽职，使读者感觉极大的不便。第一是地名的对音，译者连大夏安息等常见的字都不知道，于是满纸的奇里古怪的译名，略举一二：224 页佛个干 ==== 大宛，227 页巴克吐利 ==== 大夏，224 页巴尔齐 ==== 安息，230 页库溪（库本）==== 龟兹……最荒谬的是把吴王濞认做汉武帝，硬要叫他和父亲对垒。其他小误尚多，读者须十分留意。"

一是，妙喻解颐。文情并茂，开合自如，用语曼妙，曲曲传出。介绍黄凌霜著《西洋知识发展史纲要》，吕评："确是名如其实的一本'纲要'。他是纵贯古今，横被欧美地历举哲学、宗教、自然科学、社会科学上的成就，排列一个纲目，作一种综合研究的骨干的。在一个已有相当学养的读者，开卷一览，时逢旧雨，亦有新知，倒也是一桩乐事。否则便有些像刘姥姥进大观园一样，满目希奇古怪的东西，只有纳罕的分儿。然而这也不打紧。刘姥姥在荣国府混了一阵，毕竟知道了一些，初学者在这本书里也可以得些益处，至少可以知道学术界的园地之大。" 介绍馆藏《大英百科全书》，吕说："这部词书本馆藏有两部，可惜年纪都不小了，不但全校同学都是他们二位的小弟弟，恐怕诸位老师也有一半要赶他叫哥哥。" 介绍《日美战争》，吕说："自从'九一八事变'以来，惭愧得很，中国的人民和政府都希望美国出来做一个观世音菩萨。这实在是一种卑怯的心理。" 介绍柯昌颐《王安石评传》，吕评于结尾说："王安石的新法，结果不免于失败，以成败论人本来是不对的，可是我们不妨，并且应该，追问其所以失败的原因。这一点，本书的著者没有明显的解答。我们想大胆给他补充一句——由于社会改革与官僚政治的矛盾性。"[68]

如果说，将吕叔湘专心于英文教学、国文文法教研、主持图书馆工作视作必答题，那么，他业余时间从事译事，就是自选题。如果说，前者侧重于生存，那么后者则更侧重于发展，而且从后者更能深入吕叔湘的精神世界。

自踏上工作岗位起，吕叔湘就在教学之余做些翻译之事，前后共译出《人类学》《初民社会》《文明与野蛮》三种，分别由商务印书馆和生活书店出版。从上世

[68] 苏州中学校史办公室. 记吕叔湘任苏州中学图书馆馆长[M]//吕叔湘. 吕叔湘全集:第十九卷. 沈阳:辽宁教育出版社,2002:599-602.

纪 20 年代末开始，吕叔湘翻译的上述三部人类学著作，都是当时西方具有代表性的人类学著作。

译事也是青年吕叔湘萌生学术理想的开端。吕叔湘一旦萌发了学术理想，就坐言起行，而绝不是纸上谈兵。考察这一时期吕叔湘的相关经历，荦荦大者有三：在"备课"中潜心研读《马氏文通》，发现了不少容易熟视无睹的汉语语法问题；在"补课"中交出了一份扎实的作业——翻译英语语法专著一部；在"答卷"中，既研读人类学名著，并以之为武器，关注和思考社会现象。而他孜孜不倦于三部人类学著作的翻译十多年，也可视为外因和内因共同作用的必然结果。

就外因而言，除前述苏州中学营造的"学术立校"风气与相互砥砺之环境外，"益者三友"之浦江清的北上，是应该高度重视的重要外因之一。

浦江清（1904—1957），江苏省松江县（今属上海市）人。1922 年考入东南大学西洋文学系，与吕叔湘同班。浦江清主修西洋文学系，副修国文系。当时国文系教授中有些是旧派国学家，有些是南社派词章家，浦江清从他们那里学到很多东西，进一步夯实了国文功底。毕业后，由吴宓教授介绍入职清华大学，工作的前三年是在研究院国学门当陈寅恪的助教。

陈寅恪是蜚声中外的大家，给他当助教很不容易。也正因为如此，浦江清的学问功力大进。陈寅恪在欧洲留学多年，以渊博知名。初回国，对于国内情况不大熟悉，对浦江清不免估计过高。对浦江清来说，首先，语言方面就是个难关，中文、英文书刊之外，法文、德文的书刊也得看，而内容又是很专门的。浦江清说起过这样一件事：有一次陈寅恪要教学生梵文，拿两本梵文文法，一本英文的，一本德文的，交给他，要他参考这两本书在几个星期里编出一份讲义，而浦江清自己是没有学过梵文的。诸如此类的事情不止一件。幸而浦江清是个求知欲极其旺盛的人，不但不以为苦，反倒以此为乐，因为几乎每天都接触到新问题，眼界为之大开。就这样，浦江清把他的研究方向从文学转向史学，特别是欧洲学者所谓的东方学，一方面受陈先生的熏陶，一方面刻苦用功，进步很快。

契友浦江清是促进吕叔湘萌发学术追求，并始终给予其帮助的推动者。浦江清日记中记载，1928 年 3 月开始，吕叔湘与浦江清恢复了通信。吕叔湘从 1928 年开始，首先翻译了第一部人类学著作《人类学》，也许正是受浦江清的启发和鼓励，开始了与学术的"热恋"。浦江清身处文化中心，其学术交往、学识进步，通过鸿雁从北平传来, 深受科学思想浸润的热血青年吕叔湘岂能置若罔闻? 这进一步触发了吕叔湘的学术憧憬。

吕叔湘曾回忆道, 尽管当时工作顺利, 生活舒适, 但并未感到完全满足, 总觉得应该在学术上有所成就, "我的意图浦江清先生是知道的。"[69] 这是吕叔湘学术憧憬之自白。

浦江清对朋友称得上为人谋而忠, 无论学问上、生活上, 有事和他商量, 他比对自己的事情还热心。浦江清对吕叔湘有志于学术的事情谨记于心。前述浦江清1931年夏 "策划" 吕叔湘走近学术的北平之旅, 就是一次有代表性的 "推动"。还有浦氏1936年寄赠王力的文法研究新著《中国文法学初探》给远在英伦的吕叔湘, 1938年推荐吕叔湘到云南大学任教, 虽然这些都是后话, 但是系统地看, 其 "推动" 之功就愈发彰显。

浦江清1929年转入中国文学系任教。此后几年, 浦江清由助教升任教员, 又擢升专任讲师, 担任大一国文和中国文学史两门课。为了教好文学史, 浦江清大量地研读古书, 经史子集, 广泛浏览。文学史牵涉到的问题很多, 浦江清钻研的范围很广, 特别对于词曲中的乐律宫调用力甚勤。这个时期所写文章有《八仙考》《逍遥游之话》《评江绍原中国古代旅行之研究》《评王玉章元词斠律》等篇。《八仙考》长达三万字, 考证了每一位神仙的传说来历、八仙的会合, 以及八仙传说跟神仙画、神仙戏的关系, 原原本本, 详尽无遗, 是很见功力的一篇文章。即使书评也都不是泛泛之作。由此可见浦江清的学术功力。后来, 他更与朱自清一同被誉为清华 "双清"。

吕叔湘自1926年起钻研《马氏文通》, 教授国语文法, 也是吕叔湘萌发学术追求的一个不容忽视的诱因。"备课" 国语文法中的吕叔湘对文法逐渐产生和形成独特的敏感, 加之在针对自己英文教学短板 "补课" 时对英文文法的钻研, 进而延伸至汉语语法, 两条线索自然汇聚起来, 长此以往, 日积月累, 滚雪球效应逐渐显现。因此, 吕叔湘研究国语文法, 事实上可以追溯至此。

翻开中国语言学历史, 特别是汉语语法史可知, 1935年前, 我国国文文法研究正在萌芽阶段, 汉语语法研究 "自觉建立期" ("引进模仿期") 的代表人物、代表作是马建忠的《马氏文通》、黎锦熙的《新著国语文法》。1936年, 以王力《中

---

[69] 吕叔湘. 致大年、晓燕[M]//吕叔湘. 吕叔湘全集:第十九卷. 沈阳:辽宁教育出版社,2002:320.

国文法学初探》为代表，开创了中国语法研究的"革新探索时期"（"本土化时期"）。这样一个国语文法研究风云际会的宏观环境，加上此前国语、英语语法研究和实践的丰富积累，以及朱自清《新的语言》引发的话题，都加速了吕叔湘向国语文法研究靠拢的步伐。

下一章还会谈到，吕叔湘在英国研究过《红楼梦》文法，返国落脚云南大学后，立刻撰写出高质量的国语文法论文，可见其文法研究成就并非偶然。

语言学和人类学之间本来存在自然的桥梁，"这在国外本来不足希奇的，萨皮尔（E. Sapir）以语言学家晚年转向人类学，马邻诺斯基（Bronislaw Malinowski）以人类学家晚年转向语言学，便是很好的例子。"[70] 影响吕叔湘学术思想的，一位是丹麦语言学家叶斯泊森，他追究语法原理，从历史原则看现代语法规律的鲜明特色，给吕叔湘留下了深刻印象；另一位是美国人类学家罗伯特·H.路威，他的人类学著作让吕叔湘接受了文化比较的观念和方法。

首先，"五四"新文化运动也是思想大解放运动。吕叔湘一代的青年满脑袋的救国救民思想，研究中国的社会问题，找出中国贫弱的病根，是新青年追求的目标。加之他步入职场后，亲身经历和见证地方势力的角力、党派之间的争斗等，这些无不对他产生或显或隐的影响。其次，语言文字，是人类学研究的重要范畴，人类学著作中一般都有专章论述。如其译著《人类学》的第五章为"语言"，《文明与野蛮》第十八章是"文字"。因1928年翻译人类学著作之故，吕叔湘有机会从另一个维度研究、审视国语文法和英语文法。因此，吕叔湘选择翻译国外人类学著作，兼有"职业"和"志业"两个方面的动机。

人类学和社会学，在当时的中国是怎样的情况呢？以燕京大学为例。燕大社会学系成立于1922年。社会学在燕大单独建系的动议，首先由美国普林斯顿大学驻华同学会的步济时、甘博、甘林格、爱德华诸位先生提出。他们认为社会服务事业非一方面可进行，要顾及整个社会，故应成立专门的学系。1925年该系名称又改为社会学与社会服务学系。1926年燕大增设研究院，开始培养研究生，正是日盛

[70] 罗常培. 语言与文化·引言[M]//罗常培. 罗常培文集. 昆明:云南大学出版社,2018:16.

一日的时候。林耀华[71] 1928 年到燕大时，社会学系开出的课程基本上分成"理论社会学"与"应用社会学"两支。应用社会学的范围主要在社会控制方面，强调大转型时期中国的各种社会问题，既把中国问题当作整个世界问题的一部分，又看到中国问题的严重性与独特性。当时社会学关注的热点有平民教育运动、农村运动、社会实验运动，以及种种政党和文化运动等。

1935 年暑假，吕叔湘参加了江苏省教育机关服务人员留学考试。《苏州明报》1935 年 9 月 3 日报道："江苏省教育厅，为鼓励省立教育机关服务人员努力进修起见，每年特考选现任服务人员若干人，赴国外留学……已经考试委员会评定，计录取吕湘、刘诒谨（以上正取），备取顾仁铸、陈开海、黄夔生、薛万鹏。"这里的吕湘，就是吕叔湘。

1934 年，江苏省教育厅设立久任教员留学名额，规定在一校任教五年的有资格应考。每年派送两名，一文一理，期限两年，可延长一年。1934 年首次招考，苏州中学同事、历史教员杨人楩是第一批成行者之一，去英国牛津大学留学。1935 年是第二年。

吕叔湘对出国留学的事并不热心，苏州中学同事竭力鼓励他报名，而吕叔湘却迟疑不决，同事们就替他报了名。是年七月去南京应试，还是一位苏中同事陪他去的。应试的是文科理科各两名，当然很容易录取了。考试科目三门，国文、英文、历史。国文是作文一篇，题目是"国防论"。历史的几道题中有一道题是"王安石变法之得失"。

吕叔湘国文和英文俱佳，自然有相当优势，顺利考取没有悬念，入学时间是1935 年 9 月。吕叔湘于 1936 年成行。

---

[71] 林耀华（1910—2000），福建古田人，民族学家、人类学家、社会学家。1935 年在北平燕京大学获硕士学位。1940 年在美国哈佛大学获哲学博士学位。当时以文学体裁撰写的《金翼》成功地表现了中国南方汉族农村宗族与家族生活的传统及其变迁。1941 年回国后，深入凉山地区，对凉山彝族社会结构与诸文化现象作了缜密的考察，写出《凉山彝家》。其著作《从猿到人的研究》使国内的人类学研究转到新的方向，主编的《原始社会史》是中国阐述原始社会史最为详尽的一部学术著作。

第五章 放洋英伦融中西

十五、在牛津旁听人类学课程

吕叔湘本可于1935年8月启程，赶在9月中旬的秋季开学前抵达英国，可是妻子程玉振怀孕待产，于是决定推迟行程，一边等待第四个孩子降生，一边继续在苏州中学教书。

农历丙子年春节（1936年1月24日）刚过不久，吕叔湘就启程去欧洲，开始自己的留学之旅。当时去欧洲有陆路和海路两种方式，陆路一般是乘火车北上，过北平，经东北、苏联西伯利亚到欧洲，海路一般是坐船经上海南下，过印度洋、苏伊士运河、地中海到欧洲。吕叔湘选择从海路走。他告别了家人和朋友，到上海登船。

当时，上海到意大利的航线有一对万吨级的姊妹客轮对开，吕叔湘乘坐的是"凡尔第侯爵"号。它有一种经济二等舱，价钱公道，中国人很多。路上停靠香港、新加坡、孟买、赛得港等五处，每次停泊时间8到12小时，都在白天；因为是客轮，载货不多，所以停靠时间不长。在意大利布林迪西港稍停，即开往终点威尼斯，住一晚，再换乘国际联运列车，一天半后就到了伦敦。吕叔湘一路上走了23天。

英国，是大不列颠及北爱尔兰联合王国的简称，由英格兰、苏格兰、威尔士和北爱尔兰四部分组成，首都伦敦。英国是世界上第一个工业化国家，有蒸汽机、青霉素等许多标志性的科学发现和发明。伦敦的金融市场吸引着世界各地的众多公司。二百多年来，英国的大专院校随着该国举世瞩目的技术、工业和金融革命而发展起来。不过，其优秀的教育历史更为悠久，可追溯到12世纪牛津大学和剑桥大学成立的时代。

吕叔湘到伦敦的时间是三月末，离秋季开学还有半年。当时，苏州中学老同事、正留学牛津大学的杨人楩放春假来伦敦，于是吕叔湘就跟随他一块来到牛津。

　　杨人楩是 1934 年 7 月投考中英庚子赔款第二届世界史留学生名额被录取的，与其同一届被录取的还有俞大纲、伍启元。杨人楩于 8 月从上海乘船赴英，入牛津大学奥里尔学院。他师从当时著名的法国革命史专家汤普森，撰写关于圣·茹思特的毕业论文，获得文学学士学位。1937 年回国，在武汉大学教授西洋史，抗战时随武大迁往四川乐山。新中国成立后，任教北京大学历史系。

　　牛津，位于英国牛津郡，是英国著名的大学城之一，牛津大学即坐落于此。牛津离伦敦大约 90 千米，沿途的风光，充分显示出英国乡村的殷实与整洁，除了一望无际的草原和农作物外，尖顶、红瓦、白墙、黑色木梁柱的农舍，错落点缀在远近，庄舍旁，牛羊成群，悠然吃草。

　　牛津大学，也简称“牛津”，世界一流的公立研究型大学，采用书院联邦制。牛津大学是英语世界中最古老的大学，也是世界上现存第二古老的高等教育机构。牛津大学有档案明确记载的最早的授课时间为 1096 年，之后在 1167 年因得到了英国皇室的大力支持而快速发展。牛津大学与城市融为一体，街道就从校园穿过。大学不仅没有校门和围墙，而且连正式招牌也没有。

　　到牛津之初，吕叔湘选听了人类学讲座，授课教授是马雷特老先生。

　　罗伯特·雷纳夫·马雷特（Robert Ranulph Marett，1866—1943），英国著名人类学家，进化学派的代表人物之一，在宗教人类学领域有重要贡献。前面说过，吕叔湘曾于 1928 年翻译过马雷特的《人类学》一书。其时，吕叔湘正好身边带了一本，于是便送给马雷特，马雷特很高兴。吕叔湘在“译者题记”中称赞马氏的《人类学》兼顾了学术和通俗两端，不过，对马氏的讲课却不敢恭维，觉得马氏讲课没有什么听头，因为基本上是念讲稿。

　　吕叔湘常去牛津大学人类学博物馆，即成立于 1683 年的阿什莫林（Ashmolean）博物馆。这里收藏了大量的人类艺术和考古文物，有来自世界各地的古代文物和艺术珍品，如古埃及和希腊罗马的艺术品，以及东亚和非洲的文化遗产。这些珍品展示了人类文明的发展历程和多样性，使人们对不同文化有更深入的了解和欣赏。

　　人类学博物馆不仅收藏相当丰富，而且馆长亨利·巴尔弗（Henry Balfour，1877—1950）人极好，虽然年纪也不小了，但是他每星期讲两次课，边讲边看实物，吕叔湘觉得很有收获。巴尔弗是英国考古学家，他在牛津念书的时候，就被老师莫斯利（H. N. Moseley）看重。

1936 年 3 月末至 7 月初，在等待秋天正式入读伦敦大学的间隙，吕叔湘旁听了马雷特和巴尔弗的人类学课程，或课堂听讲，或课外研习。两位老师各有优长，吕叔湘感觉收获不小。

在牛津，吕叔湘还结识了不少中国留学生，如杨宪益，钱锺书、杨绛夫妇，俞大缜（1904—1988）、俞大纲（1905—1966，庚款生，曾昭抡夫人）姊妹，曾昭燏（曾昭抡胞妹），曾宝荪（1896—1979，曾国藩曾孙女），向达，等等。这批包括杨人楩、吕叔湘在内的学子，在遥远的伦敦，组成了一个跨专业的学人圈，他们在求学、读书的同时，也时常聚会。

杨宪益（1915—2009），祖籍江苏盱眙（今属江苏淮安市），出生于天津。1934 年毕业于天津英国教会学堂新学书院，后入英国牛津大学学习英国文学等。24 岁翻译《离骚》。1940 年回国，历任重庆中央大学教授、贵阳师范学院英语系主任、光华大学英语教授等。1943 年在南京任国立编译馆编纂，其间翻译了中国古代史巨著《资治通鉴》。1949 年任编译馆接管组组长，后任南京市政协委员。1953 年调外文出版社工作。1963 年后与夫人戴乃迭共同翻译出版了《红楼梦》《儒林外史》《鲁迅选集》及许多中国文学作品，被公认为译作之经典，为新中国的翻译事业赢得了世界性的声誉。在牛津，大家管杨宪益叫"小杨"，以别于"老杨"杨人楩。那时他还没和戴乃迭结婚，都是尚未获得学士学位的大学生。他们俩结合是 1941 年 2 月的事。

留学牛津大学艾克赛特学院的钱锺书（1910—1998），江苏无锡人。1933 年毕业于清华大学外国语言文学系。1935 年春考取第三届英国庚子赔款公费留学，8 月与自费留学的杨绛同船赴英。1937 年获牛津大学副博士学位。1938 年秋回国。历任西南联合大学外文系教授、国立师范学院英文系主任、上海光华大学和震旦女子文理学院教授。抗战胜利后，任上海暨南大学教授、中央图书馆英文总纂。1949 年任清华大学外文系教授，继任中国科学院文学研究所研究员、哲学社会科学部学部委员、中国社会科学院副院长。

向达是北京图书馆派去研究敦煌卷子并摄影的，到牛津是为大学中文藏书编目。向达外号"向大人"，是吕叔湘东南大学的高班同学，在校时两人不认识。向达（1900—1966），字觉明，湖南溆浦人。先考入南京高等师范学校数理化部，专攻化学，后转入文史部，亲炙于柳诒徵、陈鹤琴诸先生，1924 年毕业后进入商务印书馆编译所任编辑。1930 年到北平图书馆工作，担任编纂委员会委员，并任写经组组长。同时参与编辑《国立北平图书馆馆刊》，并着手于敦煌俗文学写卷和中西文化交流等学术领域的研究。不久完成力作《唐代长安与西域文明》，奠定其学术地位，也成为在中西交通史、中外文化交流史等领域成就卓著的一位名家。翌年，他又出版了《中西交通史》，受聘北京大学历史系，讲授《明清之际西学东渐史》课程。1935 年秋，向达因在北图"服务五年成绩卓著，并对于经典夙有研究"而被派往英国"影印及研究英伦博物馆所藏敦煌写经"。向达先到牛津大学鲍德里图书馆考察和工作，其间抄录了大量有关中西交通史的重要资料。1936 年秋又转赴不列颠博物馆（即大英博物馆）东方部检阅敦煌写卷、汉籍及俗文学等写卷，又抄录了明清在华耶稣会士和太平天国等方面的一批重要文献。1937 年末又访问了巴黎、柏林、慕尼黑等地的科学院和博物馆，考察了来自中国西北地区的壁画、写卷等大量文物藏品。在巴黎期间，他还着重研究了法国国立图书馆收藏的敦煌写卷，抄录了明清之际来华耶稣会士有关文献等。1938 年秋应聘已西迁至广西宜山的浙江大学史地系，不久转赴昆明任西南联大历史系任教授，同时兼任北京大学文科研究所导师。

吕叔湘逗留牛津三个月，因为没有正式功课，很轻松，也就很容易想家。有过在外求学，或者长时间出差，尤其是有家室的人，可能都有类似的切身体验：初到一地立刻被新奇所包围，不久，随着环境的适应和熟悉，新鲜感逐步地消退，孤独、寂寞就会接踵而至，充盈了形单影只的日常生活，人变得敏感起来，特别容易触景生情。吕叔湘想家，想母亲，想妻子，想儿女，想朋友，想家乡，想和祖国、家乡联系在一起的一切。

虽然也可以去串串门，找其他留学生，但所打发的时光总是有限的，一时的。吕叔湘性格内敛，不喜交际，于是，更有大块的时间需要打发。为了排遣心中的孤寂，吕叔湘读书，思考，写信，写日记……

吕叔湘做得最多的是写信、写日记。当年没有现代联络方式，写信、写日记不失为最经济、最方便的排遣选择。遗憾的是，吕叔湘"1966 年'文化大革命'时把旧信旧日记都烧了"，信和日记中记载的往事，包括其中的乡愁，都已不得而知。不过，从他留下的只言片语和别人的回忆中，可以想见他当年的某些生活情景。

张伯江先生 2004 年编撰《吕叔湘》画传时在丹阳寻访获知，吕叔湘给家里寄过"录音信"，程玉振当年的丹阳邻居听到过匣子里传出的吕叔湘唤"霞儿"之声。

吕叔湘极重友情，通信中自然少不了朋友。目之所及，有写给苏州中学同事的信，如《致张贡粟》[72]。也可推知与清华大学浦江清通信不辍。1938 年归国的吕叔湘能迅即受聘云南大学，就得益于浦、吕通信之功。浦江清对吕氏的行踪、思想了如指掌，及时将返国的吕叔湘推荐给时任云南大学校长熊庆来，并获允准。吕叔湘接浦氏信后即启程前往云南大学文史系报到，无缝对接。相关内容，请参阅本书第十八节。

还有，吕叔湘晚年回忆：1936 年，王力的论文《中国文法学初探》刚刚在《清华学报》（第 11 卷第 1 期）发表，跟王力同在清华大学教书的浦江清，把王力先生送给他的抽印本寄给吕叔湘看。吕叔湘那时候"刚刚开始对汉语语法发生兴趣"，读了王力的论文很受启发。吕叔湘进一步明确汉语语法的研究方向，从中可以窥见蛛丝马迹。

与此同时，吕叔湘当然也看一些其他的书，如在闲空的时候找些有关语法的书来看，例如波次麻（Poutsma）的英语语法，克鲁艾芝伽（Kruizinga）的英语语法。布鲁纳（Brunot）的《思想和语言》，也是这个时候看的。

"诗为心声，词乃情物"，吕叔湘尽管之前学过作诗，但是平时不作诗，可这时候也忍不住，实在是情难自禁。作于 1936 年 5 月的两首诗中，其睹景思人、睹物思人、睹春思人的情感，从心中汩汩地溢出；游子像风筝，不管飞得多高、多远，风筝之线却永远连着故乡，牵着亲人——老母、妻子，儿女：

> 花飞牛渚送残春，笑语难忘旧梦新。
>
> 好鸟枝头频相弄，"虚名误尔尔误人"。
>
> 悔逐孤舟万里行，一春未敢听黄莺。
>
> 开缄省识伤心字，字字分明和泪成。

"牛渚"即牛津。身处牛津如画的春日胜景，飞花飘絮中，仿佛置身于赛过天堂的江南美景之中，偕子伴妻流连于树下花间。曾经的欢愉历历在目，恍如昨日。欢声笑语与枝头间鸟儿的啼鸣嬉戏融为一体，可是自己却在追逐名利，不仅自己深受其苦，而且连累了别人。悔恨追逐孤舟离开故土和家人，漂泊于万里之遥的异乡，整个春天都怕听黄莺的婉转之声。每每开拆函件，依稀可见纸上已干的泪痕。仔细审察，睁大眼睛辨识每一个字，每一笔每一画无不分明是和着泪水而写就。

---

[72] 吕叔湘. 吕叔湘全集:第十九卷[M]. 沈阳:辽宁教育出版社,2002:204.

愧我本无肉食相，累君竟作贾人妻。

如棋世事浑难说，大错都从铸后知。

自古伤情惟别离，两边眼泪一般垂。

此身未必终异域，会有买舟东下时。

十分羞愧的是，自己本来就没有高官厚禄的命相，却因为追求利益而抛妻别子，让妻子沦为聚少离多、独守空房的商人之妻。世界上的事都像棋局一样变化莫测，大错只有铸成后才能渐渐明白，悔之晚矣。自古至今最让人伤感的是离别，远隔两地的人伤心垂泪是一模一样的。可以告慰你的是，我这一辈子绝不甘于终老异国他乡，一定会想方设法回到亲人的身边。

王维给后人留下的名句"独在异乡为异客，每逢佳节倍思亲"，套用到1936年病中的吕叔湘身上，便是"独在异乡为异客，每逢生病倍思亲"。异邦美丽的景致，乘以时间和空间，更增加了游子的乡愁。病痛、远隔是思乡之苦的超量增稠剂。吕叔湘作于1936年6月的病愈之诗中，这种哀伤之情溢出纸面：

小极便增别后思，郊游应已换春衣。

于思未可揽明镜，病起维摩学写诗。

"小极"即小病。偶感风寒小病，便更增别后的思念之情——思亲、思乡。时间已届初夏，天气逐渐暖和起来了，外出郊游也应该脱去春衣，换上夏装了。自己身染小恙，不敢去照镜子，生怕看到自己的病态、颓废之态，更加深自己的忧虑。于是，坐到桌前学写诗歌，以此排遣寂寞，纾解忧愁。

寂寞总会随着时间的推移而过去。牛津大学七月初放暑假，留学生们管它叫long vacation（长假），吕叔湘和杨人楩于是结伴去苏格兰旅游。

苏格兰以风笛、格子花纹、苏格兰方格裙、畜牧业与威士忌而闻名于世。第一大城市格拉斯哥，是其工业重镇。第二大城市爱丁堡，是其自治政府所在地，即政治、经济和文化中心。

在爱丁堡，又有一位中国留学生加入，他们三人结伴而行。爱丁堡是一个充满文化氛围的大都市，在绿荫掩映的市区，蜿蜒的中世纪古城和平整石砌的17世纪新城交相辉映，到处充满文化气息和历史遗留的痕迹。爱丁堡有许多名胜古迹，如艺术长廊和音乐厅、苏格兰皇家博物馆、皇家植物园、苏格兰国家图书馆、赫里罗德皇宫、议会大厦、圣吉尔斯大教堂、爱丁堡古城堡、皇家一英里、老城、新城，等等。到处是中世纪风格的建筑——用黑灰色火山石修建的带有尖塔的宫殿、教堂和城堡，点缀着王子公园成荫的绿树，浓密的芳草，盛开的鲜花。在英国最著名的老街——皇家一英里，古老的小巷记载着动人的故事。

苏格兰高地位于苏格兰西北部，有着雄伟壮美的自然风景：冰川时代留下的地貌、崎岖的山峦、精致的湖泊，以及巨石覆盖的原野。清澈的溪流为高地的传统特产——苏格兰威士忌——提供了重要的保障。高地东南部有雄伟的山脉、秀丽的山谷、恬静的湖泊、奔流的溪水和开遍石南花的原野。南部山地地形舒缓，环境静谧，有长满青草的山坡，有拥抱着宁静溪流的宽敞的谷地。吕叔湘晚年回忆道："夏天的苏格兰是很美的"，令人心旷神怡。

十六、在伦敦专修图书馆学

1936 年暑假后，吕叔湘回到伦敦，租住在高尔街（Gower Street）的公寓。虽然高尔街离伦敦大学和大英博物馆都很近，但是房费却很便宜，住宿（包括服务）和早晚两餐，每星期只需两镑。吕叔湘享受的官费是每月 20 镑，绰绰有余。

9 月开学，吕叔湘在伦敦大学注册后，选了 3 门课：图书馆管理（地方图书馆、专业图书馆、地区和全国图书馆合作等），参考书（英文的和欧洲各国重要的），分类编目。

伦敦大学，创立于 1826 年，是一所公立研究型大学，坐落在伦敦市中心的布鲁姆斯伯里区（Bloomsbury）的高尔街，邻近大英博物馆、大英图书馆、国王十字车站和摄政公园，被誉为世界十大最美校园。

伦敦大学，是欧洲启蒙运动的产物，是英国的第一所现代化大学，亦是英国第一所按照同等标准接受女生的大学，创校初衷是希望摒弃教会学校的陈规旧制，倡导理性主义与教育平权，其目标为："鼓励研究以及独立学者的进步，使得他们可以通过自己精湛的学识来推动其所追求的科学和所生活的社会不断向前发展。"

伦敦大学的科班学生一学期要读五六门课程，只修三门课的吕叔湘有很多空闲，于是经常到附近的大英博物馆去看书。

到国外去学什么呢？公费留学英国考试放榜，榜上有名的吕叔湘去江苏省教育厅请示。教育厅的人说："你可以自己考虑，不过我们有一个意思你可以放在一起考虑。江苏省有三个省立图书馆，你可以考虑学图书馆管理，回来帮我们把几个省立图书馆改进改进。"吕叔湘进大学的时候，正值"五四运动"高潮。那时候讲思想、讲文化，所以他就学了西洋文学。经过将近十年的中学教员生活，思想也有些改变，觉得应该多做点切合实际的工作。图书馆工作是很实际的，是推动文化教育的一个重要环节。所以最终决定去学图书馆管理。因此，吕叔湘到英国去留学，没有去学英语，也没有去学文学，而是去学图书馆管理。

其时，江苏有三个省立图书馆：省立国学图书馆（又名省立第一图书馆），省立苏州图书馆（又名省立第二图书馆），省立镇江图书馆（1933 年创建，起因是1929 年 2 月中华民国江苏省政府由南京迁至镇江）。

据统计，1935 年、1936 年是 1949 年以前中国图书馆数量最多的年份，具体为： 1930 年全国有图书馆 1468 所，1931 年有 1620 所，1935 年达 2935 所，1936 年有 5198 所。[73] 这一时期，图书馆主要类型有国家图书馆、各省公共图书馆、学校图书馆、专门图书馆；公共图书馆分为国、省、市、县四级。

吕叔湘选择图书馆管理专业，是否与 1925 年他参观北平图书馆有关，恐难下断语。不过，可以推断的因素，一是 1931 年他任职北平医学院图书馆，一是 1932年 7 月至 1935 年 12 月他主持苏中图书馆，一是 1935 年江苏省教育厅官员的"留学建议"。这些都"指引"他去更全面梳理当时国内图书馆事业发展的状况。

当时，我国公共图书馆取代传统藏书楼的过程业已初步完成。北洋军阀统治时期，我国整个图书馆事业的基本框架已然形成，公共图书馆、专业图书馆及学校图书馆等主要图书馆类型都已具备。据第一次《中国教育年鉴》民国 19 年（1930年）统计资料显示，这一时期有普通图书馆 903 所、专门图书馆 58 所、民众图书馆 575 所、社教机关附设图书馆 331 所、专业团体附设图书馆 107 所、书报处（内含巡行文库）259 所、学校图书馆 654 所、私人藏书楼 8 所，总计 2895所。而且，尤其重要的是，公共图书馆已达 2068 所（包括普通图书馆、民众图书馆、社教机关附设图书馆和书报处），占当时全部图书馆数量的 70% 强。[74] 这表明我国传统藏书楼向近代图书馆的转化是基本成功的，因为图书馆事业近代化的最根本的标志就是公共图书馆全面取代传统藏书楼。

始于 1917 年且持续了十年的"新图书馆运动"，是推广、普及近代图书馆的运动，对我国当时图书馆事业有多方面的影响。（1）初步建立了一个近代图书馆体系。我国图书馆品种齐全，数量也有较大的增长，虽然分布还很不均衡，但已初步

[73] 来新夏,等. 中国图书事业史[M]. 上海:上海人民出版社,2009:424-425.
[74] 同[73]394.

形成了一个较大的图书馆网络系统。（2）实现了图书馆读者对象普遍化。"新图书馆运动"以"教育救国"为其思想基础，要求图书馆向普通民众开放，图书馆的服务对象不再是特殊群体，而是包括不同阶层、不同性别年龄的广大读者。（3）促使图书馆藏书渐趋合理化。"新图书馆运动"强调图书馆的藏书以适合读者的需要为宗旨。受其影响，我国传统的厚古薄今、存中排外的藏书思想逐步改变，出现了古今并存、中西并重的局面。（4）促进了图书馆管理科学化。"新图书馆运动"极力宣传欧美先进的图书馆技术和方法。由此，卡片目录、开架制、馆际互借，以及新式分类法，逐步为我国图书馆界所接受，从而大幅度提高了图书馆的业务水平。

引进西方图书馆理论，经历了从仿效到消化、创新的过程。随着新式图书馆实践活动的逐步深入，人们开始认识到，没有理论指导，事业发展终将受阻。我国近代图书馆学首先仿效日本，继而追随美国的发展趋势是很明显的。然而，就在大量引进日、美成果的同时，另一次研究转向也在酝酿之中，这一转变在当时被称为创建"中国图书馆学"。

经过了盲目地仿效西方以后，研究者们开始冷静下来，注意力也逐步转移到了如何科学地借鉴西方的经验与理论，并结合中国的具体情况来构建自己的理论体系和工作方法。这种思想在民国初期已初露端倪，如沈祖荣（1883—1977）所说：到国外学习图书馆学，"纵令虚往实归，而橘枳变异，势所必然。所学各件在外国虽称合法，在中国不能完全采用。"他的这种看法逐渐成为图书馆界的共识，以至到1925年"中华图书馆协会"成立时，时任会长梁启超提出要成立"中国的图书馆学"的口号。他的这一观点在该协会第二年创办的《图书馆学季刊》发刊词中得到了进一步阐明。由照搬西方理论，到结合本国传统来进行理性思考，这是我国近代图书馆思想史上的又一次飞跃。

我国图书馆学正规教育已经逐渐起步。如1920年，美国人韦棣华，以及沈祖荣、胡庆生等在武昌创办文华图书科，仿照美国纽约州立图书馆学院制度招收大学修业两年以上的学生，进行两年图书馆专业训练。1925年，上海国民大学在教育科内设立图书馆学系，杜定友任系主任。该系开设的课程与文华图书科大同小异。1927年，金陵大学成立图书馆学系，系主任李小缘，使用自编图书馆学教材讲授。此外，还有短期培训班和图书馆知识普及教育等。

在修习图书馆管理专业的过程中，吕叔湘逐步感受到英国图书馆管理专业的不少优势。一方面，英国在图书馆领域具有世界领先的地位，拥有先进的图书馆体系和丰富的资料资源；另一方面，英国高校的教学水平和学术氛围也具有相当的吸引力。

1936年12月中旬的一天，吕叔湘在报上看见蒋介石被张学良、杨虎城扣留的新闻。这就是震惊中外的西安事变：1936年12月12日，为挽救民族危亡、劝谏蒋介石改变"攘外必先安内"的既定国策，停止内战一致抗日，张学良、杨虎城在陕西临潼对蒋介石实行"兵谏"，扣留来陕督战的蒋介石，提出抗日救国八项政治主张，逼蒋抗日。

吕叔湘有一种预感，国内的政治形势将有巨大的变化。果不其然，是年12月25日，蒋介石接受"停止内战、联共抗日"等六项主张。西安事变的和平解决，成为由国内战争走向抗日民族战争的转折点。

1936年寒假，吕叔湘去外省几个城市参观和考察它们的图书馆。所谓外省，是指伦敦之外的英格兰其他地区。英国的行政区划分为四级：国家（英格兰、苏格兰、威尔士、北爱尔兰）、地区、城市和集镇、行政区和选区。伦敦属于英格兰的一个地区，这个地区的行政级别，相当于英格兰其他地区的省份。

在考察过程中，吕叔湘充分认识到图书馆管理，不仅有采、编、藏、阅览和外借的显性一面，还包括开发和利用等学术研究的隐性一面。简而言之，既需要兢兢业业维持日常运作的普通工作人员，也需要具有深湛学识，引领和支撑图书馆内涵发展的学者型工作人员。吕叔湘当然不排斥基础工作（"能贱"），但是内心固有的追求学术的梦想如何与之相结合？求学东南大学时，吕叔湘如饥似渴地学习文理各门类的现代知识，新文化的观念深深植入。十年来的工作实践也使他意识到民族复兴固然需要先进的思想，更需要切合实际的工作。他深知现代图书馆建设是推动文化教育至关重要的实际工作。他设想过学成归国后，从江苏省立图书馆的改造和整顿入手，为民众的文化事业提供最切实的服务。

理想与现实之间的距离，有时就是鸿沟。残酷的现实碾压着吕叔湘文化救国的理想。1937年"七七事变"爆发，日本帝国主义拉开了全面侵华的序幕。吕叔湘刚刚考完试，结束了第一年的学习，开始了暑假生活。吕叔湘每天都盼着报纸，可是看完国内的战况报道，内心就更添焦虑和担忧。

内心焦躁的吕叔湘，在百无聊赖中，只得选择到书中去寻求内心的片刻宁静，或到大英博物馆去读书，或在宿舍里读书。具体的读书情况，已经不得而知了。不过，可以推知吕叔湘读了带在身边的《红楼梦》。而且，他一边研读《红楼梦》，一边做读书笔记。读书笔记中，就包括他梳理的《红楼梦》语料。具体线索有二：一是，吕叔湘自述当时在研究《红楼梦》语法；一是，吕叔湘1939年写的第一篇语言学论文《中国话的主词及其他》，全文共引用44则语料，其中取自《红楼梦》的语料19则，占语料的三分之一，应该有一部分来自这时的读书笔记。

不久，战火蔓延到了上海，即"八一三"淞沪抗战。伦敦的报纸的篇幅增多了，报道内容也更为具体和详细。这时，吕叔湘也更热切地盼望家信。

1937年的暑假，吕叔湘就是这样度过的。9月，吕叔湘搬出了高尔街公寓，搬到南山公园（South Hill Park）附近的公寓。在这里，他一直住到年底离开伦敦去巴黎为止。南山公园，位于伦敦西北郊的布拉克内尔，是英格兰伯克郡静美的城镇。南山公园是当地重要的艺术中心，附近还有风景优美的森林、静谧的田园、风光旖旎的湖泊。

十七、编印《抗日时报》

1937年暑假一过，在伦敦的中国留学生也行动起来了，为反日宣传工作而奔忙，吕叔湘自然积极投身其中。中国留学生的活动，主要是在伦敦搞报告会，搞义卖等。

当时，中国留学生的宣传活动的重要形式之一，就是公开演讲。组织集会通常会得到那些同情中国事业的英国朋友的帮助。愿意帮助中国和中国留学生的英国朋友很多。这些集会，不是由当地的工会，就是由当地的人道机构出面组织。中国留学生发表激昂慷慨的演说，听众为之喝彩，并发誓要支持中国的抗日事业。许多好心的老太太走上前来，递给演讲者一杯又一杯牛奶。

在为抗战筹款的义卖会上，吕叔湘拿了两件东西去，一件是一方端砚，一件是吕凤子的画。砚台第一天就让人买走了，这方砚台，是临离开苏州中学时同事胡达人用来换《简明牛津英文字典》的，他还说"你到英国之后再买一本不费事"。画没有卖掉。吕叔湘自忖，砚台可能定价低了。

1937年中秋节（9月19日）的时候，淞沪会战已经在上海持续了一个多月，吕叔湘在国外过团圆节，感觉很不是滋味。那时，他身边有一本自己翻译的人类学著作《文明与野蛮》，拿出来送给向达，在扉页上题了一首七绝，抒写内心郁结的怅惘：

> 文野原来未易言，神州今夕是何年！
>
> 敦煌卷子红楼梦，一例逃禅剧可怜。

读到日军侵华暴行的报道，吕叔湘难以置信：进入 20 世纪，人类文明本应该向更好、更美演进，遭遇的却是侵略者令人发指的野蛮行径；面对高悬的皓月，本应是万家尽享团圆和喜庆，身在异乡中秋之夜感受到的却是"山河破碎风飘絮，身世浮沉雨打萍"。向达正在不列颠博物馆检阅敦煌卷子，吕叔湘正在研究红楼梦语法。面对水深火热之中的祖国，这样的书斋生活无异于遁世而参禅，做这些事情于事无补，对抗战毫无用处，这样的生活既可悲又可怜。

最初的中国抗战新闻，在英国报纸上还不被重视。一直到"八一三"淞沪抗战爆发之后，上海打起来了，英国报纸才开始关注，也就跟着逐渐热闹起来，路透社等好几家媒体都派了特派记者前往上海作专题报道。

当时中国留学生对抗日救亡运动有几种不同态度：一种是对政治不很关心，持超然态度；一种是只知效忠蒋委员长；还有一些是对抗日救亡运动抱积极态度的。吕叔湘无疑属于后者，跟他持相同态度的还有杨宪益、王礼锡、钱歌川等一些中国留学生和在英国的中国人。

王礼锡（1901—1939），江西安福人，毕业于南昌心远大学。1928 年初参加《中央日报》编辑工作，并任教于上海南国艺术学院。1929 年主持神州国光社编务，开辟了"神州"有声有色的崭新时代。1931 年创办大型期刊《读书杂志》，并掀起了持续近三年的"中国社会史论战"。1933 年参与福建事变，失败后流亡欧洲，开始了国际反侵略战士之旅。1937 年全面抗战爆发后，积极投入国际反侵略援华运动，担任全英援华副主席等职，在英伦三岛作抗日宣传演说 400 余次。至于 1938 年 10 月初他回国抗日，参加作家战地访问团，不幸于 1939 年 8 月病逝于前线，以身殉国，则是后话。

当时在伦敦东区住着的华侨，人数约一两千，也很关心国内的战事。他们大多从事餐饮业、洗衣业和其他商业，很少人能看懂英文报纸。在伦敦的中国留学生商议创办一张油印的新闻简报，为当地中国居民提供中国的战争消息。这个动议，在王礼锡夫妇家的一次聚会上，由杨宪益提了出来，迅速得到与会者的热烈响应。参加集资、支持这项计划的先后有吕叔湘、向达、王礼锡夫妇、潘家洵、钱歌川、杨人梗、黄少谷夫妇、李泰华、朱坚白、杨宪益、熊式一夫妇、崔骥、蒋彝、李儒勉、陈广生等。

1937 年 10 月初，油印八开的中文《抗日时报》正式出版。社址设在中英协会，实际办公常在黄少谷住处。黄少谷（1901—1996），湖南南县人。国立北京师范大学肄业。1925 年任《世界日报》编辑、总编辑。1934 年入伦敦政治经济学院研究国际经济关系。他回国后一直在军界和政界担任要职。

杨宪益任《抗日时报》社长，王礼锡任总编，陈广生任执行编辑，吕叔湘负责刻印钢板。报纸每天出一张，最初主要是散发给伦敦东区的中国人。

《抗日时报》主要是抄译路透社等各国通讯社有关中国抗战的电讯，摘译英国各大报纸有关中国抗战的报道和评论，传递来自中国的抗战消息；也配合消息撰写短评，评述抗战形势，报道英国人民和广大华侨的援华活动。工作时间是每天下午3 时至 6 时，印量初期为 200 份，后来增至 1500 份。主要读者是在英国又不太懂英文的华人。

每天晚间把从报刊上搜集到的战争新闻编译成中文，油印成一张，当晚就送到东城的华人区，免费送给当地华侨看，很受华侨欢迎，起了一定积极作用。这样忙了将近一年，一直到 1938 年 10 月中国军队从武汉撤退，战争转向相持状态，能搜集到的战争消息太少了。后又因回国人员增多，伦敦中文《抗日时报》办至1938 年冬天停刊。

吕叔湘和向达、陆晶清（王礼锡夫人）、陈广生、小李（李烈钧之子）等承担了出版和发行的大量工作。杨宪益、陆晶清、陈广生等主要负责把英国报纸上有关中国战争的消息搜集在一起，加以编排，吕叔湘和向达主要负责刻蜡版、油印等。陈广生和小李等几位主要负责跑腿，如买纸、送报等。陈广生（1916—2005），名润元，字广生，广东合浦（今属广西）人，陈铭枢长子。1935 年起在英国留学十二年，1944 年以优异的成绩获得"杰出一等荣誉金质奖章"，毕业于法拉第电子工程学院。战后回到香港，1946 年任香港合众五金厂总工程师。1951 年创建天津市大成五金厂。1958 年调天津冶金研究所工作。

时任伦敦中国学会主席的杨宪益是一位很称职的"社长"兼"主编"。虽然1937 年 10 月到新年的两个多月，杨因为功课原因，曾经多人接手，但是他自始至终参与了报纸的出版工作。他从英国报纸上摘取各种有关中国抗战的报道，加以编排和评论。他还专门购置了一架油印机用来印报纸。他回忆当年办《抗日时报》时说："吕叔湘的字写得最好，又写得快，一般由他写，有时向达写。"

编印《抗日时报》虽然占去了吕叔湘等人的大量时间，但是，大家都觉得花这份力气很值得。通常情况下，每天晚上，报纸印制出来，都能分发到伦敦东区这些固定的读者手中。所以，当地的中国人欢迎这份报纸。后来在伦敦、曼彻斯特、利物浦、邦茅思等主要城市都有发行，产生了较好的反响。

吕叔湘晚年回忆：这几个月我们经常在黄少谷住处碰头（他那里地方比较大），交换国内来信情报、凑捐款等等。除黄氏夫妇，还有王礼锡夫妇、杨人楩（已考完学位考试）、蒋彝（画家）、熊式一夫妇（不常来），还有黄少谷的一些国民党朋友。

"八一三"事变后，中国国民政府发表《自卫抗战声明书》，标志着中国进入全国性抗日民族战争的新时期。9 月，抗日民族统一战线正式形成。淞沪会战持续了三个多月，成千上万的难民涌入租界。日本海军航空兵轰炸了中国华中地区的杭州、南京和南昌等城市。日本国内也开始全面动员，增援部队陆续抵达中国，投入华北和上海作战。1937 年"八一三"淞沪会战以来，吕叔湘获得的国内战事消息越来越坏，而且近三个月来连绵不断，他有一种不祥的预感。尤其是 1937 年 11 月 12 日，日本侵略军开进上海市区，标志着上海完全沦陷。这一消息更是让吕叔湘震惊异常。于是，吕叔湘立刻写信给妻子程玉振，要她一定要带家人撤往后方，不能待在沦陷区，而且要趁早动身。

1937 年 11 月 28 日伦敦《泰晤士报》报道："此次两军作战，双方伤亡惨重，但十周之英勇抵抗，造成中国堪称军事国家之荣誉，此前所未闻者。"该报道评价的就是淞沪会战。

惊心动魄的淞沪会战，中国虽然战败了，但为中国民族工业内迁争取了时间。而且，它让世界清楚地看到中国政府的立场：中国绝不会向日本投降，"纵使战到一兵一枪，亦绝不终止抗战。"与此同时，也使得世界各国认识到，日本无法在短期内取胜，必将暴露其战略上的致命弱点——缺乏战争与民生的资源，经不起长期的消耗，最后的溃败也就成为日本无法避免的命运了。

1937 年 12 月 13 日，南京沦陷的消息传到伦敦，《抗日时报》的同仁陷入巨大的悲愤之中，恨不能回国直接参加抗战，手刃敌人。

　　身处异国的吕叔湘，因国内战事升级，无心等留学期满，决定提前回国。尤其是知道家里人已经离开丹阳之后，更是归心似箭。吕叔湘1937年12月离开伦敦，准备取道法国乘船回国。

第六章 辗转滇川雕龙虫

十八、在春城发表首篇语法论文

说走就走。1937年12月，吕叔湘渡过英吉利海峡，来到巴黎，与向达同行。他们在巴黎住了一个多月，吕叔湘等法国轮船，向达等英国蓝烟囱公司的轮船。向达是北京图书馆介绍给牛津大学图书馆整理中文书的，约定了来回的船票由牛津负担，必须是英国船。

利用等船的间隙，吕叔湘与向达结伴游览了法国巴黎。他们还抽空去了一趟德国，一个星期跑了柏林、慕尼黑、德累斯顿多个地方。吕叔湘回忆，那时候希特勒为了争取外汇，搞"登记马克"，换价便宜。在柏林，吕叔湘遇到了正在柏林实习的伦敦大学女同学曾昭燏，时间是1938年1月底。

曾昭燏（1909—1964），湖南湘乡人，曾国藩大弟曾国潢的长曾孙女。20岁时入读南京中央大学。1935年留学英国，次年获硕士学位。旋入德国柏林大学研究院实习，作为研究员，参加了柏林地区及什列斯威格田野的考古发掘。1938年返英，任伦敦大学考古学助教。同年弃聘回国。返回祖国后任职国立中央博物院筹备处，奔波于川、滇一带从事考古研究及征集、调查、发掘等工作。

1938年2月中旬，吕叔湘终于等到了起航的通知，于是立刻整装登船。离开马赛的同时，吕叔湘写信将归国的大致日期告知在长沙的程玉振和家人。

他告别向达，与北京大学的潘家洵同行。

潘家洵（1896—1989），江苏苏州人，易卜生等欧洲近代剧作家作品的译介者。在北大读书时，潘即开始翻译易卜生、王尔德和萧伯纳等人的戏剧作品，对当年的社会解放运动和其后的新兴话剧运动都曾发生过很大影响。北大西语系毕业后，先是留校任讲师，后到浙江农学院任副教授。时任北京大学副教授。回国后，先在昆明西南联大教书，后到贵州大学任教，新中国成立后调任中国科学院文学研究所研究员。

经过一个多月的海上航行，吕叔湘4月初抵达香港。到香港第二天就到广州，第三天就坐上去武汉的火车，赶往长沙。

吕叔湘在长沙下了火车，按照妻子信中的地址，顺利地找到了那间小屋，可是却屋空人去。吕叔湘心中的焦急，不难想见。当他了解到很多人听从当局的疏散令，避难迁离长沙城时，心中的焦虑逐渐减轻。他相信妻子收到他要来长沙会合的信，应该不会离得太远。于是，他找旅馆住下，白天上街四处打听，尤其注意城里各处的"告白栏"。可是就这样一天天过去，仍然没有家人的任何消息，一眨眼快半个月了。

与此同时，程玉振也由哥哥程寅谷陪同，到长沙来找吕叔湘。

一日，日机又来轰炸长沙。行人纷纷往防空洞里挤。一个从老家逃难到长沙的亲戚在人群中瞥见程玉振，隔着人群嚷："三姐，我看见三哥了，他在长沙旺新旅馆！"就这样，吕叔湘和家人终于团聚了。

一家人在湘潭住了不到一个月，吕叔湘得到清华大学浦江清的信：已将他推荐给云南大学的熊庆来校长，让他去昆明找已在云南大学任教的施蛰存。

从湘潭（或长沙）到昆明去，有三千里之遥，路途非常艰难，当时有多条路线。其中比较顺畅的一条路线是，从长沙乘火车经广州到香港，然后乘船到越南的海防，再从河内换乘火车到昆明。其他路线或徒步穿行湘黔滇，或先乘汽车到越南河内后换乘火车去昆明。吕叔湘夫妇合计，决定一家老小绕道越南前往昆明。于是全家来到长沙，与去往四川的程寅谷一家告别，乘上去广州的火车。当时日机差不多天天轰炸粤汉铁路，乘客都很紧张。只要火车一发警报，大家就都从窗户跳出去躲避。第二天才发现，原来，列车顶上铺着一面很大的英国国旗，因为车内有一批要到香港去的英侨。这样，其他乘客算沾了光，不用提心吊胆。

到广州后再乘船去香港。到了香港，英国海关人员上船检查，打开吕叔湘的箱子，看见有从英国带回来的一些图片，表示想要，吕叔湘只好塞给他一摞。住进了旅馆，从房间阳台往外看，是一条热闹的大街。转到旅馆后面的阳台往下看，是一条胡同。胡同两旁铺满草席，每条草席中间有一盘抽鸦片的烟具。草席上躺满了抽鸦片的人。不时可以看见衣衫褴褛的人把手上攥着的几个钱交给摊主，等到有空位子，赶快躺下抽两口。其中还有十岁左右的小乞丐。

两天后，买了船票，乘船到了越南的海防。一下船就被带到一个像仓库一样的检查大厅。下船的乘客各自打开行李，让法国海关人员检查。每个人都被搜身，小孩子也不能幸免。行李解开得慢，海关人员就会把绳子剪断，不管检查完后是否还捆得起来，怀疑被子里有违禁品，就撕开被面看看。吕叔湘的行李有给孩子买的口琴，检查的人拿起来吹一下，觉得不错，就顺手放在旁边的筐里，算是没收了。

吕叔湘一家人在海防"天然旅馆"住了一夜，第二天乘火车往河内。这条铁路是窄轨的，火车比普通的要窄，车厢两旁各有一排长椅子，乘客面对面坐，行李堆在中间。到河内下车住宿，第二天再上车前进。晚上到了老街，次日过河到河口，回到了中国。

1938 年 5 月，吕叔湘一家终于抵达大后方的昆明。云南大学熊庆来校长热情欢迎，吕叔湘长长地舒了一口气。正在云南大学任教的施蛰存热心接待，一连忙了好几天，张罗着帮吕叔湘赁房安家。吕叔湘在城东南的护国门外木行街租到房子，搬了进去，把两个孩子送到附近学校上学。吕叔湘总算是将一大家子安顿好了。

昆明，地处云贵高原，海拔两千米，气候温和，四季如春，风景明媚动人。"奔来眼底"的"五百里滇池"，与湖边耸立的大观楼，鲜花覆盖的圆通山，清秀苍郁的翠湖，以及西山、龙门、筇竹寺等，都使人流连忘返。

半年来的内心煎熬、旅途辗转，穿越重洋的万里奔波，不说是恍如隔世，也可谓是惊心动魄。吕叔湘暗自庆幸，却仍然心有余悸。

当时的云南大学刚刚由省立改为国立，校址在翠湖北路，即现在的东陆校区。西北不远，隔一条街就是国立西南联合大学，即现在云南师范大学一二一西南联大校区内。

创立于 1922 年的私立东陆大学（堂），1934 年更名为省立云南大学，1938 年改为国立云南大学。改国立前的云大，共有 2 个学院，7 个系，1 个专修科。共有 11 位专任教授和 28 位兼任教授，8 名讲师，3 名助教和 1 名实习指导员。在校学生 302 人。[75] 熊庆来长校后，网罗了一大批学者精英到云大任教。抗战期间专任教授最多时达到 187 人，兼任教授 40 多人。兼任教授中不少来自西南联大，如罗常培、罗庸、余冠英、吴宓、戴良谟等。当时的云大有"小清华"之美誉。19 世纪 40 年代，云南大学发展成为在国际上有影响的中国著名大学之一。1946 年《简明不列颠百科全书》将云大列为中国 15 所世界著名大学之一。

---

[75] 张维. 熊庆来[M]. 北京:金城出版社,2008:182-183.

上述功劳无疑应该首先归功于熊庆来校长。数学家熊庆来（1893—1969），云南弥勒人，1920 年获得马赛大学理科硕士学位。1933 年获得法国国家理科博士学位。曾在南京高等师范学校、国立东南大学和清华大学创办算学系。1934 年至 1937 年任国立清华大学算学系教授兼系主任。1937 年至 1949 年任云南大学校长。

施蛰存比吕叔湘早到云南大学，已近一年。施蛰存（1905—2003），江苏松江（现属上海市）人。他与浦江清，既是老乡又是同学，交谊甚厚。1922 年，浦江清考入南京东南大学，施蛰存入读杭州之江大学。施蛰存次年入上海大学，开始文学活动和创作。1932 年起主编大型文学月刊《现代》，成为专业文艺工作者。1937 年 9 月下旬，施蛰存应云南大学之聘，来到昆明。

吕叔湘任教的文史系，中文、外文、历史合成一个系。中文方面有闻宥（系主任）、施蛰存、徐嘉瑞和楚图南，外语方面是赵诏熊夫妇、由道（云南人）和吕叔湘，历史方面是吴晗、方国瑜。楚图南、徐嘉瑞、方国瑜、由道都是云南人。吕叔湘记得，赵诏熊教书很好，只是他那一个班的同学跟他的感情不太好。闻宥于 1939 年终应成都华西协合大学的邀请去主持中国文化研究所（哈佛燕京社的分支机构），系主任换了胡小石。

胡小石（1888—1962），江苏南京人，1909 年毕业于两江优级师范学堂，曾师从李瑞清、陈三立、曾农髯、郑大鹤，问学王国维、沈曾植等人。一生长期执教，曾在明智大学、武昌高等师范学校、西北大学、四川国立女子师范学院等校任教。历任北京女子高等师范学校教授兼国文部主任，云南大学教授兼文学院院长，金陵大学教授兼国文系主任，国立东南大学中文系教授，国立中央大学中文系教授兼系主任与文学院院长，南京大学中文系教授兼系主任与文学院院长，南京大学图书馆馆长。

云南大学的校舍，包括新建的会泽院、科学馆，以及由旧贡院房舍修葺和改造而成的至公堂等。雄踞昆明城北俯瞰翠湖的会泽院，不但为数千学生攻读之所，而且举凡关系着抗战大业的学术会议，差不多全是借它做会场的。新中国成立前夕，至公堂是中国的著名论坛，闻一多先生著名的《最后一次的演讲》即在此进行。

日军首次轰炸昆明是 1938 年 9 月 28 日，主要轰炸了潘家湾和吴家坝飞机场。据老档案统计，此次轰炸，日机共投弹 103 枚，我军民死 94 人，伤 47 人，房屋炸毁 37 间，受损 29 间。

这次轰炸，西南联大租来作为教职员和学生宿舍的昆华师范学校被炸了。昆师后院边上有个破落的佛殿胜因寺，被炸平了一半，平时中饭、晚饭，联大学生就在寺里围着一张破桌子站着吃。从此以后，敌机时来骚扰投弹，"跑警报"便成了生活中一个组成部分。汉语中诞生了"跑警报"这个新名词。

此后，日军对昆明便开始了长时间、高频率的轰炸。轰鸣的飞机飞临昆明上空，不仅造成生命和财产的巨大损失，而且给群众造成了极大的恐慌。

云南大学和西南联大的老师们陆续移居郊外。为了安全起见，吕叔湘只好将老母、妻儿等送往昆明附近的小县城晋宁居住。家安在晋宁，吕叔湘自己一人留在昆明，两三星期来回一次。

晋宁县，位于昆明西南，是明代航海家郑和的故乡，如今已经成为昆明市的晋宁区，与中心城区仅有个把小时车程。80 年前的晋宁与昆明之间隔着五百里滇池，无论是走陆路还是水路，当时的交通要走一天。

虽然云南大学和西南联大离得不远，仅隔一条街，两校有些老师还住得很近，但是两校教师平时交往不多。只是以前的熟人交往较为频繁。

有一次从晋宁回昆明没有汽车，吕叔湘跟戴良谟坐船航行滇池。先从晋宁城骑驴到滇池，从那里上船，傍晚开船，天明到昆明。船上只有四五个客人，有人睡了，有人坐以待旦。戴良谟懂点天文，认得许多星，指给吕叔湘他们看。这一次夜航滇池给吕叔湘留下的印象很深刻。

戴良谟（1901—1981），又名远猷，江西乐平人。1921 年考入东南大学专攻数学，师承竺可桢、吴有训、熊庆来等著名学者。毕业后曾在江苏无锡中学和江西心远中学等学校短期任教。1926 年创办乐平县立中学，并亲任校长，随即广延人才，聘请教师，当年九月即招收初一新生两个班近百人，他还亲自担任数学教师。1929 年春辞去乐平县教育局局长和乐平中学校长之职，东渡日本，前往东京帝国大学深造。1931 年底被委任为河南省宁陵县县长。两年后应聘清华大学数学系，1937 年随校西迁。在西南联大任教的戴良谟，也在云南大学兼课，并一度代理工学院院长。戴氏在昆明期间，同大多数西南联大教师一样，为避免日机轰炸，把家小安顿在离昆明一百来里的晋宁县农村，只身在昆明租赁民居栖身。

吕叔湘一个人在昆明时，先是住在云南大学教员宿舍，与施蛰存同住。熊庆来校长有时候晚上来看望教授们，坐下来随便谈谈，很亲切。

后来，吕叔湘和施蛰存搬离了教员宿舍，租住在文林巷一个院子里。那里有两栋小楼。东边一栋，楼上三间，吕叔湘和施蛰存住一间，另一间程先生（也是云大教授）住，中间一间起坐。楼下是钱锺书和一位顾先生各住一间。戴良谟住西边一栋，楼上住着闻一多、罗廷光；隔壁住着杨武之家，杨家公子杨振宁就是那一年考上联大的。

1940 年房主人收回房子，吕叔湘和施蛰存搬到承华圃。这是翠湖西南隅的一个小巷子，很幽静。院子有些花树，有一棵栀子花，夏天开花香极了。

那时，还出现了一个新名词，就是"泡茶馆"。因为坐得很久，所以叫"泡"。那时，学校附近如文林街、凤翥街等有许多本地人或外来人开的茶馆，除喝茶外，还可吃些糕饼、地瓜、小点心之类的东西。许多学生经常在里面泡杯茶，主要是看书、聊天、讨论问题、写东西、写读书报告甚至论文，自由自在，舒畅随意，没有什么拘束。也可以在那里面跟先生们辩论问题，甚至争得面红耳赤。

战时昆明吃馆子的毕竟有限，不过没有泡过茶馆的几乎没有。泡茶馆花不了太多的钱。泡茶馆并非为了消磨时光，学生将其作为第二课堂。因为学校图书馆的座位有限，宿舍里又没有桌凳，因此学生看书多在茶馆里。

浦江清从蒙自回到昆明后，吕叔湘与浦江清两人曾有两个多月同住一寓（浦的家眷在上海松江）。吕叔湘正在研究早期白话中的一些语法问题，浦江清也正在研究宋元俗语，两人常得切磋之乐。

那时候，西南联大有个刊物《今日评论》[76]，编辑里边有沈从文（施蛰存的朋友）。沈从文常常约施蛰存写稿。施蛰存有时候应付不过来，就要找其他人帮忙。施蛰存对吕叔湘说："你是不是也帮我写点东西去敷衍一下？"吕叔湘说：

---

[76] 1938 年 5 月在昆明正式开学的国立西南联合大学，是由抗战而南迁的北京大学、清华大学、南开大学联合组建的。它汇集三校精英，集中了一大批中国第一流的学者，是名副其实的战时文化中心。《今日评论》就是创办于此的一份重要的知识分子政论刊物。《今日评论》是一份周刊，于 1939 年 1 月 1 日创刊，1941 年 4 月 13 日停刊，两年零四个月当中共出版 5 卷 114 期。其主编是西南联大政治系教授钱端升，二百余名作者多数是西南联大和其他高校教授。虽然存在时间不长，但是它以汇集作者之众多和重要、对时事政治关注之深入和全面而成为一个思想重镇，是了解抗战相持阶段知识界思想情况的重要窗口。《今日评论》被报刊史的研究者称为"抗战期间影响较大的综合性刊物"，并认为"此刊是抗战期间刊载国内各界著名专家学者著作的重要论坛"，"是当时西南乃至中国都具有重大影响的政治类刊物"。

"我没有东西可写呀！"恰好在那个时候，朱自清在《今日评论》上发表了一篇文章，题目叫作《新的语言》，里边讲到一个句子总要有主语有谓语才成。他们在晚饭后闲聊的时候说起这篇文章，吕叔湘说："朱先生的这个话不全面，中国话里有很多没有主语的句子。"所以当吕叔湘说"没东西可写"的时候，施蛰存就给吕叔湘出题目说："你就写这个！"吕叔湘说："我不写，我何必跟朱先生过不去呢？"施蛰存非要吕叔湘写不可。平常，星期天他们总是两个人一起上街，逛逛书店，吃点零食。此后又到了星期天，施蛰存说："你今天不能跟我一起出去，你得在家里写文章。"

朱自清《新的语言》，发表在《今日评论》第 1 卷第 1 期里，从文学家的角度重点讨论"欧化"（或称"现代化"）语言对中国文学的影响，旁及语言用法研究。朱氏注意到白话文运动以来，中国语言达意表情的方式正在变化中，新的国语也在创造之中。这种变化的趋势，这种创造的历程，正在深刻地影响中国文学。朱自清讲到白话文正在经历种种变化，其中提到每个句子必须有个主词，还谈到"……是……的"句式问题。后来又有李嘉言的一篇文章，附和朱文这个说法，登载在《今日评论》第 1 卷第 8 期。

吕叔湘被"逼"得没有办法，只好写了，题目就叫作《中国话里的主词及其它》，登在《今日评论》第 1 卷 12 期上。

吕叔湘回忆："我的文章登出来之后，忽然有一个谣言，说这是云大文史系某些人有意跟联大中文系过不去，集体写的，因为吕叔湘是个生面孔，所以用他的名字。这种造谣生事的风气在旧社会的知识分子中间是存在的。"[77]

吕叔湘久闻朱自清的大名，因为朱自清与浦江清是做诗的朋友，浦江清的信中常常提及，而与之相识、相交却是始于这次"以文会友"。

当时的朱自清已经是闻名遐迩的散文作家、诗人，西南联大中文系的台柱，而吕叔湘当时属于无名之辈，又在刚改国立的云南大学文史系做英语副教授，地位、名气都十分悬殊。朱自清不仅没有丝毫的傲慢或者霸道，而是出乎常人所料选择了"有错认错，知错即改"。吕叔湘回忆道：朱自清后来把《新的语言》收进《语文零拾》集的时候，在序言里说这一篇文章"曾引起叔湘先生的长篇讨论；承他指正的地方，这里已经改过了"。

---

[77] 吕叔湘. 回忆和佩弦先生的交往[M]//吕叔湘. 吕叔湘全集:第十三卷. 沈阳:辽宁教育出版社,2002:339.

朱自清不仅避免了这场"中伤"，而且用谦虚点化成为学术佳话。不久，浦江清介绍吕叔湘和朱自清认识。两人的交往起自昆明，交于成都，深于为开明书店合编《高中文言读本》，或面谈，或通信，都有一个共同感兴趣的话题——语文教学。而且，朱自清以西南联大中文系主任的"高位"，而乐意"俯身"为中学语文师生服务的大家风范，也深深地影响吕叔湘做"高深学问"要兼顾"普及工作"的认识。

《中国话里的主词及其它》发表之后，还引起了一系列的连锁反应。吕叔湘回忆，最直接的连锁反应就是，"1939年的暑假之后，系里排课，就给我安上了一门'中国文法'课。一星期两小时，一个学期共讲三十几个小时，倒也容易交卷，所以我也就教开了。一边讲一边准备，写了一个讲稿，这就是后来《中国文法要略》的初稿之初稿。"[78]

那么，间接的连锁反应呢？一则，闻宥力邀吕叔湘任华西协合大学中国文化研究所所长；一则，顾颉刚向挚友叶圣陶推荐吕叔湘，于是有了后来撰写《中国文法要略》的机缘；一则，与朱自清的交往和合作，让吕叔湘更近距离地感受和亲历了朱氏的"雕虫"之功。如果说，前两个连锁反应更显性、更即时，那么，后者就更隐性、更长久。后者尤其重要，因为吕、朱还有一个共同的乐于和善于"雕虫"的挚友叶圣陶，大家相互砥砺，蔚为大观。当然这是后话。

十九、在蓉城著《中国文法要略》

1940年暑假，吕叔湘辞去云南大学的聘约，应成都华西大学之聘。是年7月初，吕叔湘离开昆明，前往成都。

吕叔湘一家先乘飞机到重庆，后坐汽车到成都。飞机很小，只能容纳二十来人，相当颠簸。到重庆住了三天，天天有空袭警报，忙着钻防空洞，无缘一睹重庆市容。那时，重庆与成都之间只有公路，汽车很少而且不少是烧木炭发动的，车速很慢，一般行程要3天；而乘马车及人力滑竿的，便要10天以上，旅途食宿十分困难。

---

[78] 吕叔湘. 学习·工作·经验:在北京市语言学会召开的治学经验座谈会上的讲话[M]//吕叔湘. 吕叔湘全集:第十三卷. 沈阳:辽宁教育出版社,2002:162.

华西大学，全称华西协合大学，1910 年美、英、加三国 5 个基督教会（浸礼会、公谊会、美以美会、英美会、圣公会）共同创办，初设文、理、医三个学院。其校园在成都"南门外二里许、锦江之滨、南台寺之西，选择了据传为古'中园'旧址的风景清幽之地"，囊括从现今一环路到府南河边的全部地界，占地近千亩，号称华西坝（现存校园面积只有原来的 15% 左右）；布局清晰宏伟，建筑中西合璧，风格独特。现存的钟楼、嘉德堂、苏道璞纪念堂、合德楼、万德堂、懋德堂、怀德堂等建筑，外观体现了中国的建筑原理和元素——对称、平衡、青砖黑瓦、画栋雕梁、绿窗红门，而内部则采用了先进的纯西式结构。当时的成都市民都称之为"五洋学堂"。它是中国西部第一所现代意义上的大学，也是中国现代口腔医学的发源地，享有"东亚第一"的美誉。

坝，是西南地区对丘陵山地中小块平原地带的称呼，又叫平坝。这些平坝常位于河谷沿岸和山麓地带，适宜生产生活，多有人居住。全面抗战爆发后，全国许多学校和文化机构迁往川渝地区。一时间，抗战后方的川渝地区高校云集，学者荟萃，成都、重庆成为战时中国的文化教育中心。特别是成都华西坝、重庆沙坪坝和陕西汉中的古路坝，形成抗战大后方的重要文化区，史称"三大坝"。

全面抗战爆发后，从 1938 年至 1946 年前后九年间，处于敌占区的四所基督教会大学——山东齐鲁大学、南京金陵大学与金陵女子文理学院、北平燕京大学，相继迁到华西坝复校，与东道主华西大学共同在一个校园里教学，人文荟萃，极一时之盛。这便是抗战期间蜚声海内外的华西坝上"五大学"。一时间坝上师生骤增至 5000 多名。

"五大学"采取松散结盟的方式，师资、校舍、设备成了统一的资源，各校教师允许跨校讲学，学生允许校际间任意选课，承认学生读得的学分。最难能可贵的是，这样艰苦，华西坝上的高等教育没有萎缩，反而得到了发展。在华西坝的各大学学生人数比联合办学前增多，各校还增设了一批系科；而各校师生在朝夕相处中互相取长补短，眼界更大，知识的流通也更快了。

"五大学"在华西坝联合办学长达九年。"五大学"陆续汇集了一大批闻名中外的人文学者，如吴宓、顾颉刚、李方桂、董作宾、闻宥、陈寅恪、徐中舒、韩儒林、商承祚、钱穆、梁漱溟、朱光潜、张东荪、冯友兰、冯汉骥、傅葆、许寿裳、孙伏园、庞石帚、缪钺，等等，不仅营造了浓厚的学术氛围，而且使华西坝一时成了文化圣地之一，成为我国大后方的重要学术中心和对外学术文化交流的一个窗口。

吕叔湘来华西大学，是闻宥罗致而来的。此外，吕叔湘还坦言，因为昆明物价已经上涨，而成都还比较好些。1939 年以来昆明物价飞涨。当年西南联大的教授太太们被迫放下身段卖点心贴补家用。西南联大中文系闻一多教授，屈尊挂出帮人刻印的广告。时在云南大学任教的吴晗当物换钱度日。1940 年更甚，家口多的吕叔湘更是雪上加霜。而四川毕竟是天府之国，情况可能稍好一些。

闻宥（1901—1985），字在宥，号野鹤，江苏娄县泗泾镇（今属上海松江）人。他国学底蕴深厚，17 岁便崭露诗才，成为名满天下的南社成员。曾任商务印书馆编译所编辑，上海持志大学教员。擅长诗词、书法。后任教广州国立中山大学、青岛山东大学、北平燕京大学和北平大学、成都四川大学。1938 年春任云南大学文学院文史系教授兼主任，又兼西南联大名誉讲师。1940 年春起任华西大学文学院中文系教授兼主任，中国文化研究所所长、博物馆馆长，同时兼四川大学历史系教授。1952 年再任四川大学中文系教授，兼西南民族学院教授。1955 年调任中央民族学院教授。

华西大学中国文化研究所，工作和居住都在校区天竺园内的一栋两层的砖木结构的小楼。东头楼下，是研究所临时办公地（后迁广益学舍）和所长闻宥住宅。楼下住着研究所的几位同事，没有家眷。楼上住着两家，东头住着吕叔湘一家，西头住着杨佑之一家。

那时的吕叔湘，瘦削的脸，架着一副黑边眼镜，十分儒雅。学生形容他："个子不高，人很清瘦，不多说话，却自带一种威仪。"吕叔湘这位留学英国归来的著名学者，待人谦和，常问起周边小孩子："学习怎么样？跑警报，也不要趁机玩耍。想一想，能读上书是多不容易。"

杨佑之（1893—1971），湖南长沙人，北京大学商科毕业，马寅初的高足。曾任教中国大学、河北大学、北平大学商学院。1936 年应四川大学邀请到成都讲学，是首位在四川讲授高等会计学的教授。此后，相继担任四川大学经济系教授、四川省会计专科学校校长，以及华西大学经济系和成华大学会计系系主任。

在天竺园另一栋楼住着张铨一家。张铨（1899—1977），字克刚，浙江仙居人。1925 年燕京大学皮革系毕业后留校任讲师。1937 年赴美国辛辛那提大学皮革研究院深造，先后获硕士、博士学位。1940 年 8 月归国，任成都华西大学、四川大学教授，兼成都高级制革职业学校校长。

抗战初期，闻宥在昆明云南大学、西南联大教书，是华西大学校长方叔轩实施"名教授计划"挖来的。当时，闻宥提出了两个条件：一是要成立中国文化研究所；二是要解决薪酬寄往上海的问题。方叔轩慨然允诺。

方叔轩（1894—1982），四川成都人，华西大学教育系毕业后留学英国剑桥大学，获伯明翰大学硕士学位。回国后出任华西大学教务长、校长。

闻宥一到成都，中国文化研究所既有办公场地，又有经费保障，因而顺利地办起来了。第二条，也很好解决。当时，闻宥在昆明，家人在上海。要将薪酬换成外币，辗转寄到上海非常麻烦，且汇费极高。方叔轩告诉闻宥：华西大学是外国教会办的大学，从外资银行走账，他只需将薪酬存入成都的银行，他的夫人在指定的上海银行即可按手续取款，非常简便，也免去了高额的汇费。相比昆明和重庆，当时成都的物价便宜得多。闻宥到成都后，感觉挺好。至于太平洋战争爆发后，外资银行关闭，汇寄薪酬之事受阻，以及 1943 年闻夫人携子辗转数千里来到成都会合，那是后话。

闻宥主持中国文化研究所的岁月，也是他成果累累的学术巅峰时期。他陆续发表了《论民族语言系属》《民族语中同义词研究》《羌语比较方法》《摩西象形文之初步研究》《保罗译语考》《评托马斯南语——汉藏边区一种古语》等学术论著百余种，赢得了国际声誉。该所的学术刊物《华西协合大学文化研究所论丛》和《华西协合大学文化研究所集刊》，被认为是当时中国同类刊物中最杰出者。为此，他受聘为法国远东博古学院通讯院士、西德德意志东方学会会员、土尔其国际东方研究学会会员。在内部管理上，闻宥主张纯之又纯的学术活动，带动研究所不断产出学术成果的同时，还要求与国际接轨、投稿国际学术期刊。

那时候，大学教员工资跟不上飞涨的物价，吕叔湘的工资不够养家。程玉振就在华西制革专科学校找了份工作。吕叔湘也在附近的浙蓉中学兼课。当时私立中学的工资是以米价折算的，跟着物价涨，这样才维持了家用。程玉振还在宿舍旁开了块菜地，养鸡、种菜，改善一家人的伙食。五十多年以后，有在浙蓉中学上过学的学生到北京看望住在医院的吕叔湘，吕叔湘还能认得他，说他英文学得好，又是班上最小的学生。

　　太平洋战争爆发之前，日本飞机非常猖狂，几乎天天来成都空袭。一大早，程玉振就得把一家人中午的干粮准备好。汽笛一拉空袭警报，全家随着人流往郊区跑。这么多人挤在乡间小路上，默默地、急匆匆地往前赶，谁也没有心思说闲话。也不能停一下，因为身后挤满了着急的人。如果是刚下过雨，一路烂泥，拔出脚来，鞋陷在泥里，只好拎着鞋，赤脚走。住在吕叔湘楼下的同事芮先生有一次因身体不适，雇一人力车拉着，没走多远就连人带车翻到路旁的水沟里。跑出十里地左右，有一个"洋坟"，就是外国人的公墓，吕叔湘一家和一部分人就在那里坐下，等待解除警报。后来觉得洋坟离城还不够远，而且没有遮拦，就再往前走一段，躲到一个废弃的碉堡里面，席地而坐。一般等到下午两点左右，听到解除警报，人们才疲惫地走回去。

　　后来才听说，太平洋战争爆发前的一段时间，日本是向美国允诺了不炸华西坝的。难怪华西大学的外籍教职工从来不跑警报，天天这么辛苦跑警报的尽是中国人。

　　吕叔湘回忆，1941 年 3 月 26 日，一个细雨蒙蒙的上午，叶圣陶来到华西大学向他约稿。出现在面前的叶圣陶与他原先想象中的文学家叶圣陶全不一样：一件旧棉袍，一把油纸雨伞，说话慢言细语，像一位老塾师。

　　叶圣陶（1894—1988），原名叶绍钧，字秉臣、圣陶，江苏苏州人。中学毕业后任小学教员，并开始国文课本编写、文学创作。1919 年，加入北京大学新潮社，开始白话文学创作，发表小说、新诗、文学评论和话剧剧本。1921 年与周作人、沈雁冰（茅盾）、郑振铎等人发起成立"文学研究会"，共同举起"为人生"的现实主义文学旗帜。1928 年进入商务印书馆从事编辑出版工作，发表长篇小说《倪焕之》。1930 年任开明书店编辑。"九一八事变"后，参加发起成立"文艺界反帝抗日大联盟"。同年，转入开明书店，主办《中学生》杂志。抗战期间，前往四川继续主持开明书店编辑工作，同时还参加发起成立"文艺界抗敌后援会"。

　　叶圣陶此时担任四川省教育厅教育科学馆专员，对全省的中学教育负有督察指导的责任。鉴于中学语文教学的现状，他深感有必要编一套《国文教育丛刊》，为中学语文教师提供一些教学上的参考。其中有一本《精读指导举隅》和一本《略读指导举隅》，是由叶圣陶和朱自清合作编写的。计划里边还有一本讲文法的书，叶圣陶就来征求吕叔湘的意见，问能否答应写这样一本书。

吕叔湘是顾颉刚推荐给发小叶圣陶的。顾颉刚（1893—1980），江苏苏州人，著名历史学家、民俗学家，古史辨派创始人，现代历史地理学和民俗学的开拓者、奠基人。1938年10月，顾颉刚到昆明，任云南大学文史教授。1939年秋，顾颉刚到成都，任齐鲁大学国学研究所主任。

叶圣陶说明来意，吕叔湘答应试试看。过了几天，叶圣陶让人送来一套正中书局的国文课本，供吕叔湘写书取用例句。

1941年春末，吕叔湘开始《中国文法要略》的撰写。他将钻研《马氏文通》的思考，中学、大学教学汉语语法的心得，以及十多年来积累的语料，进行了一次系统而全面的梳理。大约半年之后，《中国文法要略》上卷写出了初稿。吕叔湘送给叶圣陶审阅，那时候叶圣陶已经把家搬进城里了。后来开明书店设立成都编译所，就设在叶圣陶家里。

吕叔湘继续写"要略"的中卷和下卷。因为送稿子到圣陶那里去，也就常常留下来，一边说着话，一边看叶圣陶看稿子。吕叔湘清晰地记得，叶圣陶看稿子真是当得起"一丝不苟"四个字，不但改正作者的笔误，理顺作者的语句，甚至连作者标点不清楚的也用墨笔描清楚。吕叔湘后来在写作和编辑过程中，一再强调作者"不但要当原告，还要当被告"，这种严谨的文风，可以追溯至此。从此写文稿或者编辑别人的文稿，他都竭力学习叶圣陶。吕叔湘坦言："高山仰止，景行行止。虽不能至，然心向往之。"

《中国文法要略》上卷于1942年出版，商务印书馆又于1944年出版中、下卷。

《中国文法要略》全书分作两大部分。上卷"词句论"，共8章，研究汉语语法的各个基本单位——词、句、词组、词——的构成，词类以及词的配合的基本结构形式，句子的种类，句子的组成与分析，句子与词组的转换，句法的变化等。这是从形式入手的，即从外到内，体现了作者的主要语法观点和整本书的语法体系。

下卷"表达论"，从意义入手，即从内到外，共15章，分"范畴"和"关系"两大部分。"范畴"部分，是先立意义范畴，然后描写每个范畴可能有的表达形式，共9章，讨论了数量、指称（有定、无定）、方所、时间、否定、可能、必要、语气等范畴及其表达方式。"关系"部分，主要讨论复句（包括紧缩句）中分句与分句之间的种种关系及各种关系的表达方式，讨论关系词（连词）的使用情况，共分6章。

　　《中国文法要略》在汉语语法学史上有开风气之先的功劳。我国语法著作的写法大多是从形式入手，但《中国文法要略》却与众不同，在编排上有独到之处，正如作者在"重印题记"中所说："语法书可以有两种写法：或者从听和读的人的角度出发，以语法形式（结构、语序、虚词等）为纲，说明所表达的语法意义；或者从说和写的角度出发，以语法意义（各种范畴、各种关系）为纲，说明所赖以表达的语法形式。……我写《要略》的时候考虑到写法问题，最后决定分成词句论和表达论两部分。"[79]

　　从汉语语法史的角度审视《中国文法要略》，至少有以下多方面的启示：（1）由外而内又由内到外的编写体制，有益于从不同角度去探讨汉语语法形式与语法意义之间的对应关系。（2）注重描写方法，注意从语言材料中归纳规律，言之有据，论而可信。（3）析句方法与众不同，不同性质的句子采用不同的析句方法，具体句子具体分析。（4）变换研究的先驱。（5）注意比较方法，在比较中发现特点。

　　总而言之，《中国文法要略》作为革新探索时期的代表作，是汉语语法学史上光辉的一页，有许多东西值得借鉴。除以上所论外，还有语义分析、动词中心论、短语做句子成分论、区分省略与隐含，等等，至今仍有启迪。有人从语法理论角度来总结《要略》的成就，认为："《中国文法要略》中提出来的'动词中心观'和有关动词'向'的理论是对语法理论的重大贡献，比西方语言学界提出的'动词中心论'和动词'价'的理论整整早了十七年。吕叔湘先生还是国内第一个广泛运用转换方法来分析和论证各种句型的语法学家，在方法论上也做出了贡献。在《中国文法要略》中，吕叔湘先生提出了一个在内部蕴涵有机联系的表达论体系，这也是迄今为止汉语研究中最完整的一个表达论体系。"[80]

　　20世纪40年代出版的《中国文法要略》，"是继承与借鉴、务实与创新的典范，获得了学术界的高度评价，'是迄今为止对汉语句法全面进行语义分析的唯一著作'，是'研究汉语句法结构变换关系的先驱'，它'提出了一个内部蕴涵有机联系的表达论体系，这也是迄今为止汉语研究中的最为完整的表达论体系'。"[81]

---

[79] 吕叔湘. 重印题记（1982）[M]//吕叔湘. 吕叔湘全集:第一卷. 沈阳:辽宁教育出版社,2002:13.

[80] 胡明扬. 吕叔湘先生在语法理论上的重大贡献[M]//《纪念文集》编辑组. 吕叔湘先生九十华诞纪念文集. 北京:商务印书馆,1995:10-15.

[81] 江蓝生,方梅. 吕叔湘学术思想研究[M]//吕叔湘. 吕叔湘全集:第十九卷. 沈阳:辽宁教育出版社,2002:411-412.

二十、在华西坝撰《中国人学英文》

1942 年夏，吕叔湘应聘金陵大学中国文化研究所，担任研究员，所长是李小缘。

李小缘（1897—1959），江苏南京人。1920 年毕业于金陵大学。1925 年获美国哥伦比亚大学教育社会学硕士学位，回国后任金陵大学教授、图书馆学系主任、图书馆西文编目部主任、图书馆馆长。1928 年至 1930 年任东北大学图书馆馆长。"九一八事变"后返回金陵大学任中国文化研究所研究员兼教授。1939 年起任研究所主任，推动中国文化研究，并注意边疆地区资料的搜集和书目的编纂。论著有《藏书楼与公共图书馆》《云南书目》等 70 多种，当时在全国均有极大的影响。其中《云南书目》一书，是上世纪 30 年代中国目录学的代表作之一。他在推广索引知识和振兴索引事业上，有过关键的促进之功，使当时的南京成为全国索引研究事业的中心。包括郭沫若、陶行知、朱自清、罗隆基等名流，在文献学资料方面，都曾得到过他的帮助，他被誉为"学富五车"的"教授之教授"。

金陵大学中国文化研究所是抗战前成立的。金陵大学有许多对中国文化感兴趣的外国学者。1927 年陈裕光当选校长，以美国工业家霍尔（C. M. Hall）的捐款创办中国文化研究所，聘徐养秋主持，在史学、哲学、语言学、考古学、民族学、文法学、目录学、国画研究及海外汉学研究等方面都有建树。1934 年，金陵大学成立国学研究班，国学导师有胡小石、胡翔冬、黄侃、吴梅、汪辟疆、商承祚等人。著名词人沈祖棻就是金陵大学国学班的首届毕业生。该研究班在学术界赢得良好声誉，开创了中国东南部各大学培养研究生的先河。

此时金大寄居华西大学，中国文化研究所用的是"加拿大小学"的房子。研究所的工作人员，除所长李小缘外，还有研究员徐益棠、吕叔湘、刘铭恕、商承祚。因为李小缘兼任金陵大学研究所史学门的主任，所以有好几位史学门的研究生也在研究所做研究工作。

继"七七事变"之后，爆发了上海"八一三事变"，淞沪失守，日军长驱直入，首都岌岌可危。在此危急的形势下，金大和其他大学一样，无法正常上课，积极作内迁准备。最初，金大打算迁往四川万县，但考虑到万县校址分散，当地又无其他高校，消息闭塞，不利于教学科研工作，又改与成都华西协合大学接洽，获得同意，便初步定下迁校成都的计划。

金大在西迁问题上，起初内部意见不一。持否定态度的主要是美国传教士，他们对时局估计不足，抱无所谓态度，且认为南京即使失陷，有美国大使馆保护，不怕日本人来干扰，能照样开学上课。那时上海的圣约翰大学、沪江大学和苏州的东吴大学也想依靠美国的治外法权，均不作内迁打算。加上当时教育部也认为公立大学内迁了，教会大学迁不迁无所谓，甚至认为眼前需要留几所大学撑撑场面。在此情况下，金大宣布于1937年10月4日开学上课，教职员工均到校授课、工作，学生返校者也较多，精神均很振作。但在20天后，形势急转直下，南京告急，全城人心惶惶。教育部突然通知金大，立即闭校停课。此时，金大才正式决定西迁。

但那时交通困难，教育部已无法帮助解决迁校必需的交通工具。金大只好依靠师生员工，群策群力，四处借车辆船只，运送人员及物资。全校500多人分三批西迁。第一批人数最多，于1937年11月25日仓促启程，乘"长沙号"轮船溯江而上，由裘家奎教授和孙明经老师带队，共行驶12天才到达重庆。12月，南京沦陷，航运愈加紧张，后两批师生一路上备受艰难险阻。各批师生到达重庆时，都由陈裕光校长和王绶、马杰等教授会同重庆校友会负责接应，并解决去成都的交通工具。那时，重庆与成都之间只有公路，而且只能雇到少数烧木炭发动的汽车，车速很慢，旅途食宿困难可想而知。由于全校上下齐心协力，和衷共济，终于在1938年2月初全部到达成都华西坝，历时3月有余。

由于华大的慷慨支援，金大于1938年3月2日在华西坝开学。当时全校教职员145人，学生总数为310余人。理学院电机工程系，以及后来设立的汽车专修科、电化教育专修科在重庆市求精中学开办，称理学院重庆分部（1944年因该校为美军总部所在地，又迁至重庆春森路）。附中则设在四川万县。

在迁校工作中，图书馆库藏图书的搬迁十分艰巨，装了一百多箱，也仅占总藏书量的十分之一。由于路途遥远，沿途押运起卸，均由图书馆工作人员躬亲其事，一路艰辛不言而喻。这批图书在八年内迁时期对于教学科研工作的开展发挥了重要作用。

与金大同时迁华西坝的还有金陵女子文理学院、齐鲁大学。后来又有燕京大学的一部分加入。中央大学医学院和农学院兽医系也在抗战初期从重庆迁来华西坝。加上东道主华西大学，共有六所大学的师生济济一堂，共处在风景秀丽的华大校园。在钟楼下、流水畔，学生们熙熙攘攘，显得十分融洽。这里被称为"大后方的天堂"。

金大在华西坝开办时，除因陋就简地建筑了 4 幢学生宿舍和 2 幢教室外，借用了华大部分校舍，设置办公机构和实验室，暂时应付了开学的急需。但是，以华大一校之舍，供五六所大学使用，其困难程度可想而知。金大学科多，人员多，一年后，又有增加，房屋就更为紧张。为此，金大专门成立了校舍委员会，筹划建房事宜。1939 年，金大分别在成都的红瓦寺、桓侯巷、小天竺街等地借得地皮三处（有的原为坟地、寺庙），建造教职员宿舍和学生宿舍。建成的房屋均为"草顶、灰壁，加上地板"的简易平房。学生宿舍每室设上下铺供 8 个学生住宿。这虽比不上在南京时的华堂美奂，但学生们感到，"国难时期，借地为家，得此蜗居，亦洋洋大观矣！"

从新建宿舍到教室有三四里路，原为田间小道，每逢雨天，道路泥泞。尤其从红瓦寺住地到华西坝教室要走六里路，学生中午不回住地，由炊事人员送饭到华西坝，不管严冬酷暑，刮风下雨，从不间断。为了解决行路难的问题，学校决定在电台铁塔下修建大路。学校举行了开路典礼，典礼后，陈裕光校长和三个学院的院长都挥锄上阵，掘土动工。师生们在高唱"开路先锋"的歌声中挥汗劳动，筑成大路，命名"金陵路"。50 多年过去了，现在成都市的地图上还印有"金陵路"的路名。铁塔依然，而金陵大学的草房早不复见，取而代之的是华西医大附属医院的耸立高楼。

金大和其他大学在战火纷飞中，实现了整个学校自东向西的大迁移，并在艰苦的环境中继续奋进，这是广大师生爱国主义精神和捍卫民族独立的责任感与自信心的表现。这在当时西方人的眼里，是一件不可思议的壮举，并从而引起他们对中国人民正义事业的同情和支持。许多人士纷纷向中国救济董事会、远东学生服务基金会和教会大学全国紧急委员会捐款。

金陵大学为解决教职工住宿问题，在成都新南门外的郊区盖了些简易宿舍，取名新村。吕叔湘一家住在第三新村。

三村这个院子有面对面的两排草房，共住十户人家。人口多的住一间半（中间一间隔开分给两家），人口少的住一大间。吕叔湘夫妇住半间小屋，四个孩子住一大间，睡两张上下铺。两排住房后各有一排矮屋，各家一间做厨房。房子的天花板是竹席，四边不很严实。每当晚饭后，一家人围坐桌子旁看书做功课时，老鼠们就在顶棚上尽情追逐嬉戏。大家都说顶上是老鼠的跑马厅，常常会跑得收不住脚从顶棚上掉一只下来。同院住的十家人相处和睦，互相帮助。吕叔湘家隔壁是一对青年教师，刚添了一个婴儿。他们每天去上课时把婴儿锁在屋里，钥匙交给程玉振，说："万一失火，请把孩子抱出来。"

除了小学生，院子里上班上学的人都得走到华西坝。抄近路走田埂小道，约有七八里地。雨天又滑又烂，摔跤是常事。每天中午，院子里看大门的"门房"就挑着几家人做好的饭，送到在华西坝的金陵大学附属中学去。吕叔湘中午就到中学和两个上中学的孩子一起吃午饭。

所长李小缘是位实干家，不爱交际，更不喜欢闲聊。吕叔湘回忆道：他并不给人以可畏的印象。他很尊重他的同事。他知道研究工作不能急功近利，也不需要故意炫耀。只要你确实是在那儿钻研，他不来跟你计较一年里边写了多少字。不同于在华西大学研究所，主持人会要求你用文言文写论文，甚至要求你用外文写，或者要你把他自己的中文稿子翻成外文发表。吕叔湘记忆尤深的是，小缘所长绝对不搞这种假洋鬼子的名堂，尽管他本人是老留学生。

吕叔湘撰写《中国文法要略》时，叶圣陶一直在主持《中学生》杂志的编辑工作，后来又跟宋云彬合编《国文杂志》。他邀吕叔湘给这两个刊物写稿子。吕叔湘的《文言虚字》《笔记文选读》《中国人学英文》，以及《石榴树》（即《我叫阿拉木》）的译文，或全部，或部分，都是在这两种刊物上发表的。

吕叔湘回忆，写《中国文法要略》以及《文言虚字》等，是他对学术工作的看法有了变化的表现，哪是因哪是果可说不清。原先吕叔湘认为学术工作的理想是要专而又专，深而又深，普及工作是第二流的工作；吕叔湘自己思想中本来就有这个倾向，加之他工作的华西大学中国文化研究所的主持人更是十分强调这一点。自此以后，吕叔湘不仅认识到普及工作需要做，并且意识到要把它做好也并不容易。

吕叔湘晚年回想：自己确实深受圣陶先生影响。圣陶先生把很大一部分时间和精力用来编《中学生》，值得吗？非常值得。曾经是《中学生》忠实读者的那一代很多人，在生活上和学问上是受过它的教益的。

吕叔湘认识"雕虫"的重要意义和价值，还与朱自清、浦江清对普及工作的言行密切相关。

随着抗战进入相持阶段，日寇对国统区加强了经济封锁，大后方的物资供应越来越紧，昆明的物价如乘了火箭一样暴涨。尽管从1939年1月起，联大教授薪水皆按十足发给，但区区之数，远抵不上飞速上扬的物价。当时联大中文系主任、同时兼任清华中文系主任和师院国文系主任的朱自清，战前每月薪水三百六十元钱，而此时的薪水，按生活指数折算只值十四元了。

无奈，朱自清只得送妻子陈竹隐离开昆明回到物价相对低廉的成都老家。经济拮据，生活起居缺乏规律，在这样的情况下，他的胃病频繁发作，人变得非常消瘦，大脑袋架在瘦削的肩膀上，越发显得大了。鬓边生出了灰色的华发，脸上布满了细碎的皱纹，人一下苍老了许多。

1940 年暑假，朱自清按例休假（"脱产研究"）一年。借此机会，朱自清来到成都和家人团聚。成都东门外的宋公桥，离望江楼不远，有一座尼姑庵叫报恩寺。穿过住满贫苦百姓的前院，可见一片橘林和林边新搭的三间茅屋。这茅屋泥地，竹篱泥巴墙，茅草顶，冬冷夏热，而且潮湿，阴天下雨，墙角便会长毛。朱自清一家便住在这里。

在成都的朱自清，虽然在妻子的悉心照料下，胃病犯得少多了，身体也渐渐有起色，不过亏损过重，短时间内要想完全恢复是很困难的。经过一段时间调理后的朱自清，看起来仍然十分憔悴："他的头发像多了一层霜，简直是个老人了，没想几年的折磨，叫人变了样！""看看朱先生，我连说他苍老也不敢了。——怕伤他的心！"（朋友李长之语。）

吕叔湘看他时，见桌上放着《十三经注疏》，知他正在为写作《经典常谈》而紧张地工作。很久以来，朱自清心中就酝酿着一个想法，即如何为国文教育、为年轻的一代做点事情。朱自清认为："文化是继续的，总应该给下一代人着想，如果都不肯替青年人服务，下一代怎么办？"因此，他除了在课堂上抓学生的功课、倡导创办《国文杂志》而外，也想尽力利用一年休假的难得时间，对中国的传统文化进行一次系统的梳理，给年轻人切实地留下一些东西。于是他确定了《经典常谈》这个题目。

这本书的目的，在于向青年普及传统经典。这一点，朱自清在《序》中说得很清楚："在中等以上的教育里，经典训练应该是一个必要的项目。经典训练的价值不在实用，而在文化。有一位外国教授说过，阅读经典的用处，就在教人见识经典一番。这是很明达的议论。"

还有，以浦江清为代表的西南联大中文系的一干教授们，对语文教学也乐于"雕虫"。如 1940 年，浦江清在《国文月刊》杂志上发表的《论中学国文》，从语文的功能出发分析当时的语文教学之弊，体现出一位视野开阔、知识结构全面的学者对于语文教学，尤其是对中学国文教学的"责任"。乍看，似有杀鸡用牛刀、大材小用之憾，其实，深入浅出的"大家小书"更彰显智者之仁心。

华西坝时期，是吕叔湘著述的高产期，既有语法学专著《中国文法要略》等一类的研究著述（"雕龙"），又有面向广大读者的普及性读物（"雕虫"）。

就前者而言，除语法专著《中国文法要略》外，吕叔湘若干单篇论文，如《释"您""俺""咱""喒"，附论"们"字》《说汉语第三身代词》《释〈景德传灯录〉中"在""著"二助词》《论"毋"与"勿"》《"相"字偏指释例》《"见"字之指代作用》《论"底""地"之辨及"底"字的由来》《与动词后"得"与"不"有关之词序问题》《"个"字的应用范围，附论单位词前"一"字的脱落》《从主语、宾语的分别谈国语句子的分析》等，都是在华西坝写成的。这就是后来汇编的《汉语语法论文集》之一部分，也是其近代汉语语法研究的端倪。此外，还有论文《汉字和拼音字的比较》《诸家英译中国诗杂论》。

就后者而言，助学读物有《文言虚字》《笔记文选读》《中国人学英文》，以及译著《石榴树》《沙漠革命记》《飞行人》，等等。从此，吕叔湘成为开明书店的特约作者，以叶圣陶为榜样，并且不断向他看齐，逐渐成为既有高深专门学问又相当注重语文普及工作，龙虫并雕的专家。

这里有必要认识一下面向一般读者的普及性读物《中国人学英文》。

《中国人学英文》，是吕叔湘应约而写的助学读物，陆续在《中学生》和《英文月刊》上登载，1947 年由开明书店集印成书。[82] 它是吕叔湘将英语教学、研究、应用有机融合的代表作之一。

《中国人学英文》在每一个具体问题上，如词形、词义、语法范畴、句子结构，都尽可能用汉语的情况来跟英语作比较，让英语学习者通过这种比较得到更深刻的领会，从而认识英语和汉语的差别。虽然是一本谈论英语学习的著作，实际上不囿于英语学习一个维度。通过比较，不仅可以使英语学习者得到英语学习方面的帮助，对汉语学习和研究者同样有启发。

《中国人学英文》，显示了作者的汉语修养和英语修养，可以说，是他高超的汉语和英语理论水平的一次集中展示。吕叔湘通过英国语言文学专业学习，教授中学英语课程，编辑英语教科书，以及翻译人类学著作和英国文学作品，留学英国学习

---

[82] 1961 年修订后改名为《中国人学英语》。

图书馆学等，英语造诣已经达到相当的高度。加上扎实的古代汉语和现代汉语基础，以及汉语语法研究、英语语法研究方面已有的积累，形成了一般语言学的扎实功底。很显然，吕叔湘比较自由地驰骋于英汉两种语言的使用、转换、研究和利用等领域，并将英语理论研究的诸多心得融入汉语研究平台的搭建之中，增加了汉语研究平台一般语言学的理论深度。

《中国人学英文》，也是一部汉语教学重要参考书。该书对英语语言规律的描写、揭示，是建立在与汉语的充分比较基础之上的。吕叔湘将英语教学、研究、应用成果自觉迁移到语文教育中。《中国人学英文》在词形、词义、语法范畴、句子结构上，尽可能用汉语的情况来跟英语作比较，进行阐释，让英语学习者通过比较，对英汉之间的差别有更深刻的领会。它已经远远超出了英语学习参考书的单一维度，而变成了可以使汉语教学和研究者同样得到启发的著作。

书中关于英语语言原理的两个基本认识，标志着吕叔湘语言教育核心思想的形成，即他在第一章"原理和方法"中阐述的 "英语不是汉语"和"习惯成自然"。实际上，这很好地回答了"什么是英语""如何学好英语"这两个英语教育的最基本问题。这是符合一般语言学基本原理的认识，奠定了吕叔湘基本的、核心的语文教育思想。 1963 年，吕叔湘参与语文教学的大讨论，在对语文教学问题的论述中，主要就是围绕这样两个问题来加以阐述的 "什么是语文""如何学习语文"。这个话题可参阅本书廿九节。

吕叔湘关注和帮助中国学生学英语，除了出版《中国人学英文》外，还在开明书店出版了《中级英文法》《英译唐诗百首》等书，在正中书局出版了《英华集》（1980 年上海外语教育出版社重印时恢复撰著之初名《中诗英译比录》）。

这一时期，吕叔湘还开始重视汉语语言学的普及工作，陆续写出了大量深入浅出、取材精当的文章。在《国文杂志》（桂林）上发表过《文言和白话》《汉字和拼音文字的比较》及《笔记文选读》（连载）。

1944 年由开明书店出版的《文言虚字》，选取最常用的 20 多个文言虚字，条分缕析，详细举例，说明它们的意义和语法功能，并尽可能和现代汉语比较。新中国成立后，此书由中国青年出版社印行了 13 次，新知识出版社印行了 4 次，上海教育出版社印行了 13 次。这，从一个侧面证明了这本"小书"的价值以及受欢迎的程度。

第七章 盘桓宁沪续深耕

廿一、复员金陵的欣与悲

"日本投降了！中国胜利了！"

1945 年 8 月 15 日，日本宣布无条件投降，日本天皇裕仁以广播形式发布《终战诏书》。

在中国抗战腹地成都，一群衣衫褴褛的报童，激动地挥舞着手中的日本投降号外，向备受战争摧残的成都市民报告了这个天大的好消息。

得知抗战胜利的消息后，成都的一些民间组织于 1945 年 8 月 16 日发起庆祝大会，于当日下午 4 点在中山公园的中央茶社集合，经提督街、总府路、春熙路、东大街到少城公园（今人民公园），举行热闹的火炬游行。

人们压抑多年的情感，在此刻集中爆发，放鞭炮，舞龙灯，跳狮灯，敲锣打鼓，挥舞国旗，鸣喇叭，撒报纸，放电影，表演川剧，如此等等，更有大批市民自发抬着花篮前往春熙路孙中山铜像前敬献。

> 剑外忽传收蓟北，初闻涕泪满衣裳。
>
> 却看妻子愁何在，漫卷诗书喜欲狂。
>
> 白日放歌须纵酒，青春作伴好还乡。
>
> 即从巴峡穿巫峡，便下襄阳向洛阳。

身在成都华西坝的吕叔湘，研墨铺纸，抄写了杜甫的七律《闻官军收河南河北》，表达自己内心交织的悲苦和喜悦。

9 月 2 日，日本政府正式签署《日本投降书》，标志着中国人民抗日战争暨世界反法西斯战争取得了最后的胜利。

9 月 4 日，成都当天的庆祝活动非常丰富。如，上午在少城公园内，向在台儿庄战役阵亡殉国的王铭章将军铜像致敬。中午在永乐剧院中正台表演川剧。晚上，美国新闻处在青年会放映电影；成都市民耍龙灯、狮灯沿街庆祝；云集华西坝的济南齐鲁大学、北平燕京大学、南京金陵大学和金陵女子大学等各内迁大学，也放映了电影。

在华西坝，到处弥漫着胜利后连夕狂欢，盼回归，怕回归，又依然滞留的复杂心情。抗战开始就流落到四川，任教于金陵大学、华西大学的沈祖棻，有《声声慢·闻倭寇败降有作》很具代表性：

> 追踪胡马，惊梦宵笳，十年谁分平安？已信犹疑，何时北定中原？真传受降消息，做流人、连夕狂欢。相笑语，待巴江春涨，共上归船。

> 肠断吴天东望，早珠灰罗烬，乔木荒寒。故鬼新茔，无家何用生还。依然锦城留滞，告收京、家祭都难。听奏凯，对灯花、衔泪夜阑。

> （癸未夏，红妹病殇。乙酉春，先君复弃养沪上。）[83]

经过八年离乱，金陵大学师生归心似箭，急切盼望返回南京，重建校园，吕叔湘也不例外。可是由于交通拥挤，南京校园又待接收和整修，一时不能迁返。1945 年 9 月，仍在华西坝开学上课。11 月，金大遵照教育部命令，成立金陵大学复校委员会，着手筹备复校事宜。12 月，五大学校长联席会议作出决定，1945 年至 1946 学年第一学期及寒假缩短，第二学期提前开学。从 1946 年 4 月起，各校同时开始迁返。

抗战时期的金大南京校园，初由学校组成留守委员会负责看守，并联合留宁的其他教会学校的外籍教师及热心人士，从事难民救济工作。日军入城后，奸淫烧杀，无所不为，成千上万的难民无处躲藏。金大是外国教会办的学校，有条件保护难民。于是他们便开放校舍、住宅、农场收容难民，并设立粥厂、补习学校等。及至太平洋战争爆发，学校被汪伪政府占领，留守人员才撤离学校。1942 年，由汪伪政府开办的南京中央大学从建邺路原中央政治学校旧址迁入金大校舍，分设文、法商、教育、理工、农、医 6 个学院。文、法商、教育 3 个学院设于北大楼，理工学院设于科学馆，农学院设于农林馆，医学院设于东北角新落成的应用科学馆。男、女生宿舍分设于校内宿舍楼和陶园。学校的图书、设备皆由该校使用。与此同时，金大附设之鼓楼医院也被日寇占领，改名为同仁医院南京分院，附设的金陵高级护士学校也于 1942 年由日本人接办。

---

[83] 沈祖棻. 沈祖棻诗词集[M]. 江苏古籍出版社, 1994.

日寇投降后，金大即派贝德士（Miner Searle Bates, 1897—1978）教授和事务组顾俊人于1945年10月离成都赴南京，会同其他留宁人员接收校舍；请史德慰教授（美籍）接收鼓楼医院，并暂任该院院长（复员后由谭和敦任院长）。贝德士抵宁后，先后与中央大学和南京的中央大学接洽，商定南京中大的土木工程系、医学院、音乐系、美术系等院系的仪器设备归中央大学接收，其他图书杂志及各院系之设备，由金大接收。当时教育部为处置收复区的专科以上学校失学的学生，在平、津、京、沪四地筹设临时大学补习班。南京临时大学补习班借用金大部分校舍（北大楼、科学馆、甲乙丙丁宿舍、体育馆、大礼堂、陶园）举办，商定至迟于1946年5月前归还，保证金大按期开学。陈裕光校长于1945年底返回南京，对接收工作感到满意。此时，金大校舍从表面上看完好如初，三楼依然嵯峨，内部则损坏严重，家具图书散失无数，仪器设备损失严重，珍贵标本则荡然无存。校园百废待兴，重建刻不容缓。

金大陆续迁返南京，自1946年4月起，大部分教职员和学生由陆路乘卡车出四川广元到陕西宝鸡，然后改乘火车，经陕、豫、苏三省回到南京。其余由水路自重庆乘江轮先后抵南京。吕叔湘一家老少走的是陆路，一路艰辛备尝，吕叔湘《陕州阻雨日记》（1946年5月7日至5月14日）有具体记述。现录5月8日、9日两天的日记，以管中窥豹：

　　五月八日。早六点半开车。甚热，车中人轮流入睡。中途有教厅科长某君挤入车厢，与谈陕省教育情形及关中风土，云今春雨旸时若，丰稔为三十年来所仅见。车遇华阴停一小时，华山乃烟霭所蔽，望之殊迷蒙。在潼关停几两小时，出关已暮色甚深，望风陵渡不可见。入夜月色甚佳（适为上弦），车行乱山中，时见黄河，古崤幽地也。连过数山洞，车行甚缓，所燃煤又夹硫铁矿，臭味不可当，咳呛之声不绝，章家乳婴为之昏厥。

　　午夜后遇雨。窗户洞开，狂风挟雨而入，未几而车顶又漏，全车几无一片不湿之地。有张伞者，有蒙油布者。章家支油布为帐，积水满一脸盆，戏谓明早可以不买洗脸水矣。

　　五月九日。三时后雨止，车停灵宝待晓。买大枣一袋，归奉老母。久之车行，至距陕州十数公里大营站而停，久久不前，询知为距陕站二里处铁路便桥为雨水冲坏，或谓须明日始能修好。车中乘客皆下车负暄取暖，兼晒衣被。饮食小贩麇集。逡巡至下午乘客渐不耐，纷至站长处催开车，站长与陕县及西安通话不绝，至三时后始放行。过便桥时车行极慢，其实桥未大坏，其发水未退，不知损坏若何耳。

下车住南关民众阅览室，余与煜华又迁往中心小学，两处相距本近，然皆须早起即卷铺盖，为阅览及上课用，小学尤早，四点半即敲铁梆，十分钟后学生即纷纷到校（上早课后放学吃早饭再来）。另有宿处在城内北街三青团支部，可不卷铺盖，而离车站甚远。

当晚有兵站部空车来接洽，索价每客万元。同行皆因车中两日夜困顿殊甚，欲小休息，又畏军车出事，乃决明日往联运处登记，后日登程。

是夜睡甚熟。西安宿处多臭虫，车中又遇雨狼狈，今晚乃得补足。[84]

由此不难推知，金陵大学水、陆两路复员师生一路皆备受艰辛。所幸两路人马均平安返抵南京。图书仪器设备于 1946 年 10 月最终到齐。附属中学也同时从四川万县迁回。1946 年 9 月均于南京原址开学。虽然这时房屋设备尚未整修完竣，工作生活条件不尽如人意，但因为终于把日寇赶出了中国，大家又能重返故地，还是感到无比欣慰。

是年 7 月 29 日，金大史学教授贝德士作为日军在南京暴行的见证人，应邀在东京国际战犯法庭做证。他以大量目睹的事实，揭露了日军在南京犯下的奸淫、屠杀、掠夺等种种罪行。

为了支持教会大学重建校园，中国基督教教会大学联合会募得捐款计国币 90 亿元，政府拨款 60 亿元。金大分得 31 亿元，在中国的 13 所教会大学中列第二位。金大获得此项捐款，使校舍修复及设备添置工作得以顺利完成。学校迅速恢复昔日"花木扶疏绿荫深，楼宇环抱碧草坪"的情景，国旗重又在校园内高高飘扬。

吕叔湘抽空回了一趟丹阳。自家的房子已经变成了一片瓦砾。从丹阳人的口中，逐渐了解到丹阳沦陷前后的详细情况。

1937 年上海沦陷后，日军向南京方向进攻。11 月 27 日至 29 日，日机连续 3 天滥炸丹阳县城厢区，大火燃烧了整整十个昼夜。全城被炸毁平房 9006 间、楼房 10036 间、校舍 310 间，死 72 人，工商业主被毁财产约 2000 万银元。

12 月 1 日，日寇从沪宁铁路、镇澄公路和大运河三路侵入丹阳境内，实行烧光、杀光、抢光的"三光"政策，沿途奸淫烧杀。据不完全统计，全县被杀害的同

---

[84] 吕叔湘. 陕州阻雨日记[M]//吕叔湘. 吕叔湘全集:第十三卷. 沈阳:辽宁教育出版社,2002:384-385.

胞 3991 人，被烧毁的房屋 14 万余间，许多妇女被奸淫侮辱后惨遭杀害。12 月 3 日，县城沦陷。日军侵入城厢，杀人放火，肆无忌惮，城厢的大街小巷上尸横遍地，有的被烧死，有的被刺刀戳死，更有不少妇女裸死街头，其惨状不堪描述。《管文蔚回忆录》记载：丹阳县城沦陷的时候，据说城里都没人了，整个县城差不多被炸没了，也被烧光了。到处都是浓烟，把天都遮住了，大白天也是黑乎乎的，那惨白的太阳也没了往日的光彩。一到晚上，所有村庄都被浓浓的烟雾笼罩着，死一般安静，连狗叫的声音都听不见。以前山清水秀、到处能听到鸡叫狗叫的江南农村，一下子变得特别凄惨黯淡。

自从日寇占领丹阳城之后，城里百姓过着胆战心惊的日子。鬼子们随便杀人，以玩弄百姓取乐。在当时，城里的各个门口都有日军把守，过往的群众要向值班的哨兵出示"良民证"才可以正常出入。但就算是有所谓的"良民证"，要在日寇的眼皮下出入，也是没有自由可言的。因为按照日寇的规定，出入城的群众在出示"良民证"的时候还要先向日军鞠躬，如果守门的鬼子对行人的鞠躬不满意，或者是看这个人不顺眼，他们都可能随便找个理由将人扣下来毒打，严重者甚至直接将人杀死。

日本侵略军的法西斯暴行，激起了丹阳人民的无比愤恨，丹阳城内的热血青年任迈、彭炎等人和学校师生，运用读书会、文艺社等进步社团力量，广泛深入地宣传抗日斗争，乡下民间纷纷成立抗击日寇的武装组织。丹阳铁路以北地区，管文蔚和他的胞弟管文彬、管寒涛等组织起"丹阳抗日自卫总团"；丹阳铁路以南地区，王竹舟、丁洪良等人在眭巷、延陵、松卜等地，先后组织了"抗日自卫团"；朱廉贻、韦永义在西门外练塘地区组织了"六乡抗日自卫团"；吴文炳等人在丹阳西乡的都观、白鹤、司徒乡组织了"观鹤自卫团"；姜书荣等人在导墅、里庄桥一带组织了"东南游击队"；艾焕章、薛斌等在丹阳、金坛交界处组织起抗日游击队；折柳等地还组织了抗日流动队。地方武装组织中，规模和影响比较大的有丹阳抗日自卫总团、延陵常备队、镇丹边区国民抗敌自卫总团等。

丹阳各地的抗日武装组织在新四军东进苏南以后，大部分上升或改编为新四军，如丹阳抗日自卫总团，1938 年改编为江南抗日义勇军挺进纵队（对内称新四军挺进纵队，简称"挺纵"，司令管文蔚，政治部主任郭猛，参谋长张福前，下辖3 个支队）。这些地方武装力量，与丹阳地区踊跃参军参战的热血青年们（1938 年秋到 1940 年的两年时间内参加新四军的丹阳爱国青年就有 1000 余名）一起，汇入到为抗击日寇和创建以茅山为中心的苏南抗日根据地，以及支持新四军转战大江南北的斗争中。

侄儿兆庆没有逃往后方，留在丹阳，靠收田租过日子，实际上是连收租带卖田，比较好点的田都卖了，只剩下几十亩薄地。后来，吕叔湘征得四弟、五弟的同意，全部捐给了丹阳正则女校。

复校以后，金大行政机构进行了调整。1947年6月，金大校董会举行复员后的第一次会议，改组校董会，推举陈光甫（上海银行创办人、总经理）、杭立武（金大校友、教育部次长）为正副董事长。校董会的财政执行委员会改由陈光甫、杭立武担任正副主席。校董会的校友代表也进行了改选，杭立武、乔启明、马保之、戚寿南等四人当选。在复员后的两年内，各院院长人选也有变动。1946年，文学院院长蔡乐生辞职，陈裕光校长兼任，后由倪青原继任。理学院院长魏学仁因代表中国赴美出席世界原子能会议，并当选为世界原子能管制委员会委员，其院长职务便由副院长李方训接任。农学院院长章之汶于1948年参加联合国粮农组织的工作，改由孙文郁教授担任院长。总务长一职，因顾琢人去世，由朱庸章继任。贝德士继曹祖彬就任图书馆馆长，不久由李小缘兼任。

抗战胜利后，内战烽火即起，国统区政治腐败，百业萧条，通货膨胀，教育事业得不到重视，教育经费短缺。金大虽能获得美国救济总署的一些捐赠，仍不敷开支，教学科研经费不得不紧缩，事业难以发展。在战后数年中，除农学院于1948年增设农业工程组（1949年改建为系）外，系科设置基本维持现状。科研机构，按照教育部1947年修订颁布的《大学研究院暂行组织规程》进行改组，撤销原来文、理、农科研究所所设各学部名称，系所合一，研究所均以系名称之，系主任及所有教师均为研究所人员，不另支薪，但也不得因此减少教师教课时数。金大改组结果，设立史学研究所、社会学研究所、化学研究所、农业经济学研究所、农艺学研究所及园艺学研究所，分别属文、理、农三学院领导。这虽可解决过去叠床架屋之弊，有利于节省经费，但实际上是换汤不换药，并无实质上的区别。改组后的研究所，因社会动荡，人心浮动，经费不足，研究事业未能得到振兴。复员后的中国文化研究所因经费缺乏，人员星散，已形同虚设。就连农学院创办了十几年的《农林新报》，在复员后，也因经费无着，始终未能复刊。

截至1948年底，金大文、理、农三院设22个系、4个专修科、7个研究所，具体为：

文学院下设中国文学系、外国文学系、历史学系、哲学心理系、政治学系、经济学系、社会学系、社会福利行政组、国文专修科、图书馆学专修科以及史学研究所、社会学研究所、社会福利行政研究组。另设中国文化研究所。

理学院下设数学系、化学系、物理系、动物学系、电机工程系、化学工程系、电化教育专修科，以及化学研究所。

农学院下设农艺系、森林系、农业经济系、园艺系、植物病虫害系、植物系、蚕桑系、农业教育系、农业工程组、农业专修科，以及农艺研究所、园艺研究所、农业经济研究所。

时有教职员 150 余人，在校学生总数 1100 人。

从 1938 年至 1949 年的十年间，金大文、理、农三院毕业生中涌现了一批有成就的学者，这里单说 1945 届金大校友张志公。

张志公（1918—1997），河北南皮人。1937 年考入中央大学化工系，一年后转入外文系，攻读英语、法语和外国文学。1940 年辍学服兵役。三年后退役，考入金陵大学外语系。他的本科毕业论文《从〈文心雕龙〉所见的中国文学传统》，研究对象是《文心雕龙》，且是用英文写就。当时金陵大学外语系找不到中西兼通的导师来指导他的毕业论文，最终找到文化研究所的研究教授吕叔湘。吕叔湘与张志公因此意外而形成的师徒关系，为张氏后半生的工作和生活埋下了伏笔。在张志公毕业前夕，吕叔湘还曾为其仗义执言。原来，在毕业前，由于疏忽，张志公还有 3 个学分的"基础国文"课未修满，按规定需要推迟毕业。张志公就向校务会写了一封申诉信，并传给了所有校务会成员。校务会一致认为这封信写得理直气壮，且出言得体，不越分，仅此一项即可抵得"基础国文"的 3 个学分。另外，当时的著名语言学家吕叔湘也认为，张志公用英语写成了优秀毕业论文《从〈文心雕龙〉所见的中国文学传统》，而一般非中文系学生即使修满 9 个学分，也未必能读懂《文心雕龙》，所以应予免修。就这样，张志公顺利从金陵大学外语系毕业。自此，张志公与吕叔湘也结下了深厚的师生情谊，并保持了近半个世纪的学术交往。

1948 年 11 月 12 日，是金大建校 60 周年纪念日。学校举行了隆重的庆祝典礼。金大校庆期间，英美两国电台举办了庆祝金大 60 周年校庆的广播节目。但彼时，国民党政权已濒临覆灭，学校前途未卜，因此热烈的气氛中不免笼罩上一层阴影。

动荡的岁月，对吕叔湘的学术研究产生了不小的影响。但是他丝毫没有松懈，仍然兢兢业业，笔耕不辍。这一时期，吕叔湘致力于汉语史的研究，特别是进军近代汉语语法研究领域，并取得了大量成果，最有代表性的是写成了《近代汉语指代词》初稿。此时，吕叔湘还对现代汉语语法的一些问题做了分析和描写，写出了几篇经典论文。这些论文及语法札记，后来结集为《汉语语法论文集》，由科学出版社于 1954 年出版。

《汉语语法论文集》共收论文 11 篇，语法札记 12 篇。论文主要是对近代汉语的语气词"在"、动态助词"著"、结构助词"底、地、得"，以及"毋、勿、相、见、个、们、家"等的分析和研究，描写其用法，探讨其来源和发展。语法札记主要讨论代词及几个熟语。这些文章及札记，根据唐宋以后的语录、笔记、字典、小说等，对近代汉语的一些虚词及句式作分析研究，诚如王力在《中国语言学史》中所称道的："这些文章都写得很扎实，有分量，有确凿的证据。"[85]

有关这一时期吕叔湘的学术研究活动——"雕龙"，特别是开拓近代汉语语法研究，以及《近代汉语指代词》的学术价值等方面的内容，可参阅本书卅四节。

1948 年冬开始，人民解放军陆续取得了辽沈、淮海、平津三大战役的胜利。南京的国民政府机关开始疏散，大专学校也接到须作迁台准备的命令。各校迁校与反迁校的斗争十分激烈，金大同样面临迁校与否的抉择。最终不迁校的决定占了上风，1949 年春，金大按期开学，自春季开学至解放大军入城，全校照常上课。

1952 年，经院系调整，在金陵大学和中央大学的基础上，调整扩建，发展成为今天的南京大学。

廿二、分编文白新教材

20 世纪 40 年代，在浦江清、叶圣陶、朱自清、吕叔湘等人的实际推动下，"文白分编"的国文教材编辑理论逐渐成熟，开明书店一批志同道合的编辑者最终于 1946 年在课本编制中展开了"文白分编"的实际探索。

自从"五四"新文化运动兴起，白话文在中学国文课本中占得自己应有的位置以后，对于白话文和文言文二者的编选比重和编排方式，一直存在着各种不同的见

---

[85] 王力. 中国语言学史[M]. 太原:山西人民出版社,1981:184.

解和做法。在文白编排的方式上，文白混编和文白分编并存，而以文白混编占优势，这是 20 多年里的基本状况。

以叶圣陶为代表的开明书店，将"文白分编"理念进行积极实践，最初于1946 年编成初中用书两种：《开明新编国文读本》甲种本，为白话读本，署叶圣陶、周予同、郭绍虞、覃必陶合编，共六册；《开明新编国文读本》乙种本，为文言读本，署叶圣陶、徐调孚、郭绍虞、覃必陶合编，共三册。

在上述背景下，1947 年，吕叔湘受邀参加"高中国文读本"的编辑工作。吕叔湘等重申把语体文和文言文分开编写，各成系统。由此，开明书店更进一步，进行高中国文教材"文白分编"探索。

开明书店 1948 年出版了高中用书两种：《新编开明高级国文读本》，为白话读本，署朱自清、吕叔湘、叶圣陶合编，共六册（第二册起，李广田参与编辑）；《开明文言读本》，为文言读本，署朱自清、吕叔湘、叶圣陶合编，原计划出六册，后因时局的变化等原因，只编出了三册。

开明书店这套"文白分编"的初、高中语文读本，被誉为 20 世纪最富生命力的语文经典读本。

《开明文言读本》原来计划编成六册一套，供高中三年教学之用。第一、二册里选用的课文，依文字深浅排列，不拘时代。第三册的课文以宋以后的作品为主。按原来的计划，后三册的课文以唐朝以前的史传、诸子和后世的学术文为主，也要选一部分文学作品。

现在易见的版本是上海教育出版社的《文言读本》（1980）和《文言读本续编》（1988）。前者为《开明文言读本》的改编本。所说改编，主要是删去若干篇课文，把原来的三册合并成一册。后者为沿用原来的体例，借以完成《开明文言读本》原定六册的计划。

《文言读本》由朱自清、吕叔湘和叶圣陶三位合编，选文三十二篇，从宋朝一直到近代，包括小品、笔记、小说、古风、近体律绝等各种体裁。《文言读本》包括"导言"和"课文"两部分。"导言"从五个方面扼要地概述了文言的性质和古汉语的基础知识，计有"文言的性质""语音""词汇""语法"和"虚字"等。"虚字"对文言文中常见的近二百个虚词，包括代词、介词、连词、语助词、副词等，按意义分别举例说明，便于中学生理解掌握。

《文言读本·前言》开宗明义介绍了编辑的宗旨和方针：

　　我们编辑这套读本，有两点基本认识作为我们的指导原则。第一，我们认为，作为一般人的表情达意的工具，文言已经逐渐让位给语体，而且这个转变不久即将完成。因此，现代的青年若是还有学习文言的需要，那就只是因为有时候要阅读文言的书籍，或是为了理解过去的历史，或是为了欣赏过去的文学。写作文言的能力决不会再是一般人所必须具备的了。

　　第二，我们认为，在名副其实的文言跟现代口语之间已有很大的距离。我们学习文言的时候应该多少采取一点学习外国语的态度和方法，一切从根本上做起，处处注意它跟现代口语的同异……

　　这两点决定了我们的选材和编制。我们把纯文艺作品的百分比减低，大部分选文都是广义的实用文。我们不避"割裂"的嫌疑，要在大部书里摘录许多篇章；我们情愿冒"杂乱"的讥诮，要陈列许多不合古文家义法的作品。我们既不打算提供模范文给读者模仿，而阅读从前的书籍又的确会遇到这各种风格的文字，我们为什么不能这么办？……[86]

　　为了贯彻上述"编辑宗旨和方针"，并在《文言读本》中加以落实，吕叔湘等煞费苦心地立足"学"文言和"用"文言的视角，在编辑"读本"时安排了周密的"体例"，具体包括四个方面：一是，全书用繁体字排印。二是，一部分篇段不加标点，而且逐册增多。这既包含文言的形式特点，需要学习；也包含阅读文言必须培养的基本功，需要循序渐进地培养。三是，卷首安排"导言"，说明文言和现代语的种种区别，并且罗列了一百多个普通称为"虚字"的字，把它们的用法分项举例说明，供读者检查参考。四是，每篇课文之后安排有六种帮助学习的项目：（一）作者及篇题；（二）音义；（三）古今语；（四）虚字；（五）语法；（六）讨论及练习。

　　《文言读本续编》由吕叔湘、张中行二位合编，选文二十九篇。

　　吕叔湘在《文言读本续编·前言》中说："（文言读本）出版之后，有些读者建议编一本续编，借以完成《开明文言读本》原定六册的计划，出版社也有这样的要求。可是圣陶先生年高体弱，我又杂务缠身，踌躇良久，终于征得张中行同志的同意，担任这个续编的编辑工作。如果这个续编还能满足读者的需要的话，那完全是

---

[86] 叶圣陶,吕叔湘. 文言读本·前言[M]//吕叔湘. 吕叔湘全集:第八卷. 沈阳:辽宁教育出版社,2002:3-4.

中行同志辛勤劳动的结果，我只是在选文的去取上拿了点主意，在篇后的注释和讨论部分稍稍做了些修改罢了。"[87]

关于选文原则，《文言读本续编·前言》云："全书选录各体文二十九篇，诗词和严格意义的骈体文九篇，前者由近及远，以时代先后为序，后者略以体制为次。由于本书的目的是要引导读者逐步熟悉古书文字，所以选文在题材和体制上都求其多样化，并适当避免常见于选本的文章。但是也注意到行文的优美，并专门选录诗词和骈文若干首以供研读。"[88]

关于编辑体例，《文言读本续编·前言》有一段说明："本书与正编相同，有些篇章段落不加标点，数量较正编有所增加。作者和篇题的说明比正编里的详细些，音义比正编里的少些，多数是常用的字典、词典里不容易查到的。有两篇选文全然按照原书式样排印，使读者对古书的面貌有一个初步认识；这两篇只有解题和讨论，没有音义注释，使读者有更多机会使用工具书。"[89]

从《文言读本》及《文言读本续编》，也可以一窥吕叔湘"求真，能贱"的学术追求和做人本色，以及"处处为读者打算"的意识。

李杏保、顾黄初著《中国现代语文教育史》充分肯定了吕叔湘等合编的这两套以"新编"的名义出版的教科书之"新"：

第一，在文、白分编的体制上，又一次作了大胆的尝试。在《开明新编国文读本·序》中，编者们指出："白话文言混合教学的办法，是11年编订新学制课程标准的时间开的头。到如今20多年了没有改变。有些人关心这件事情，以为混合教学虽有比较与过渡的好处，也有混淆视听与两俱难精的毛病。20年来国文教学没有好成绩，混合教学也许是原因之一。他们主张分开来教学，读物要分开来编。"冲破20多年来以文白混编为主的体制，在文白分编的路上再作新的探索，这是难能可贵的。

第二，坚持"实用"和"杂取"的原则，进一步扩大了选材范围。开明出版的教科书，向来注意不落前人窠臼，而在编排方式和选材标准上独辟蹊径，进行各种有益的尝试。这两套课本，无论是白话选文还是文言选文，都突破了历来注重选取文学名著的老例，更着重在选取各式各体的实用文章。

---

[87] 吕叔湘. 文言读本续编·前言[M]//吕叔湘. 吕叔湘全集:第八卷. 沈阳:辽宁教育出版社,2002:233.

[88] 同[87]233.

[89] 同[87]233.

在白话选文方面，编者们强调要选"足以表现时代精神的，与现代青年生活有关涉的"，即为现代青年所需要的各种实用文章。选文体裁包括书信、日记、游记、杂感、随笔、演讲、宣言、传记、科技小品、读史小札、通讯、短论、悼词、故事等等，真所谓杂取种种，应有尽有。

……文言选文不重经典的论文或名家的名著，而重笔记、小品、序跋、简牍、传记之类。即使是对著名文学家，所选也不一定是他们已经载入史册的代表作，如选苏轼的是《书蒲永升画记》，选韩愈的是《论变盐法事宜状》。既选古人写的古文，也选现代人写的文言文，如蔡元培的《图画》、严复的《英文汉诂叙》、鲁迅的《痴华鬘题记》等，为的是使选文内容尽可能切合现代青年的思想和生活，并从中领悟文言语体历史发展的某些痕迹。总之，在选文上真正突显了一个"杂"字。

第三，使课本尽可能成为培养学生语文能力、激发学生聪明才智的媒介。课本是教师上课所持的"脚本"，编课本的人必须要时时考虑到用课本的人，要处处为提高学生独立的读写能力着想。这是开明书店出版教科书的一贯指导思想。在编辑这两套"新编"读本时，又在这方面作了进一步的探索。

白话读本，初中的甲种本每篇后面均由编者写上"短短的几句，或是指点，或是发问，意在请读者读过以后，再用些思索的工夫"；高中用的"高级"读本，每篇后面分别列"读题""音义""讨论""练习"四栏，为学生自行研读提供资料或指点门径。其中，"讨论"和"练习"两栏，大都用发问方式，启发学生从文章的各个侧面去思考、去分析，细致而切实，很能开启学生的思路。

文言读本，是几位编者花费心思更多、因而也更具特色的教科书。他们在编制上采取了一些新鲜的做法。首先，在卷首写了一篇《导言》，系统概述阅读文言文的必备知识，包括196个文言虚字的常用意义和常见用法，便于学生自行检查。其次，课文编排，注意内容和形式上的循序渐进。从内容上说，坚持由简到繁、由近及远的原则；从形式说，篇幅由短到长，文字由易到难，标点符号从有到无，注音释义从多到少，总之是逐步增加难度、逐步丢掉"拐棍"，让学生从"搀扶"到"放手"逐步学会"自己走路"。再次，无论是"讨论"还是"练习"，都注意启发式的提问。或从正面逐层深入地启发思考，或从反面提出问题，引导学生去研究课文中实际存在的疵病，如《核工记》的"讨论及练习"指出：本篇的描写看起来非常细密，实际上还有些小疵：(1)"东来"是"从东来"还是"往东来"？一个核桃上怎么定东南西北？(2)"对林"是"对着松林"还是"对面树林子里"？(3)星和月在天上，是怎么个雕刻法？(4)"景凡七"底下有一景是"灯火"，上文哪儿有灯火？(5)诗句明明是"夜半钟声"，为什么"人事"项下又说是"报晓"？这类问题，在启发学生独立思考、养成学生良好的读书习惯方面是非常有价值的。

开明这两套文、白分编的"新编"读本，由于在编制体例上作了新的探索，使之更加符合学生学习语文的特点和规律，再加上内容倾向于进步，所以出版以后，受到进步教育界的广泛重视。当时有人曾这样称赞：凡是读过"开明"出版的这些国文读本的人，"回想起自己学语文的经历，像走了许多弯弯曲曲的冤枉路猛回头来发现一条直路一样"，会感到豁然开朗。[90]

遗憾的是，当时朱、吕、叶合编的《开明文言读本》未及圆满。原因与如下二事不无关联：一是，朱自清1948年8月遽然离世；一是，第三次国内革命战争正激烈，人心惶惶。

朱自清去世之前，曾于1947年3月29日给吕叔湘写过一封信，谈及函约吕叔湘到清华大学任教。信中说道："这回杨人梗兄原来和江清兄说北大要聘兄，已和朱孟实兄说妥。后来听说清华要聘，就决定请兄兼课。兄来信后，弟一面告知江清，一面也告知人梗兄，大家都很怅怅。"朱函所言"大家都很怅怅"，是指吕叔湘内心很愿意参加清华大学的工作，但是当时的南北交通，陆路已断，只有海上可通，吕老太太年老多病，不愿远行，吕叔湘只好谢绝了。1948年11月初，东北战场的辽沈战役以国民党军的彻底失败而告结束。随后，在华东和华北两大战场，国民党军渐趋不利。由于解放军可能很快攻占江北全境而致南京不保，从11月起，南京政府行政院便开始部署南京各机关的迁移工作。南京全城一时混乱不堪，大街小巷都是满脸恐怖哀怨的逃难的人。车站码头更是人满为患，下关码头人山人海，不时爆出叫骂、厮打和哭喊之声。与此同时，国民党在淮海战场上节节失利，大批伤兵空运到南京。连中央研究院也被占用，一部分伤兵直接进驻中央博物院筹备处陈列室，院子里满是伤兵，喧嚣、号叫取代了安静和庄严。淮海战役的战

---

[90] 李杏保,顾黄初. 中国现代语文教育史[M]. 成都:四川教育出版社,1997:235-238.

火即将燃至长江边。在战事吃紧之际，为了人身安全计，位于南京的中央大学主张迁校者甚众。

1948 年冬天，淮海战役的胜负几成定局，南京城里人心惶惶，很多人家避居上海，吕叔湘也扶老携幼离开南京去往上海，投奔开明书店。

廿 三 、 在 开 明 书 店 做 编 辑

1948 年 12 月，吕叔湘加盟开明书店后，主要职责是编纂中学语文教材，兼职编辑《中学生》《国文学刊》两刊。

此段经历对吕叔湘一生影响至巨，他后来追忆道："我在开明书店工作了一年有余，认识了章锡琛、王伯祥、顾均正、徐调孚、贾祖璋、周振甫、唐锡光等'开明人'，也多多少少感染上了那难于具体描写却确确实实存在的'开明作风'。"[91]

开明书店，是 20 世纪上半叶开设的一家著名出版机构。1926 年 8 月 1 日，章锡琛、章锡珊兄弟在上海宝山路宝山里 60 号正式成立开明书店。1929 年改组为股份有限公司，杜海生、章锡琛先后任经理。书店扩大后，发行所迁至中区福州路。淞沪会战中，梧州路总店毁于战火。1941 年在广西桂林设立总办事处，后迁重庆。1946 年迁回上海。1950 年，开明书店实行公私合营。1953 年与青年出版社合并改组为中国青年出版社。

所谓"开明作风"，正如叶圣陶 1946 年所概括的那样："开明书店是一些同志的结合体。这所谓同志，并不是信奉什么主义，在主义方面的同志，也不是参加什么党派，党派方面的同志。只是说我们这些人在意趣上互相理解，在感情上彼此融洽，大家愿意认认真真做点儿事，不求名，不图利，却不敢忽略对于社会的贡献：是这么样的同志。这些同志都能够读些书，写些文字，又懂得些校对印刷等技术方面的事，于是相约开起书店来，于是开明书店成立了。"[92] 开明书店强调的是"意趣""感情""理解""融洽"，是"相约"而行的"同志的结合体"，而不是以经营为主的企业。

叶圣陶在谈到自己离开商务印书馆进入开明书店的理由时，也是"因为开明老朋友多，共同做事，兴趣好些"，表达的就是"开明作风"的意思。

[91] 吕叔湘. 怀念圣陶先生[M]//吕叔湘. 吕叔湘全集:第十三卷. 沈阳:辽宁教育出版社,2002:373.
[92] 叶圣陶. 开明书店二十周年[M]//叶圣陶. 叶圣陶散文. 北京:人民文学出版社,2018:117.

"开明作风"的形成，与开明人遵循的书店经营宗旨密不可分。1985年10月19日，在开明书店创建60周年纪念会上，叶圣陶在《谈谈开明书店》的讲话中，提到开明书店的经营宗旨："我们有所为有所不为：有所为，就是出书出刊物，一定要考虑如何有益于读者；有所不为，明知对读者没有好处甚至有害的东西，我们一定不出。这样做，现在叫作考虑到社会效益。我们决不为了追求经济利益而不顾社会效益，我们决不肯辜负读者。开明书店的读者主要是青年和少年，因而我们认为，我们的工作是教育工作的一个组成部分，一个不可缺少的重要的组成部分。我们做的工作就是老师们的工作。我们跟老师一样，待人接物都得以身作则，我们要诚恳地以平等的态度对待我们的读者，给他们必要的条件，让他们成长为有益于社会的人。"

开明书店能够与商务印书馆、中华书局等比肩而立，得益于其较早明确的出版宗旨和服务指向。自从办了《中学生》和出了《开明活叶文选》之后，章锡琛、夏丏尊和叶圣陶一起商量，认为应当有个明确的出书方针，确定读者对象，才能系统地为读者服务。三人不谋而合，认为应当以中等教育程度的青年读者为开明的主要对象，如此才能符合他们的志趣和实力。叶圣陶回忆当年确定这一方针时的想法，他说："书店有各种的做法。兼收并蓄，无所不包，是一种做法。规定范围，不出限度，是一种做法。漫无标的，唯利是图，又是一种做法。我们以为前一种需要大力量，不但财力要大，知力也要大，我们担当不了。后一种呢，与我们的意趣不相容，当然不取。与我们相宜的只有中间一种，就是规定范围的做法。我们把我们的读者群规定为中等教育程度的青年，出版一些书刊，绝大部分是存心奉献给他们的。这与我们的学识修养和教育见解都有关系。我们自问并无专家之学，不过有些够得上水准的常识，编选些普通书刊，似乎还能胜任愉快。"[93]

开明书店确定了上述方针以后，在二十多年中，出版了一大批课外补充读物和文学作品，又系统地编印了一批教材。由于编辑态度严肃认真，书籍质量优秀，在读者中声誉甚高，实力也不断加强，挤入了当年的大出版社行列。

开明出版的青年读物，由于服务对象明确，前期精心策划，形成了很好的系统，许多读物都列入丛书之中。比如：

---

[93] 叶圣陶. 开明书店二十周年[M]//叶圣陶. 叶圣陶散文. 北京:人民文学出版社,2018:117-118.

开明书店出版的"开明青年丛书"，先后出了 50 种，凡是青年应当了解的知识都包含在丛书之内。

"苏联青年科学丛书"出了 20 种，把当时世界上的先进科技一一介绍给我国青年，帮助他们开阔眼界，增进对新科技的了解。

"开明文学新刊"110 种，把"五四"新文化运动中涌现出来的新文学作品，包括小说、散文、诗歌、戏剧等等，都列入其中。这里有茅盾的《子夜》《蚀》，丁玲的《在黑暗中》，巴金的《灭亡》《新生》《家》《春》《秋》，周作人的《谈龙集》《看云集》，朱自清的《背影》《欧游杂记》，夏丏尊的《平屋杂文》，叶圣陶的《倪焕之》《未厌居习作》，冰心的《关于女人》，丰子恺的《缘缘堂随笔》，端木蕻良的《科尔沁旗草原》，吴祖光的《风雪夜归人》，沈从文的《边城》，钱锺书的《人·兽·鬼》，等等。

还有"中学生杂志丛书"20 种，"世界少年文学丛书"64 种。

这些作品，内容新，质量高，非常适合青年人的阅读兴趣，真正做到了叶圣陶所说的"绝大部分是存心奉献给他们的"。

开明编印教材，始于成功出版《开明活叶文选》。因为开明的编辑队伍中，绝大多数都是当过中学教师的，章锡琛、夏丏尊、叶圣陶就一起商量，决定利用这一优势，请林语堂编写《开明英文读本》，周为群编写《开明算术教本》，王伯祥编写《开明国文课本》。接着又约了丰子恺、顾均正、贾祖璋、钱君匋、章克标、刘薰宇、周予同、傅彬然等分别编写数理化、音体美、史地生等各科教材。

叶圣陶还在繁重的编刊工作中，抽出一年时间，编写了一部《开明国语课本》十二册。这部课本内容以儿童生活为中心，随着儿童年龄的增长，取材范围也逐步拓展。叶圣陶曾回忆当年编写情况说，这部课本共有四百多篇课文，"大约有一半可以说是创作，另一半是有依据的再创作，总之没有一篇是现成的，抄来的。"又说："给孩子们编写语文课本，当然要着眼于培养他们的阅读能力，因而教材必须符合语文训练的规律和程序。但是这还不够，小学生是儿童，他们的语文课本必是儿童文学，才能引起他们的兴趣，使他们乐于阅读，从而发展他们多方面的智慧。当时我编这一部国语课本，就是这样的。"[94] 随后，叶圣陶又根据教学需要，另外编了一套《幼童国语读本》和《少年国语读本》。

---

[94] 叶至善. 老开明国语课本始末[N]. 北京青年报,2005-04-21.

1948 年间，叶圣陶又和郭绍虞、宋云彬、覃必陶一起合编了一套《开明新编国文读本》，甲种六册，乙种三册，并出了注释本。新中国成立前夕，叶圣陶又与朱自清、吕叔湘合编了一套《开明新编高级国文读本》。

开明出版的教材，在当年出版界中声誉很高，影响很大。特别是语文教材，由于叶圣陶等人的威望，教育界都特别盼望开明来担当这门功课的教材出版重任，而叶圣陶也确实不负众望，倾其心力，为教育界作出了重大贡献。

总之，开明书店拥有夏丏尊、叶圣陶、顾均正、唐锡光、赵景深、丰子恺、王伯祥、徐调孚、傅彬然、宋云彬、金仲华、贾祖璋、周予同、郭绍虞、王统照、陈乃乾、周振甫等学者、作家担任编辑工作，形成一支知名的编辑队伍。开明编出的教材切合实际，很受欢迎。开明的出版物注重质量，其内容、编校、纸张、印刷、装订、装帧设计都十分讲究，为读书界所赞誉。开明书店依靠朴实、严谨的"开明人"，创出了严肃认真出好书的"开明风"。

1946 年开明书店成立二十周年的时候，叶圣陶特地撰写了纪念碑辞，其中说："开明夙有风，思不出其位。朴实而无华，求进弗欲锐。唯愿文教敷，遑顾心力瘁。此风永发扬，厥绩宜炳蔚。以是交勉焉，各致功一篑。"这些词句，就是对开明20 年来为读者服务之宗旨的高度概括。

叶圣陶作为开明书店承前启后的重要角色，团结和带领一大批"开明人"矢志努力，书写了开明久盛不衰的"神话"。他不仅在编辑和出版面向青少年读者的书籍方面功勋卓著，而且在教材编写尤其是语文教材编写上可圈可点，还有在面向青少年的杂志编辑方面也颇有建树。

叶圣陶 1931 年进开明书店，主编《中学生》杂志近二十年。他忠实执行夏丏尊为《中学生》制订的办刊方针，团结和帮助一大批新老作者，把刊物办得很有特色，使千百万青少年读者得到身心滋养。

1930 年，夏丏尊在《中学生》杂志创刊号撰写了《发刊辞》，他认为数十万青年"彷徨于纷叉的歧路，饥渴于寥廓的荒原"，而无人关心，是一件"怪事和憾事"，宣称"我们是有感于此而奋起的。""本志的使命是：替中学生诸君补校课的不足；供给多方的趣味与知识；指导前途；解答疑问；且作便利的发表机关。"这就是开明书店为什么要创办《中学生》的缘起和办刊方针。创刊号一出版，果然受到了学生和家长的欢迎。读者纷纷订阅，发行量竟达到两万份，成为当年的大刊之一。

　　叶圣陶接编《中学生》之后，坚持既定的办刊方针。他撰写的每期《卷头言》，对读者的处世态度、学习态度、是非标准，都加以详细指导，尤为学校和家长称颂；对于各门文化课的辅导文章，以深入浅出的文字，帮助学生加深理解，受到学生的欢迎。他还和夏丏尊一起写了一系列辅导学生学习语文的文章，每期一篇，从不间断。后来汇编成书，由开明出版，如《文心》《文章讲话》《阅读与写作》等都是。

　　关于时事政治方面，他约请有关专家执笔，引导学生关心时政和国家前途。刊物还开辟专栏，刊登学生习作。叶圣陶总是亲自为他们修改，帮助他们提高写作能力，凡是够得上水准的，就予以发表。不少青年如胡绳、丁玲、秦牧、彭子冈、徐盈等，都是在叶圣陶的指引下，走上文学创作或革命道路的。

　　即使对待小作者，叶圣陶也肯下培养和扶植之功。如《在抗战中度过的童年》，是吕叔湘的女儿吕霞就读成都金陵大学附中初二时的习作，叶圣陶到吕叔湘家里做客看到后，拿去发表在《开明少年》上，署名"蔚若"，连载了八期。文章记述了作者跟随父母避难西南的所见所闻，从一个少年的视角，描摹了抗战时期难民的苦难。后来，吕霞24岁就被派赴朝鲜开城停战谈判代表团秘书处工作，应该说，她的成长和成才，与叶圣陶对她年少时的培植不无关系。

　　开明书店因为日本侵略而损失惨重，被迫撤退到内地去寻找生路以求发展。1939年在桂林复刊的《中学生》杂志，仍然继续坚持原来的方针。不仅如此，还加强了对学生进行爱国主义的教育，宣传抗日救国，加强战争形势分析，揭露国民党消极抗日、积极反共的阴谋活动。抗战胜利后，国民党变本加厉，挑动内战，反对进步，对进步书刊实行法西斯专政。叶圣陶和傅彬然走出编辑室，主动投入到实际的社会活动中去，积极为争取民主进步而奋斗。1945年，傅彬然等代表开明书店起草《重庆杂志界宣布"拒检"的联合声明》，《中学生》与《宪政》《东方杂志》《中华论坛》等十大刊物一起签署，于8月17日正式发表，宣布自1946年1月起，刊物稿件不再送审，拉开了对国民党反动派进行反抗的序幕。1946年7月，清华大学教授闻一多先生在昆明被国民党特务暗杀，开明书店立即决定接受出版《闻一多全集》四卷本的任务，由叶圣陶、朱自清、吴晗、郭沫若四人合编。这个四卷本全集于闻一多被害两周年之际出版。这又是叶圣陶和开明同仁争取民主进步、反对独裁倒退，向国民党反动当局抗议的一次实际行动。

叶圣陶主编《中学生》近二十年，中间经历抗日战争和解放战争两次伟大斗争，物质上的艰难自不待说，战争环境下经常受到日寇炮火的袭击和飞机狂轰滥炸，随时都有生命危险，尤其经常遭到国民党反动派的要挟和迫害。当时反动派主管报刊的头子潘公展曾威胁叶圣陶，认为《中学生》谈政治过多，要求少登社会科学文字。为了开明书店的生存，周恩来同志在 1946 年通过胡绳转达给叶圣陶重要指示："请圣老尽力维持开明书店，维持《中学生》，在国民党统治越来越严酷的情况下，《中学生》多登些学习文化科学知识的文章，还是可以在青年中起促使他们进步的作用。"后来叶圣陶遵照周恩来的指示，把《中学生》一直维持到上海解放。

开明书店存续 20 多年来，共出版图书一千五百种左右，作为民国时期影响极大的六大出版社之一，成立于商务、中华、世界等几个大书局已展开激烈竞争之时的开明书店，还能声誉日隆地立足出版界，得益于它具有以下几大特色：

第一，开明是由一批文化人办起来的书店。开明创办人章锡琛原为商务印书馆《妇女杂志》主编，先后负责开明编译事务的夏丏尊是一位富于声望的教育家，开明的灵魂人物之一叶圣陶曾代编商务印书馆《小说月报》杂志。

第二，开明属于综合性质的出版社。它面向学生群体，以出版中级读物为主，其印行的文学、教育、哲学、历史、绘画、音乐甚至体育方面的各类读物，都深受读者的喜爱。

第三，严肃认真的出版态度和朴实无华的出版作风。开明的出版物从审读、定稿、排校到出版发行，始终贯穿着向读者负责的精神，读者很难从它出版的图书中找到错别字。而且开明对图书所做的广告，也是实事求是地介绍，力避用套话或时行的话语向读者宣传。

吕叔湘经过开明书店编辑出版工作的历练，进一步修炼了编辑的内功，并认识到编辑内功对于出版事业的重要作用。后来他所写的《谈谈编辑工作》《编辑的任务是把关》《编辑的修养》等系列文章，无不涉及编辑内功问题。他以为，编辑须具备三个方面的修养：一是要精通业务知识；二是要有很好的文字修养；三是需要具备校对、设计、出版等方面的良好的技术能力。还有，前文曾说到，他"文革"期间点校中华书局出版的《资治通鉴》，从中发现不少问题，撰成《〈资治通鉴〉标点斠例》一文。该文影响甚广，成为指导古书点校的范本。这无疑是吕叔湘深湛学养和功力的体现，同时，也是他长期编辑生涯浸润而成的眼光和经验之体现。

自加盟开明书店以后，吕叔湘更将编辑工作与他的语言学研究、语言学研究队伍培养紧密结合在一起。他的编辑工作与他的学术研究等相得益彰，互为因果。吕叔湘主编《中国语文》时，以扶持中青年语言学人才为己任，通过审稿来发掘人才。

吕叔湘明白如话的文风，也与其自开明书店以来的编辑历练关系密切。他的文章笔调平实、深入浅出，绝少摇曳多姿、故作高深之状。环顾学林，学问精深之学者所在皆有，不乏其人，但不惟自度兼能度人者则罕有鲜见，寥若晨星。这与吕叔湘所受之"开明风"熏染关系匪浅，并且更明晰地体现为别具一份读者情怀——"处处为读者打算"。

第八章 匡谬正俗写华章

廿四、合著《语法修辞讲话》

墙壁上爬满藤叶的清华大学档案馆里，珍藏着一张聘书，记载着吕叔湘被聘为清华大学中文系教授的准确时间，按公元纪年是 1949 年 8 月 1 日至 1950 年 7 月 31 日。

吕叔湘 1950 年 2 月底才成行。他正式接受清华大学聘书，告别开明书店的同仁，离开上海，举家迁往北京，住清华北院。

当时，清华大学周围还都是农村。城里通向清华大学的路，是一条土路，路的两侧是甘蔗林，一眼望不到尽头，青纱帐一样。

彼时，清华大学由叶企孙长校，设六大学院：文学院、理学院、法学院、工学院、农学院、航空学院。为了适应国家对人才的急切需要，清华大学扩大了招生。1949 年中国人民解放军北平军事管制委员会接管清华园时，全校学生总数约为 2300 人。至 1952 年院系调整前，学生总数约为 3080 人。

当时的中国文学系主要有三个教学组织：中国文学史教研组、语文教研组和大一国文教研组。中国文学系开设的课程有中国文学史、中国语文、文艺学、写作实习、中国文学名著、世界文学史等。吕叔湘当时教授中国语法和世界文学史。中国文学系，系主任是李广田，教师有教授浦江清、许维遹、陈梦家、余冠英，讲师张清常，教员何善周、王瑶，助教冯钟芸、季镇淮、朱德熙等。

吕叔湘在清华的教学和工作，主要包括三个方面：一是对外汉语教学，一是关注中学语文，一是中国文学系的教学和研究。与朱德熙合著的《语法修辞讲话》，是他在清华任教期间的重要成果。

首先，来说一说吕叔湘负责的对外汉语教学。

1950 年 9 月，东欧新民主主义国家派遣学生 35 名来华学习，由教育部委托清华负责第一学年的语文训练事宜，由当时在清华任教的吕叔湘教授主其事。

这个留学生班叫作"清华大学东欧学生中国语文专修班"，其学习年限为两年。第一年以基本语文训练为主，辅以时事学习，第二年除继续语文学习外，还增加政治及文化科目。专修班有明确的教学任务，并有科学、系统的教学计划。清华大学校史档案里记录着当时专修班的一些学习情况。

第一学年的学习任务：（1）建立良好的发音基础；（2）掌握 1500 字左右的常用字汇；（3）了解并运用基本的语法；（4）能写清晰、正确的汉字；（5）能以口语应付日常生活；（6）能用浅显文字表情达意；（7）略能使用字典；（8）能阅读简易书报。开设的课程有读本及语法、口语、造句及作文、书法练习 4 门课程。其中读本及语法和口语为 6 个学时，造句及作文 3 个学时，书法练习 5 个学时，每门课程都有明确的教学方法和科学的指导原则。另外，还有单授课程，主要由教师帮助个别学员，解决其在学习上的各种困难，着重照顾程度较差的学员。

第二学年的任务是：（1）加学 2000 字左右的常用字汇；（2）进一步掌握中国语法；（3）能写通顺的文字；（4）能作简单的口头报告及演讲；（5）能使用字典、词典等，并能阅读一般书报。其课程配置与比重为语文课程 60%，主要有现代文选、文法与修辞、作文与演讲；政治与文化课程 40%，主要有新民主主义革命运动简史、中国史地概要、专题报告等。

这是新中国对外汉语教学的开始，对以后对外汉语教学事业起了一定的指导和借鉴作用。自此以后，吕叔湘一直没有停止对对外汉语教学事业的关心，亲自做了大量的工作，为国内外汉语教学的发展在理论和实践上都作出了宝贵的贡献。

其次，来说一说吕叔湘对中学语文的关注。

新中国成立初期，国家急需大量文教干部（特别是中学教员）和文艺干部，清华大学中国文学系积极培养这样的人才，曾开设了中学语文教学法，要求学生到中学去参观，联系实际教学。

吕叔湘在中学教过近十年书，有很好的中学教学经验，后来也一直十分关心中小学语文教育。20 世纪 50 年代以后，虽然主要致力于现代汉语语法研究，但仍然十分关注中文基础教育，特别是如何将理论语法的成果，融入教学语法之中。在清华工作期间，应中央人民政府出版总署约，吕叔湘审读了《初级中学语文课本》。

1951 年，受《开明少年》的嘱托，吕叔湘还与周振甫合写了《习作评改》，选取了 11 篇习作，仔细琢磨评改，用来指导中学的语文教学。这本书至今仍然是学习修改文章的很好的范例。

再次，来说一说吕叔湘在中国文学系的教学和研究。

吕叔湘在清华中文系任课期间，不仅"在教学态度上是决心要求把功课教好的，而且总在不断地改进自己的教材与教法"。《光明日报》1951 年 4 月 22 日登载了一篇文章《清华大学中文系的课改经验》，文中提到："教材的缺乏是全国高等学校普遍感到的重要问题。清华中文系为了解决这个问题，教师们都在努力地编写。""吕叔湘先生在编写了一份《世界文学史年表》，并着手修改他的《中国文法要略》。" 文章还提到，清华中文系上课贯彻"理论与实际一致的原则"，吕叔湘教授的中国语法，就是力求从学生作文中发现问题并给予讲解的。[95]

吕叔湘一直非常重视语言的规范问题以及汉语知识的普及。1950 年 5 月吕叔湘在《人民日报》发表《读书札记》，首先注意到报刊语言的误用现象并示例评改，很有影响。1951 年，吕叔湘和朱德熙两位在《人民日报》连载《语法修辞讲话》，在全国引起巨大影响。1952 年高等院校院系调整，他到中国科学院语言研究所工作，他的人生轨迹也因此发生了重大变化，都与此有关。

在清华任职期间，吕叔湘发表了论文《翻译工作和杂学》《修饰和补充》《一个句子的分析》《由简单到复杂》《指示和替代》《种种关系》《种种语气》等，还出版了《吕叔湘教授语言论文集》（日本东京帝国书院油印）。

最后，来侧重说一说吕叔湘撰写《语法修辞讲话》的情况。

新中国成立之初，语言文字问题成为党和政府关注的对象。1951 年 1 月的一天，毛泽东主席在审阅中央一份关于公文中文字问题的指示稿时，读到其中指出的"滥用省略、句法不全、交代不明、眉目不清、篇幅冗长"等缺点时，深有感触。他批示胡乔木说，这个材料"可以印成小本发给党内外较多的人看"，同时建议"一般文法教育则应在报上写文章及为学校写文法教科书"。

---

[95] 黄国营,于照洲. 吕叔湘先生在清华:纪念吕叔湘先生百年诞辰[M]//《吕叔湘先生百年诞辰纪念文集》编辑组. 吕叔湘先生百年诞辰纪念文集. 北京:商务印书馆,2010:78.

这个任务，兜兜转转，最终落在了吕叔湘身上。事情是这样的：胡乔木先找到语言研究所的罗常培所长。罗常培征求了所里同志的意见，认为承担不了，回绝了。胡乔木又找到叶圣陶，叶圣陶又去找吕叔湘。

吕叔湘在接受李行健的专访时说："当时我因母亲病故去上海了，大约耽搁了十几天。当我回到北京，叶老又来和我详细谈，'这是乔木同志的意思'，问我能否承担。我觉得这事不太好办。如果要在报纸上发表批评文章，那又讲什么呢？报刊上登载的文章中什么算语病也没有个明确的范围，很难说死，但乔木同志又一定要有这么一个东西。我问叶老是不是可以约乔木同志当面谈谈。后来叶老和我去中南海和乔木同志谈了一次，还在那里的食堂吃了一顿饭，是用饭票吃的。我还记得主食是半碗米饭一个馒头，副食是一个碗里一半素菜，一半菜里有点肉。谈完后我把这件事答应下来，但提出一个条件：请他和清华大学说一下，我暂时不上课了。还需要有个人同我合作。于是就和清华商量，请朱德熙先生给我帮忙。"[96]

吕叔湘和朱德熙接受的这个任务时间紧、任务重。从 3 月 4 日胡、吕见面，到 6 月 6 日开始连载，不过三个月。从准备材料到完稿一共只有大约半年时间。首先，两人构思和商量体例，分"语法的基本知识""词汇""虚字""结构""表达""标点符号"六章。其次是分工。朱德熙承担第二、第五两章。吕叔湘负责第一、三、四、六章。

为了集中精力完成任务，吕叔湘原来担任的两门课都停了，朱德熙原来担任的两门课减少一门。他们又请《人民日报》提供了资料，主要是他们不用的稿子，从中找毛病比较容易些，另外把他们自己在报刊上看到的材料也收集起来。同时，还请了清华中文系的一位同志负责誊写工作，利用业余时间帮助抄卡片，一共搞了 4 大盒卡片，估计有 8 千到 1 万张。据吕师母回忆，当时家里桌上床上到处都摆满了卡片的情景，给她留下了深刻印象。

《语法修辞讲话》，在 1951 年 6 月 6 日的《人民日报》首次刊出。当天，《人民日报》在头版郑重发表了由毛泽东亲笔修改的社论《正确地使用祖国的语言，为语言的纯洁和健康而斗争》，并指出："为了帮助同志们纠正语言文字中的缺点，我们决定从今天起连载吕叔湘、朱德熙两先生的关于语法修辞的长篇讲话，希望读者注意。"此前，中共中央已通知各级党委，提醒大家注意文理，并预告了《人民日

---

[96] 李行健.《语法修辞讲话》写作的前前后后[M]//李行健. 语文的故事:回忆王力、吕叔湘等先生. 北京:中国大百科全书出版社,2015:55.

报》将刊载此类文字。50年后，人民日报评论员发表文章评价说，"当时在本报连载的吕叔湘、朱德熙所著的《语法修辞讲话》，提高了几代人的语言文字应用能力。"

《人民日报》上隔几天刊登一次。吕叔湘每隔三四天就送一篇稿子到胡乔木那里，请他先看一看，然后再转给《人民日报》刊用。《语法修辞讲话》在《人民日报》上共连载46次，于同年12月15日结束。

这是新中国第一次卓有成效的现代汉语书面语规范化工作。新中国成立之初，在语法学习的热潮中，产生了一大批以"匡谬正俗"、普及语法知识为目的的语法著作，《语法修辞讲话》是其中的代表。于1952年12月出版的单行本，约23万字，共6讲。

第一讲"语法的基本知识"，是绪论，为初学者介绍有关的语法知识，是学习以下几讲的预备。当然也体现了作者的语法思想，介绍了语法、词、句子、短语、句子形式等基本概念，讨论了各类词、句子成分、句子分析，以及复合句的种种情况。

第二讲是"词汇"，主要从词义、词性、同义词选用、词的配合等方面谈语言交际中在用词方面容易出现的问题，如褒贬色彩误用、大词小用、主动和被动混用、认错词性、同义词选用不当、词语搭配不妥当、搬弄文言和乱用、乱改、生造词语，以及滥用简称，等等。

第三讲是"虚字"，首先指出学习虚字的重要性。虚字虽然比实字少，但是，其一，虚字用得频繁；其二，用错影响大。并引刘淇的话为证："一字之失，一句为之蹉跎；一句之误，通篇为之梗塞。讨论可阙如乎？"接着以几十个具体虚字为例谈它们的用法和使用中容易出现的问题，涉及代词、结构助词、动态助词、连词、介词等。

第四讲是"结构"，主要讨论在结构方面常见的错误。该讲先指出，为避免句子结构出现毛病应注意三个方面：一要分别主干和枝叶；二要认清潜伏的脉络；三要老实，不要花腔。接着从9个方面，谈句子结构容易出现的问题，涉及成分残缺、成分之间搭配不当、位置不当、次序不当、成分重复、成分暗换、成分牵连、成分使用有歧义或该用不用等。尤其第9个小问题"结构混乱"一节，分"结构纠缠""结构含混""结构不整""结构不全""句子未完"等细目，每个细目下更分小细目，立目精当，分析精细。

第五讲是"表达"，先指出"写文章为读者计"的三项要求，即"明确、简洁、生动"；进而从"逻辑、费解、歧义、堆砌重复、烦冗、苟简、层次、修辞杂例"等方面，讨论说话、写文章易出现的错误。

第六讲是"标点符号"，讨论了16种标点符号的用法和使用中的病例，指出标点符号使用的重要性。

吕叔湘回忆：单行本是由开明书店开始出版，印了多少本，他自己也说不清楚。当时讲好是付给作者10%的版税，一批一批地发。那时正值抗美援朝战争时期，他们把版税都捐献给国家买飞机大炮。前后一共捐了九万元（合后来的人民币）。末了一批版税发下来时，板门店谈判已经结束，停战协定已经签字了，银行也不收捐款了。[97]这回的九千多块钱，吕叔湘和朱德熙两人分了。

单行本出了后，类似的讲语法的书，你一本，我一本，东一本，西一本，在两年之内就出了20多本。引起的连锁反应是，吕叔湘和朱德熙到处被人请去作报告。而且每次不能局限在某一个问题上讲，而要讲得比较全面、通俗、生动。这是吕叔湘十分苦恼的一件事。

《语法修辞讲话》是在特定历史条件下为特定目的而撰写的，综合起来看，有以下几点值得注意：

一是，以实用为目的。《语法修辞讲话》的目的就是为了解决人们在语言运用中遇到的实际困难，"用这个讲话来帮助学习写文章的人解决一些实际问题，哪些格式是正确的，哪些格式是不正确的，某一格式怎样用是好的，怎样用是不好的"（初版序），以达到"匡谬正俗"的目的。

一是，以大量例句说明问题，广泛搜集材料。《语法修辞讲话》例子典型、精当，来源也广泛，"有一般书籍，有教科书，有报纸，有期刊，有文件，有文稿，有通信，有大、中学生的习作"[98]，如此取材也体现了语言运用中问题的普遍性和问题评析的实用性、针对性。而且，"所引的例子，错误的有问题的要比正确的多得多，竟可以说是不成比例。这是因为表达一个意思，正确的格式屈指可数，而

[97]　李行健.《语法修辞讲话》写作的前前后后[M]//李行健.语文的故事:回忆王力、吕叔湘等先生.北京:中国大百科全书出版社,2015:56.

[98]　吕叔湘,朱德熙.语法修辞讲话·引言[M]//吕叔湘.吕叔湘全集:第四卷.沈阳:辽宁教育出版社,2002:6.

错误可以'百出'。"[99] 即是说，告诉人们"不应该这么写"相对更多些，这种写法更有针对性和实际操作价值。

一是，分析透辟，归纳精当。《语法修辞讲话》虽是普及、实用著作，但能高屋建瓴，分析透辟，归纳精当，给学习者以知一推十的作用。如"把"字的用法，作者先指出"把"字句使用的三个重要条件，然后分别举出三类例子来说明使用"把"字句必须符合这三个条件，否则句子就不合格。再如名词、动词前的附加语不止一个时，造句时容易出错，错误原因之一是各附加语的排列顺序不当。为此，《语法修辞讲话》在汉语语法学史上较早总结出汉语附加语（定语、状语）的顺序规律，很有指导意义。该书分析病句往往不是就句论句，而是善于归纳病句的类型，就类论句，就句论类。这从第四讲"结构"中"结构混乱"一节的细目就可见一斑，而其中的"结构纠缠"一目下又分出"举棋不定""藕断丝连""中途易辙""反客为主"四小类，可谓条分缕析。

一是，结合逻辑、修辞、词汇讲语法。一个句子或一个句群有语病，从分析角度看，往往是多种原因造成的，有语法的也有词汇、逻辑、修辞的，甚至可以说是几个方面的综合。《语法修辞讲话》为达到"明确、简洁、生动"等"消极修辞"的目的，把语法同修辞、逻辑、词汇等有机结合起来，呈综合分析、评论的态势，这对语言运用者来说有着实际的积极意义。从学术史角度看，这一研究方法或思路也为后来的结合问题讨论"语法修辞"提供了可借鉴的范例。

《语法修辞讲话》目的明确，材料丰富，分析精当，做到了深入浅出，雅俗共赏，以至出版后几十年来"可以完全代替《语法修辞讲话》的好像还是没有"。[100]

当然，这是一部在特定时代为特定目的和特定对象而写的书，回过头来看当然有其缺点，诚如作者自己后来所检讨的："这本书的缺点有'过'与'不及'两方面。'过'是说这里边有些论断过于拘泥，对读者施加不必要的限制。'不及'又有两点：一、只讲用词和造句，篇章段落完全没有触及；二、只从消极方面讲，如何如何不好，没有从积极方面讲，如何如何才好。这样，见小不见大，见反不见

[99] 吕叔湘,朱德熙. 语法修辞讲话·引言[M]//吕叔湘. 吕叔湘全集:第四卷. 沈阳:辽宁教育出版社,2002:6.

[100] 吕叔湘,朱德熙. 语法修辞讲话·再版前言[M]//吕叔湘. 吕叔湘全集:第四卷. 沈阳:辽宁教育出版社,2002:3-4.

正，很容易把读者引到谨小慎微不求有功但求无过的路上去。然而大家知道，这样写文章是不可能写好的。"[101]

《语法修辞讲话》为实用的目的，就必然带有一定程度的"规范主义"倾向，缺乏动态发展的观点，如作者当时所认定的某些不能说的语法现象，现在看来已经可以说了，如"有着、爱着"及"转变了……作风"等。不过，书中存在的缺点应该用历史主义的观点来看。

《语法修辞讲话》，中国青年出版社 1952 年 12 月出单行本，1979 年略作修改后再版。

廿五、指导《汉语》课本编撰

1952 年上半年，教育部进行全国高等学校院系调整，清华大学的文科并入北京大学，吕叔湘调任中国科学院语言研究所研究员。

中国科学院成立于 1949 年，首任院长为郭沫若。在中共中央的支持下，中国科学院迅速凝聚了一批海内外优秀科学家，组建了高水平的研究机构，在"向科学进军"中发挥了先导和主力军作用。语言研究所成立于 1950 年 6 月，是中国科学院成立时最早建立的哲学社会科学领域的研究所之一。1977 年中国社会科学院成立后，语言研究所归属中国社会科学院。

到所后，吕叔湘即参与语言研究所语法组《语法讲话》撰写工作。《语法讲话》自 1952 年 7 月起至 1953 年 11 月，分 17 次在《中国语文》上连载，共 21 章，署名"中国科学院语言研究所语法小组"。

《语法讲话》发表后，反响很大，不少人提出一些意见，于是在 1961 年出单行本时又作了一些修订，修订主要包括：（1）改名为《现代汉语语法讲话》，使名称和内容更一致。（2）改集体署名为个人署名，避免引起误会，因为"事实上这个《讲话》只是我们这几个人的意见，并不代表语言研究所在汉语语法方面的主张。所以趁着修订本付印，改用我们个人署名"。修订本署名丁声树、吕叔湘、李荣、孙德宣、管燮初、傅婧、黄盛璋、陈治文等 8 人。（3）在术语上，改用当时较通行的名称，如改"地位词"为"处所词"，改"定位词"为"方位词"，改"向

---

[101] 吕叔湘,朱德熙. 语法修辞讲话·再版前言[M]//吕叔湘. 吕叔湘全集:第四卷. 沈阳:辽宁教育出版社,2002:3.

心结构"为"偏正结构";把"指示词"和"代词"并为一类,总称"代词",也是从众;改"动补结构"为"补充结构",使从名称上包括"动补""形补"两类;改"副动词"为"次动词"。(4)补写了"构词法"一章,使内容更全面。(5)更换了一部分例句,注音由注音字母改为汉语拼音字母。修订后的单行本作为"中国语文丛书"之一种,由商务印书馆 1961 年出版,共 20 章,另有一篇"序",说明成书经过和修订情况,以及编写原则。

汉语语法学界对《语法讲话》给予很高的评价,主要因为它吸收了美国描写语言学派的语法理论的精髓,同时也吸收了传统语法的长处,并结合汉语语法的实际予以取舍和创新,在汉语语法研究的方法论上有着开创性的意义。首先,在研究对象上口语和书面语并重。其次,尽量从事实出发,不从定义出发。只想通过举例来说明问题,拿具体的例子引导独立思考。再次,形式和意义相结合方面,以形式为主,同时结合意义分析。再次,借鉴结构主义又不拘泥于结构主义,如析句法中既讲层次,也讲关系和成分。此外,《语法讲话》用例精当,加上细致的分析,使其结论可靠,令人信服。

1952 年 10 月,48 岁的吕叔湘受叶圣陶之邀任职人民教育出版社(与中国科学院语言研究所合聘,工资各付一半,在两处同时任职)。1954 年 10 月任人教社副总编辑,分管汉语编辑室。

在人教社工作期间(1952 年 10 月至 1955 年 12 月),吕叔湘主持制订了《暂拟汉语教学语法系统》,领导了新中国统编教材初级中学课本《汉语》及其教学参考书的编写,同时,关心并指导《语文学习》杂志编辑工作。这里侧重说说吕叔湘主持制订《暂拟汉语教学语法系统》、领导编写《汉语》课本。

首先,来说 1956 年至 1958 年我国中学语文课程进行汉语、文学分科教学实验,统一使用《汉语》《文学》课本的由来及其背景。

众所周知,语文教学在中小学各科教学中占有极其重要的地位。新中国成立初期的中小学语文课本主要是沿用和改编老解放区的教材。例如 1951 年人民教育出版社出版的、由宋云彬等人编辑的初级中学《语文课本》,就是在老解放区教材的基础上,根据《中国人民政治协商会议共同纲领》的精神加以改编的,其特点是比较强调政治性,注重实际,力求实效。但缺点主要是忽略了语文课程的工具性,各类文章都是不分单元的,课本里没有系统的语言规律知识,文学方面的要求更谈不上。

　　1952 年始，全国各条战线都掀起了学习苏联的热潮，教育战线也不例外。当时，苏联教育书籍被大量翻译，苏联教育经验被大量介绍，苏联专家前来讲学。教育部副部长叶圣陶当时在《关于语言文学分科的问题》中说："几年以来学习苏联的热情越来越高涨，介绍到我国来的苏联的先进教育理论非常多，苏联的语言文学分科教学的经验足够我们参考，这是我们语文教学改革的一个极有利的条件。"可以说，对苏联经验的学习借鉴促进了我国汉语、文学的分科教学实验。

　　实际上，早在 1951 年 3 月，时任政务院文教委员会秘书长的胡乔木在中央教育部召开的第一次中等教育会议上就指出：语文教学"内容包括语言和文学两个部分，二者所负担的任务不同，所以不能互相代替……语文教学目前存在着特别混乱的现象，其原因就是没有把语言教育和文学教育分开……语言教育同文学教育可联系起来，但不能混淆。"在这一形势下，人们开始对语言和文学的性质及其不同的知识体系进行探索，汉语、文学分科教学实验开始酝酿。

　　1953 年 12 月 24 日，胡乔木以中央语文教学问题委员会主任名义向中共中央上报了《关于改进中小学语文教学的请示报告》。请示报告分析了语言、文学混合教学的弊病：混合教学的结果是使语言教学、文学教学两败俱伤。同时提出，"根据过去中小学语文教学的经验教训，并按语言和文学本身的性质来考虑，我们认为应当把实行中小学语文一门课程，分为语言和文学两种独立的学科进行教学"，并规定："语言课：在汉民族学校中拟定为'汉语'课（少数民族学校教本民族语言时类推）。它的教学目的是使学生掌握语言规律的基本知识，并学会正确运用这些基本知识来说话、写作、阅读和作进一步的研究。它的范围不限于语法，而包括整个语言领域，如文字、词汇、语义、语法、修辞和语言学的初步知识。……至于它的教学计划，从初小到高中拟分作三个圆周巡回前进。在初小和高小阶段，不独立设置科目，但结合语文教材编写一定分量的练习课，有系统有计划地独立进行。……初中正式独立设置语言课，单独编订课本，连续教学三年。在这个阶段，应当基本上完成对学生的现代汉语的教育，使他们以后在一般阅读上不再感到困难。高中阶段暂不设汉语课（未学初中汉语课的学生应补修一下初中的汉语课）。"

　　1954 年 2 月，中共中央政治局扩大会议批准了这个报告。党中央指定胡乔木负责这次实验，教育部副部长、人教社社长兼总编辑叶圣陶直接领导，吴伯箫担任一线总指挥。与此同时，教育部按照党中央的决定责成人民教育出版社根据报告的精神，编写中学文学、汉语两科的教学大纲、课本及教学参考书。

汉语、文学教材的编写，始于 1954 年。是年年初，中央决定，准备两三年后在全国中学实行汉语、文学分科教学。随后，人教社将原来的中学语文编辑室改组为文学、汉语两个编辑室。接受教育部委托编写《汉语》课本的吕叔湘，建议增聘张志公，教育部同意。人教社设立汉语编辑室后，张志公任室主任，陆续调入的编辑有吕冀平、洪心衡、郭翼舟、徐枢、张葆华等。吕叔湘兼任人教社副总编辑，指导汉语编辑室的业务、学术工作。

其次，来说为了编写《汉语》课本，吕叔湘是如何主持制订《暂拟汉语教学语法系统》的。

课本中大部分要讲语法知识，这就需要先确定一套适用于中学教学的语法系统。如果说学术界已经有了一套公认、规范的系统，拿来简化改造一下，就省事多了，但恰恰没有。理论语法是舶来品，是西方学界立足"科学化"来分析各种语言现象，试图探求其条理清晰的规律而发展起来的一门学问。"西学东渐"使一批西方业已成熟的语言理论进入中国，人们开始对数千年历史的汉语言进行"科学"的探索和研究。虽说用"门纲目科属种"来给中国的动植物分类，用地质地貌类型术语来描述中国大好河山，这些西方科学规范是完全适用的，但用西方语法理论来研究和学习汉语，却会经受"水土不服"的过程，因为两者赖以生存的文化土壤差别太大。

上世纪前半叶，一批受过西方语法训练的中国学者怀着极大的科学热忱，针对汉语言语法规律进行了认真的探索和研究。因为"水土不服"等多方面的因素，这些研究成果分歧还很大。如上世纪 50 年代初，师范院校通用的是黎锦熙的语法体系，综合大学讲授的既有黎锦熙语法体系，也有王力和吕叔湘的语法体系。除此三大体系，还有赵元任体系及苏联传来的俄语语法体系，也很有影响。各派分立，在学术发展中，在大学教育中都是可接受的，但在中学基础教育里却必须有一个简单明了、说法一致的依据（为区别理论语法，一般称之为"教学语法"）。可事实上，各种体系不尽相同，使用的术语也差异很大，要在短时间内拟订一个各派都能接受的体系几乎是不可能的事情。

然而，编写《汉语》课本，首先要克服的就是汉语语法体系分歧的困难。面对这一艰巨的工作，在吕叔湘的领导下，汉语编辑室主持草拟提纲。

吕叔湘始终以严肃的科学态度和宽厚的学者风度来考虑体系问题，这是徐枢印象最深的。吕叔湘对语法体系有自己独到的见解，可是，在处理体系问题时，他并不坚持个人的观点，而是主张博采各家之长，把国内其他学者的一切好意见充分吸收进来。王力的某些学说、黎锦熙的某些学说、丁声树等《现代汉语语法讲话》中的某些讲法，在《暂拟汉语教学语法系统》中都有所反映。再比如，吕叔湘的著作里把量词叫副名词，把介词叫副动词，考虑到教学的方便，吕叔湘欣然同意采用了教师们比较熟悉的量词、介词这两个名称。

《暂拟汉语教学语法系统》初稿成文后，一方面发到各地，由教师讨论，一方面由教育部邀请在京的语言学家开会讨论。如此，由吕叔湘指导、张志公主持，在语法学界前辈和中学语文教师的支持下，经过反复讨论、修改、试教、审定，前后约三年时间，《暂拟汉语教学语法系统》才最终定稿，作为全国中学共同采用的语法教学系统。

所谓"暂拟"，即暂时拟定，暂时使用，指望全国的语法学界尽量合作，产生大家都认可的语法著作；所谓"系统"，而非"体系"，意思是就只是一套讲法，还不成其为"体系"。[102]

这样，《暂拟汉语教学语法系统》得以成为编写《汉语》课本语法部分的依据。

这部《暂拟汉语教学语法系统》尽可能地博采众长，融合、吸纳各家体系的优点，并在不少方面有所创新，自成一个适合于中学教学的新体系。后来的实践表明，这种兼容各家成果、求同存异的做法得到了当时绝大多数语法学者和广大教师认可，在中学语法教学中取得了显著成效。学界公认的评价是，这部《暂拟汉语教学语法系统》是对过去半个世纪汉语传统语法研究的最好总结，在很长一段时间内事实上成为了语法学界的"共同纲领"，在汉语语法历史上具有里程碑的价值。

编订《暂拟汉语教学语法系统》，张志公厥功至伟。张志公自1945年从金陵大学毕业并留校任教以来，先后在海南大学、香港华侨大学任教。由吕叔湘介绍，1950年10月进入开明书店任编辑，次年负责编辑《语文学习》月刊。1953年开明书店与青年出版社合并为中国青年出版社。经吕叔湘建议，张志公1955年调入人民教育出版社，任汉语编辑室主任；《语文学习》也改由人民教育出版社编辑出版，张志公继续任主编。

让年轻的张志公来负责这件大事，吕叔湘说了一个理由，"从主编《语文学习》来看，他善于把学术问题写得通俗易懂。"的确，在主编《语文学习》月刊的数

---

[102] 江明.1954年人民教育出版社拟订《暂拟汉语教学语法系统》[M]//顾黄初.中国现代语文教育百年事典.上海:上海教育出版社,2004:356.

年中，张志公撰写了一批专栏学术文章，集中阐述了自己在汉语语法、修辞等问题上的研究成果。1953年，这些文章分别集结为《汉语语法常识》《修辞概要》两书，由中国青年出版社出版。《修辞概要》是新中国成立后最早诞生的修辞学专著之一，"在普及修辞知识、推动修辞学面向大众方面是起过积极作用的"。而《汉语语法常识》是张志公研究教学语法的早期代表作，是一部力图普及汉语语法的书，也是一部很见研究功力的学术著作。这部书出版后很受欢迎，上世纪50年代的语法学习者（包括很多青年学者、教师）几乎人手一册，上世纪50年代末还翻译传播到了日本。张志公在上世纪80年代访问日本时，所见到的日本汉语学者都从藏书中抽出一本发黄的《汉语语法常识》，说："我们这一代治汉语的，都是这本书出身，我敢讲，是人手一册，都像这样珍藏着。"

制订近50年来，《暂拟汉语教学语法系统》一直是我国中学语法教学和高校现代汉语语法教学的主要依据，对现代汉语语法的教学与研究具有极为重要的意义。1981年至1983年修改中学教学语法体系时，吕叔湘已年近八旬，仍然给予十分具体、细致的帮助和指导。这就是在《暂拟汉语教学语法系统》的基础上，广泛征求意见，重新制订的《中学教学语法系统提要》。当时，吕叔湘被聘为人教社语文学科方面的顾问。

再次，来说制订《初级中学汉语教学大纲（草案）》和编写初级中学课本《汉语》的情况。

遵照中共中央决定，1954年起教育部邀请在北京的语言学家研究中学语文教学统一的教学体系，由人教社制订汉语教学大纲，编写汉语课本和教学参考书。

经过约两年的编制修改，《初级中学汉语教学大纲（草案）》，以教育部名义于1956年5月印行。大纲分为两大部分。第一部分：说明。一、初级中学汉语教学的任务。"教给学生有关汉语的基本的科学知识，提高学生理解汉语和运用汉语的能力。""结合教学进行爱国主义思想教育，培养学生的民族自豪感和爱国主义热情。"二、初级中学汉语教学内容。包括语音、词汇、语法、修辞、文字、标点符号等项内容。三、初级中学汉语教材的编排系统。第一学期扼要复习小学所学汉语知识，介绍初中学习汉语的轮廓，学习语音。第二学期学习文字和词汇。第三学期，认识词法、句法的概略后学习词类。第四学期学习单句。第五学期学习复句，系统总结标点符号知识，对从第三学期开始的语法学习作一总复习。第六学期学习修辞的基本知识。语音、文字、词汇的教学，要贯穿在全部汉语教学之中。提高学生写作能力是文学教学和汉语教学共同的、综合的任务。在汉语教学的每个阶段也必须进行有计划的工作（口头、书面）。四、初级中学汉语教学法的基本原则。"观察具体的语言材料，对这些材料进行分析、比较、概括，得出规律，再通过具体的材料印证这些规律，运用这些规律，从而巩固对它的认识和掌握，这是汉语教学方法中必须始终贯彻的基本原则。"第二部分：教学大纲。分学期列出教学内容及每项内容的课时。

初级中学课本《汉语》六册，根据《初级中学汉语教学大纲（草案）》和《暂拟汉语教学语法系统》而编写，依据现代汉语的知识系统分为绪论、语音、文字、词汇、语法、标点符号、修辞 7 个部分。具体为：第一册，绪论和语音；第二册，文字和词汇；第三册，语法（上）；第四册至第六册，语法（下）和修辞。各篇章的后面都附有练习题。

根据《初级中学汉语教学大纲（草案）》和《暂拟汉语教学语法系统》而编定的初级中学课本《汉语》共六册，先后于 1955 年 1 月、1956 年 1 月、1956 年 4 月、1956 年 10 月、1957 年 12 月由人教社出版。同时，与初级中学课本《汉语》配套的教学参考书也于 1955 年至 1958 年间相继编写并出版，以方便汉语科教师在教学过程中参考使用。

初级中学课本《汉语》的主编是时任汉语编辑室主任张志公，编者有张中行、洪心衡、吕冀平、孙功炎、陈治文、郭翼舟、周振甫、徐萧斧，校订者有叶圣陶、吕叔湘、吴伯箫、朱文叔、蔡超尘。

这套《汉语》课本还充分吸纳了新中国成立初期我国语言学界的研究成果，确定了一个大家都能接受的暂行系统，使得我国中学语文教育第一次有了"正式的内容完备的语法课程"。

吕叔湘领导工作，发号施令不多，具体指导却不少。徐枢回忆，吕叔湘每周至少到汉语编辑室一次，和同志们讨论问题，研究汉语课本的语法体系。

吕叔湘非常平易近人。在人教社工作期间，他和汉语室的同志平等相待，丝毫没有"专家""学者"的架子。徐枢还记得，吕冀平有时因为一个语法问题和吕叔湘讨论，最后甚至辩论、争论起来。这一热烈的、自由讨论的风气在汉语室中长期保持着。后来，吕冀平担任黑龙江大学教授，在与徐枢的信中，还常常回忆起和吕叔湘相处的日子，并对当时有幸和吕叔湘共同商讨问题、蒙受教益十分怀念。

吕叔湘对工作十分严肃认真。《汉语》课本的每一页初稿他都要仔细审阅。大到涉及体系的问题，小到例句、标点，凡属不妥的，他都要一一改过或提出具体意见。

最后，来说《汉语》课本的试教，从 1956 年秋季起在全国全面推行分科教学，以及最终停止使用分科课本的相关情况。

针对中学文学、汉语课本编辑计划的课本目录，自 1954 年到 1955 年的一年多时间里，教育部邀请北京的一部分中学教师、大学教授和作家进行多次座谈、讨论，并发函到各地师范学校、中学书面征求意见。

1955 年暑假后，教育部指定北京、上海、天津、济南、扬州、广州等地区的 79 所学校（含 27000 多名学生），于 1955 年至 1956 学年度，在初中一年级对新课本进行试教。

试教之前，1955 年 6 月，教育部副部长叶圣陶发表了《关于语言文学分科的问题》（《语文学习》1955 年 6 月号），说明了语文分科的根据：（1）语言是科学，文学是艺术，两者学科性质不同；（2）语言教学培养学生运用语言能力，文学教学扩大对社会生活的认识，培养学生的文学欣赏能力，两者教学任务不同；（3）语言教学有语言理论基础——词汇、语法、修辞，文学教学有文学理论系统——文学史、文艺学、文学批评，两者理论体系不同。

1955 年 8 月，叶圣陶又就分科教学的意义及有关问题向北京市语文教师作了《关于语言文学分科的问题》的专题报告（《人民教育》1955 年 8 月号）。报告中说：语言学和文学性质不同，知识体系就不同，教学任务也有所不同。因此，"只有语言和文学分开来，一科分成两科，各自组成完备的课程，才能使学生受到充分的系统的语言教育和文学教育，才能有效地提高教学质量。"同年 11 月，胡乔木同志在教育行政学院作"关于语文教学和文字改革"的报告，也对中学文学教学发表了意见。

在试教期间，印了试教工作简报。试教结束，作了试教总结。

1956 年 4 月 2 日，教育部正式发出《关于中学、中等师范教育的语文科分汉语、文学两科教学并使用新课本的通知》。从 1956 年秋季开始，全国全面推行汉语、文学分科教学，各地中学正式使用汉语、文学教科书。秋季开学后，教育部和人教社先后派人赴天津、开封、郑州、洛阳、长沙、济南、泰安等地调查教学实况。

1956 年至 1957 年《人民教育》开辟"语文教学问题讨论"专栏，对汉语、文学分科问题展开讨论。关注较多地集中在教材编写上，主要是汉语、文学各成体系，互相配合不密切，两者构成的语文科教学总目的任务不够明确，尤其是文学课本。

1956 年 12 月，国务院指示教育部要把教科书当作最大、最重要的工作，文学课本系统性也要切合实际，照顾学生的接受能力，同时传达了毛泽东、刘少奇、林伯渠等关于古典文学作品不宜太多的指示。人教社采取了相应的临时措施。

自 1957 年至 1958 年初，针对汉语、文学分科教学改进，尤其是文学教材，陆续出台了相应的措施。如，1957 年 4 月决定是年秋季开学停用高中文学课本第一、二册，高中暂用初三课本。1957 年 9 月提出文学课本减少课文总量，改选政治论文、社论和应用文；人教社对文学课本作了更大精简，每册选 4 到 5 篇政论文、社论作补充篇目，同时留出部分课时由各地自选补充教材。1958 年 2 月的"古典文学教学的目的、任务到底是什么"讨论，对文学教学更有一些新提法。

1958 年 3 月，国务院决定把普通中学文学、汉语课本作比较根本性的改编——文学、汉语合并为语文，并重新规定了语文教学的目的。对语文课本的内容、作文指导、课外阅读指导等提出意见。要求 1958 年秋季就开始使用人教社改编的中学语文课本[103]，并由各省市自编补充教材和乡土教材[104]，使统一性与灵活性结合起来。新编课本的具体方案在年底前提出，征求各地中学教师意见，报请领导批准后，着手编辑。

至此，汉语、文学分科教学实验终止。

廿六、为新宪法推敲字句

宪法，是国家的根本大法，是治国安邦的总章程。新中国成立后，随着人民民主政权在全国各地普遍建立和日渐巩固，国民经济逐步恢复，土地制度改革胜利完成，抗美援朝战争接近尾声，制定宪法的条件逐步成熟。

---

[103] 这套教材，初高中共 156 篇课文，每册平均 13 篇。古典文学作品很少，共 13 篇。"五四"至新中国成立前的作品除鲁迅著作外基本不收入。大量选入报刊上新发表的文章。

[104] 要求每学期留出机动课时，初中百分之四十，高中百分之三十，讲授各省、市、自治区编的补充教材。

1953 年 1 月 1 日，《人民日报》头版发表元旦社论，提出把"召集全国人民代表大会，通过宪法，通过国家建设计划"列为 1953 年的三项伟大任务。当时，在新中国成立前夕制定的《共同纲领》一直起着临时宪法的作用，中国人民政治协商会议第一届全体会议执行着全国人民代表大会的职权。新中国成立后，通过制定一部新宪法确认已经取得的经验与成果，巩固革命的胜利成果，是全国人民的共同愿望。

1953 年 1 月，中央人民政府委员会召开会议，决定召开全国人民代表大会，制定宪法，选举新的中央人民政府。为进行宪法起草工作，会议成立了以毛泽东为主席，朱德、宋庆龄等 32 人为委员的中华人民共和国宪法起草委员会。宪法要规定国家生活中最根本、最重要的问题，包括国家制度、社会制度的基本原则，公民的基本权利、义务，国家机关的组织与活动原则，等等，涉及的范围非常广泛，内容十分复杂。

经过前期准备，1953 年 12 月 28 日，毛泽东率领宪法起草小组来到杭州，开始正式起草工作。经过 77 天的工作，1954 年 3 月 14 日，中华人民共和国第一部宪法的草案初稿完成，史称"西湖稿"。

早在决定制定新宪法之初，毛泽东主席就明确指出，我们的宪法以一百条左右为宜，而且文字要简单明确，不能有多种解释。

1954 年 3 月初，经毛泽东审定和修改的《宪法草案初稿说明》，专门就宪法草案在文字上的特点作了说明："宪法是必须在全国人民中间普遍宣传和普遍遵守的，因此，条文固然要尽量简单，文字尤其要尽量通俗。从这个观点出发，宪法草案的文字完全用白话写成，凡是可以避免的难懂的字眼，一律加以避免。"

出于上述考虑，起草工作进行了一段时间后，宪法起草委员会决定聘请法律专家周鲠生、钱端升为法律顾问，聘请教育家叶圣陶、语言学家吕叔湘为语文顾问，从各个角度对宪法草案进行研究推敲。

吕叔湘和叶圣陶按照这一指示对宪法草案"三读稿"进行认真研究，仔细推敲每一个字、每一个标点符号，杜绝一丝一毫的歧义和误差。终于在 1954 年 3 月 8 日，中央政治局扩大会议通过了"四读稿"。至此，宪法起草小组完成了第一阶段的任务，为中共中央政治局会议进一步讨论修改宪法草案，提供了一个比较成熟的稿本。

3月17日，毛泽东一行回到北京，立即着手召集宪法起草委员会会议，讨论宪法草案。经过历时80多天的广泛讨论和反复修改，宪法草案提交全国人民公开讨论的条件已经成熟。

当年全国政协、各地方、各民主党派、人民团体和武装部队等组织了各方面人士8000多人参加宪法草案初稿的讨论，提出修改意见5900多条。

6月14日，毛泽东主持召开中央人民政府委员会第三十次会议，一致通过了《中华人民共和国宪法草案》和《关于公布中华人民共和国宪法草案的决议》。

6月16日，《人民日报》刊登了宪法草案全文，并发表了在全国人民中广泛展开讨论宪法草案的社论。一场全民大讨论以最快的速度在全国范围内展开。

此后在两个多月的时间里，全国各界共有1.5亿多人参加了宪法草案的讨论，他们热烈拥护，又提出110多万条修改或补充意见。讨论中提出的意见，都由各地党政领导部门及时上报中央。殊不知，1954年遭遇特大洪灾，不少交通中断，当时的讨论意见，很多是用飞机运送到北京来的。

吕叔湘与其他三位专家，都是在各自领域享有盛名的权威，宪法起草委员会请他们做顾问，讨论宪法草案的重要会议都请他们参加，遇到一些拿不准的法律、语言问题，都认真听取他们的意见。作为顾问，四位专家也都充分发挥了他们的聪明才智和专业特长，做到知无不言，言无不尽，为共和国第一部宪法的诞生作出了贡献。下面两例，可见一斑。

其一，1954年6月11日，宪法起草委员会最后一次开会讨论宪法草案。在草案中，有两个地方写到了"武装力量"，即第二十条："中华人民共和国的武装力量属于人民，它的任务是保卫人民革命和国家建设的成果，保卫国家的安全和领土主权的完整。"第四十九条关于国务院的职权中，第十四款是"领导武装力量的建设"。但在第四十二条关于中华人民共和国主席职权的规定中，用的却是"武装部队"，即"中华人民共和国主席统率全国武装部队，担任国防委员会主席"。

要不要统一起来，把第四十二条中的"统率全国武装部队"改成"统率全国武装力量"？为此，会议进行了讨论。刘伯承、聂荣臻等委员主张改过来。

毛泽东问：初稿上原来写的是"武装力量"，后来怎么改成"武装部队"了？

钱端升说："武装力量"和"武装部队"两个名词翻译成俄文是一个词。当初之所以把"武装力量"改为"武装部队"，是认为部队可以统率，力量不好统率。我们法律小组的意见，可以考虑改成"武装力量"。

毛泽东接着说：武装力量分两部分，一部分是部队，一部分是部队以外的武装力量。如果照原文的写法，好像部队以外的武装力量不归主席统率了。恐怕还是将军们的意见对。

毛泽东环顾了一下会场，看着叶圣陶和吕叔湘，问：语文顾问同志，你们看哪个意见好？

叶圣陶回答说：还是改成"武装力量"好。武装力量能不能统率，我们看看第四条这个问题就解决了。第四条写有"……依靠……社会力量"一句话，既然社会力量可以依靠，为什么武装力量就不可以统率呢？

经过讨论，会议统一了认识。在 6 月 14 日中央人民政府委员会第三十次会议通过的《中华人民共和国宪法草案》中，第四十二条改为："中华人民共和国主席统率全国武装力量，担任国防委员会主席。" 1954 年 9 月 20 日，第一届全国人民代表大会第一次会议通过的宪法，也是如此。

其二，在 1954 年 6 月 14 日公布的《中华人民共和国宪法草案》序言中，第三段的第一句是："中华人民共和国第一届全国人民代表大会，×年×月×日在首都北京，庄严地通过我国的第一部宪法。" 在此前的讨论中，大多数委员提出要在年份前加"于"字，但吕叔湘、叶圣陶两位语文顾问坚决不同意，因此在公布的宪法草案中，也就没有加这个字。1954 年 9 月 14 日，中央人民政府委员会召开临时会议，对宪法草案又作了修改。毛泽东提出，根据大会代表的提议，在宪法草案序言第三段"第一届全国人民代表大会"下面加"第一次会议"五个字。下面的年月日也填上，写成"1954 年 9 月×日"，年月日前面还是不加"于"字。毛泽东幽默风趣地说：因为当初我们的两位语文顾问一致反对加"于"字，提出几次都通不过，我们多数只好服从他们少数。

1954 年 9 月 15 日，中华人民共和国第一届全国人民代表大会第一次会议在北京隆重召开，这四位宪法起草委员会的顾问，也光荣地完成了自己的使命。周鲠生、钱端升、叶圣陶作为人民代表出席了大会，与 1200 多名全国人大代表一起，对宪法起草委员会提出的《中华人民共和国宪法草案》进行了认真的讨论，并一致通过了共和国的第一部宪法。吕叔湘作为知名学者，出席了 1954 年 12 月召开的全国政协第二届全国委员会会议，任委员。他们在各自不同的领域，为宣传贯彻宪法，为新中国的建设事业继续贡献力量。

　　1954 年 9 月 15 日下午 3 时，中华人民共和国第一届全国人民代表大会第一次会议在北京中南海怀仁堂隆重开幕。刘少奇受中华人民共和国宪法起草委员会的委托作了《关于中华人民共和国宪法草案的报告》。

　　1954 年 9 月 20 日，在第一届全国人民代表大会第一次会议上，通过了共 4 章 106 条的首部《中华人民共和国宪法》，史称为"五四宪法"。

　　"五四宪法"自 1953 年底开始起草，至 1954 年 9 月第一届全国人民代表大会正式通过，经历了近一年的时间。吕叔湘从 1954 年 3 月就作为语文专家参与其中。3 月初，宪法最初的草稿完成，董必武主持召开讨论会，邀请胡绳、叶圣陶和吕叔湘，用了三整天逐条推敲字句。3 月下旬，中央正式提出了宪法初稿，起草委员会聘请叶圣陶、吕叔湘为语文顾问，与其他专家一起，从不同角度讨论宪法草案、五个组织条例，以及刘少奇关于宪法起草的报告等各种文件。

　　那半年里，吕叔湘有时连续几天从早晨 9 点工作到晚上 12 点。直至 9 月 14 日那天，又从上午 10 点工作到晚上 7 点，在中南海修改报告。他在 1954 年 9 月 14 日的日记中写道："从三月初到九月中，今天是最后一次，功德圆满，少奇同志酌酒相劳而散。"次日，第一届全国人民代表大会第一次会议在北京召开，会上正式提出了《中华人民共和国宪法》的讨论稿。吕叔湘和叶圣陶在这部白话文的国家大法中，贯彻了他们自新文化运动就建立起的文体理念，倾注了对新中国民主政治的极大热情。

　　《中华人民共和国宪法》，同时也是一部优美的文学作品。难怪著名诗人、《哥德巴赫猜想》作者徐迟这样一位集诗情、才情与勇气于一身的老人，晚年关在家里拿着《宪法》反复阅读，认为《宪法》是最深的哲学，是最美的文学，最公平、正义的根本大法。吕叔湘等语文专家功不可没。

　　吕叔湘在新《宪法》制定、宣传和贯彻中，作出了自己的贡献，除了参加了 1954 年"五四宪法"的制定和完善工作外，还参加了 1982 年"八二宪法"的修订工作。

　　党的十一届三中全会后，随着社会主义民主法治建设的恢复和发展，根据形势任务的发展变化，修改宪法的工作提上日程。

　　1980 年 9 月 15 日，宪法修改委员会召开第一次全体会议，全国人大常委会委员长叶剑英主持并讲了话。他说：这次修改宪法要认真总结新中国成立以来历次修改宪法的经验，一定要从我国的实际出发，以我国自己的经验为基础，同时也要参考外国的尤其是社会主义国家的宪法，吸收其中好的东西。我们要努力做到，经过修改的宪法，能够充分体现我国历史发展新时期全国各族人民的利益和愿望。

这次会议决定设立秘书处，负责宪法修改的具体工作。胡乔木任秘书长，副秘书长有吴冷西、胡绳、甘祠森、张友渔、叶笃义、邢亦民和王汉斌。还请了钱端升当法律顾问，王力、吕叔湘当语文顾问。

1982 年 2 月，新中国的宪法迎来最重要的一次修订。2 月 22 日至 3 月 11 日，在五届全国人大常委会第二十二次会议期间，吕叔湘全程参与了宪法的文字推敲和民事诉讼法等其他法律的讨论。他对这一次的宪法修订稿评价很高，对文字做了精心的推敲，从总则到具体条文，提出了若干修改意见，并且专门讲了关于并列项目联结方式的处理原则。他对宪法初订和修订的重要贡献，更是赢得了国家领导人的尊重。

1982 年 12 月 4 日，五届全国人大五次会议通过新修改的《中华人民共和国宪法》。这部宪法以 1954 年宪法为基础，纠正了 1978 年宪法中存在的缺点，内容更加完备。1982 年制定的新宪法，不仅其思想内涵是对"五四宪法"的继承和发展，其语言风格也承袭"五四宪法"。据统计，"八二宪法"与"五四宪法"相同或相似的部分共有 98 条，占所有条文的 87.6%。

新宪法正确总结新中国成立以来的历史经验，明确今后国家的根本任务是集中力量进行社会主义现代化建设，用根本法的形式对我国的根本制度，以及社会制度、国家制度的原则等重大问题作了明确规定。其中，新宪法对国家机构设置也作出许多新规定：恢复设立国家主席、副主席；国家设立中央军事委员会，领导全国武装力量，等等。这些新规定，为中国特色社会主义制度体系增添了新内容和新特色。新宪法的施行，有力地推动了我国的法治建设步伐。

第九章　汉语规范之布局与谋篇

廿七、执笔《现代汉语规范问题》

新中国成立之后，面对西方国家的封锁，中共中央和中央人民政府号召全国民众要认真学习苏联的先进经验，全国各条战线开展了学习苏联、学习俄文的高潮。1953 年 2 月，毛泽东号召大家："我们不仅要学习马克思、恩格斯、列宁、斯大林的理论，而且要学习苏联先进的科学技术。我们要在全国范围内掀起学习苏联的高潮，来建设我们的国家。"[105]

中国科学院在经过思想改造运动，批判了崇美的思想之后开始学习苏联。在毛泽东的号召下，中国科学院决定组织代表团到苏联访问。经政务院 209 次政务会议批准，访苏代表团的任务是：一、了解和学习苏联如何组织和领导科学研究工作，特别是十月革命后苏联科学如何从旧有基础上发展和壮大起来的经验；二、了解苏联科学的现状及其发展方向；三、就中苏两国科学合作问题交换意见。

1953 年初，吕叔湘被通知参加这个代表团，开始在北京学习有关政策。经过一个多月的准备，代表团于 2 月 24 日出发，乘火车赴莫斯科。

代表团由钱三强任团长，张稼夫任中共临时支部书记，武衡任秘书长。团员中有我国各个学科的科学家，他们是：华罗庚、汪志华（数学）；张钰哲（天文学）；赵九章（地球物理学）；宋应、张文佑（地质学）；马溶之（土壤学）；刘咸一、彭少逸（化学）；吴征镒（植物学）；朱洗（动物学）；贝时璋（生物物理学）；冯德培（生理学）；梁思成（建筑学）；曹言行（土木工程学）；于道文（机械工程学）；陈荫榖（电机工程学）；刘大年（历史学）；吕叔湘（语言学）。再加上翻译和工作人员，共 26 人。

当代表团乘坐的火车从满洲里驶出国境，进入苏联边境的一个小火车站时，苏联科学院派来迎接的联络处长登车与代表团相见。他自我介绍后，帮助大家办好入

---

[105] 毛泽东. 在全国政协一届四次会议闭幕會上的讲话[M]//中共中央党史和文献研究院. 建国以来毛泽东文稿:第八册. 北京:中央文献出版社,2023:66-67.

境手续，改乘苏方专门为代表团准备的一节车厢，继续向西行驶。在苏联境内行车五天后，从列车广播中听到了关于斯大林病情的报告。此后，每当经过沿途车站时，都看到苏联人民为斯大林病危而表现出的忧伤感情。到达莫斯科车站，苏联科学院院长涅斯米扬诺夫迎着寒风在月台上迎接代表团。但是这个迎接的场面没有笑容，更没有欢乐，双方都带着严肃的、伤感的表情，勉强地互致问候，并祝愿斯大林同志早日恢复健康，然后默默地驱车到市内民族饭店休息。

经过十多天火车的长途旅行，大家都很疲劳，好不容易有一个安静的夜晚，睡得很熟。第二天清晨起床后，看到走廊里、餐厅里悬挂着的斯大林的相片上都系了黑纱。斯大林逝世了。许多服务员失声痛哭，这天的早饭谁也没能吃得下去。

全苏联人民为斯大林逝世沉浸在悲哀之中。代表团开始几天的活动较少。中共中央和国务院派周恩来专门来莫斯科参加斯大林葬礼，加上正在莫斯科与苏方商谈苏联援助中国建设项目的李富春、驻苏大使张闻天和科学院访苏代表团团长钱三强，为斯大林护灵十分钟。科学院访苏代表团全体成员在莫斯科工会大厦瞻仰了斯大林遗容。

代表团在苏联学习的第一课，是苏联科学院学术秘书长托布契也夫院士所作的《苏联科学院发展的主要阶段》的报告。

苏联科学院主席团就该院如何搞科学研究计划工作为中国科学院访苏代表团专门组织了一次座谈会。会上，苏联科学院院长涅斯米扬诺夫院士作了报告，学术秘书长托布契也夫院士及赫美尔尼茨基教授作了补充发言。

涅斯米扬诺夫说："苏联科学院以辩证唯物主义与历史唯物主义为指导思想，研究自然与社会的客观法则，并运用这些法则为人民谋福利，使科学研究为社会主义建设服务，为国民经济的进一步发展服务。这种明确的目的性，使苏联科学工作具有高度的计划性。"

苏联科学工作的计划，主要以国民经济计划为基础，集中力量解决有关利用苏联的丰富资源的问题，加强科学与生产之间的创造性合作。同时也注重把发展理论科学作为必要的基础，把注意力集中在那些最有前途、发展最快的方面，即集中在科学的"生长点"上，有重点地解决当前科学发展中的关键性问题。

武衡回忆，苏联科学院计划工作的经验，对中国科学院的计划和后来的全国12年科学技术发展远景规划起了借鉴作用，对他后来的工作有很大的帮助。

访苏代表团参观了包括苏联科学院系统在莫斯科和列宁格勒等地的 98 个研究机构，访问了 11 所大学和许多工厂、矿山等。在苏联参观学习 80 天后，代表团乘火车经西伯利亚回国。到长春住下，进行学习总结。总结报告由汪志华起草，全体团员讨论定稿。

报告指出，30 年内苏联科学院的主要经验有以下几个方面：一、中心环节是培养干部；二、有目的、有计划、有重点地开展研究工作；三、各科学机构之间既明确分工又互相配合，汇为一个有机的整体；四、培养健康的学术风气。

代表团认为，上述经验，在我国基本上是适用的，有的可以立即付诸实施，如培养干部和制订科学研究计划等；有的则需要经过一段时间，创造了条件之后才能实行，如研究机构的分工和院士的选举等。苏联科学院在十月革命后 12 年才开始全面的改造，中国科学院由于条件不同，改造业已开始，改造过程会缩短，但必须慎重从事，防止急躁，稳步前进。

苏联科学家们还向代表团提出不少很好的建议，如应加强马列主义的学习；重视中国农业的经验总结；应密切结合实际，一刻也不应脱离实际；及早建立电子学和仪器的研究；重视东南亚历史的研究等。对于这些意见，代表团回国后，都结合我国实际进行了研究。这些收获，除向科学院和有关部门汇报外，有些在后来科学院的工作中逐步得到实施，有的则作为建议向政府有关部门提出。

访苏代表团在长春完成总结后，已是 6 月中旬了。团员们分头向北京、上海、南京、沈阳、长春等地科学界进行了传达，鼓舞了学习苏联的热情，特别是青年科学工作者学习苏联科学的热情。

6 月 17 日，代表团自长春返抵北京，后在京组织了 16 个专题报告会和 3 个总结报告会，传达访问情况和收获，并将 27 份报告汇编为《学习苏联先进科学：中国科学院访苏代表团汇刊》一书，于 1954 年出版发行。9 月 15 日，中国科学院党组向中共中央呈送关于访苏代表团工作的报告。

吕叔湘作为访苏代表团团员，全程参加了上述活动。6 月 28 日，吕叔湘在中国科学院作报告，介绍苏联语言学界情况。

由于科学事业发展的需要，为了加强中国科学院的学术领导力量，借鉴和模仿苏联科学院的院士制度，经政务院批准，1954 年 6 月中国科学院开始筹备建立学部，各学部聘任若干学部委员，承担本学部及所属研究所的学术领导工作。

　　1954 年 6 月 3 日，中国科学院通知筹备建立物理学数学化学学部、生物学地学学部、技术科学学部和社会科学学部（后改为哲学社会科学学部），由吴有训、竺可桢、严济慈、郭沫若分别任相应学部筹委会的主任委员。7 月初，以院长郭沫若的名义向全国自然科学家发出 645 封信，请他们推荐学部委员人选。入选标准主要有三条，即在学术上的成就、在推动中国科学事业方面的作用和忠于人民的事业。

　　通过近一年的工作，1955 年 5 月 15 日，中国科学院党组向国务院报送 235 人的学部委员名单。5 月 31 日，国务院第十次全体会议批准其中的 233 人。

　　1955 年 6 月 1 日至 6 月 10 日，中国科学院学部成立大会在京召开，正式宣布成立学部，明确学部职责，公布首批学部委员名单。中国科学院学部，是中国科学院的重要组成部分，是国家在科学技术方面的最高咨询机构。主要职能和任务是：组织学部委员对国家经济建设和社会发展中的重大科学技术问题、科学技术发展规划、科学发展战略和重大科学技术决策提供咨询，推动科学技术政策和措施的制定和实施；组织学部委员对重要研究领域、研究计划和研究机构的学术问题，进行评议和指导；开展学术活动，同国内外学术团体进行交流与合作，促进科学技术的发展与普及等。

　　6 月 3 日，周恩来总理签署国务院命令，公布了首批 233 位学部委员名单，新中国首批学部委员（1994 年改称院士）正式诞生——

中国科学院学部委员名单[106]

一、物理学数学化学学部

王竹溪	王淦昌	王湘浩	江泽涵	余瑞璜	吴有训	吴学周	李方训
李国平	汪猷	周同庆	周培源	施汝为	柯召	柳大纲	段学复
纪育沣	胡宁	唐敖庆	袁翰青	张青莲	张钰哲	梁树权	庄长恭
许宝騄	陈建功	陆学善	傅鹰	彭桓武	恽子强	曾昭抡	华罗庚

---

[106]　据郭建荣.中国科学技术年表（1582—1990）[M].北京:同心出版社,1997,490:491.并据人民日报数据库、《辞海》等资料核对。

| 黄子卿 | 黄昆 | 黄鸣龙 | 杨石先 | 叶企孙 | 葛庭燧 | 虞宏正 | 赵忠尧 |
| 赵承嘏 | 卢嘉锡 | 钱三强 | 钱伟长 | 钱临照 | 严济慈 | 苏步青 | 饶毓泰 |

二、生物学地学学部

丁颖	尹赞勋	王家楫	王应睐	田奇㻪	伍献文	朱洗	何作霖
吴英恺	吴征镒	李四光	李连捷	李庆逵	李继侗	沈其震	贝时璋
周泽昭	孟宪民	承澹盦	林巧稚	林镕	武衡	秉志	竺可桢
金善宝	侯光炯	侯德封	俞大绂	俞建章	胡经甫	夏坚白	孙云铸
殷宏章	涂治	涂长望	秦仁昌	马文昭	张文佑	张孝骞	张景钺
张肇骞	张锡钧	梁希	梁伯强	许杰	陈文贵	陈世骧	陈桢
陈焕镛	陈凤桐	斯行健	汤佩松	盛彤笙	程裕淇	童第周	冯德培
冯泽芳	黄汲清	黄秉维	黄家驷	杨惟义	杨钟健	叶橘泉	裴文中
赵九章	赵洪璋	刘承钊	刘崇乐	乐森璕	潘菽	蔡邦华	蔡翘
邓叔群	郑万钧	萧龙友	诸福棠	钱崇澍	谢家荣	钟惠澜	戴芳澜
戴松恩	魏曦	罗宗洛	顾功叙				

三、技术科学学部

王大珩	王之玺	石志仁	朱物华	吴学蔺	李文采	李强	李国豪
李薰	汪胡桢	周仁	周志宏	孟昭英	邵象华	侯祥麟	侯德榜
茅以升	孙德和	马大猷	张大煜	张光斗	张维	张德庆	梁思成
章名涛	陶亨咸	程孝刚	黄文熙	杨廷宝	叶渚沛	雷天觉	靳树梁
赵飞克	刘仙洲	刘敦桢	蔡方荫	褚应璜	钱令希	钱志道	严恺

四、哲学社会科学学部

丁声树	千家驹	于光远	尹达	王力	王亚南	王学文	向达
艾思奇	何其芳	吴玉章	吴晗	吕叔湘	吕振羽	李亚农	李达
李俨	杜国庠	沈志远	狄超白	周扬	季羡林	金岳霖	侯外庐

胡乔木	胡绳	范文澜	茅盾	夏鼐	马寅初	马叙伦	张如心
张稼夫	许涤新	郭大力	郭沫若	陈伯达	陈垣	陈寅恪	陈望道
陈翰笙	陶孟和	汤用彤	冯友兰	冯至	冯定	黄松龄	杨树达
杨献珍	刘大年	潘梓年	翦伯赞	邓拓	郑振铎	黎锦熙	钱俊瑞
骆耕漠	包尔汉	薛暮桥	魏建功	罗常培			

首批学部委员的学科分布为，物理学数学化学学部 48 名，生物学地学学部 84 名，技术科学学部 40 名，哲学社会科学学部 61 名。

吕叔湘成为哲学社会科学学部首批 61 名学部委员之一，语言学方面的其他 7 名学部委员是：丁声树、王力、季羡林、陈望道、黎锦熙、魏建功、罗常培。

＊　＊　＊

1955 年 10 月 25 日至 31 日，中国科学院在北京召开现代汉语规范问题学术会议。语言研究所受命筹办，语言研究所所长罗常培、副所长吕叔湘共同起草了《现代汉语规范问题》主报告。

会议是在全国文字改革会议结束后的第二天召开的。全国文字改革会议已经通过了大力推广普通话（即汉民族共同语）的重要决议。现代汉语规范问题学术会议，则侧重从学术方面来探讨汉语的进一步规范化。因此，这两次会议接连召开，是我国人民文化生活中划时代的大事，标志着中国文字改革和汉语规范化工作的开端。

会议是一次高规格的国家行为。《人民日报》为此发表社论说："为了顺利地进行社会主义建设，为了充分地发挥语言在社会生活中的交际作用，以至为了有效地发展民族间和国家间的联系、团结工作，都必须使汉民族共同语的规范明确，并且推广到全民族的范围。"

参加会议的有中央一级单位和各地的语文研究工作者和语文教学工作者，还有文学、翻译、戏剧、电影、新闻、广播、出版、速记等方面的代表共 122 人。参加会议的还有党和国家的负责人。苏联、波兰、罗马尼亚、朝鲜等国家的汉语学者也应邀参加会议。

国务院副总理陈毅在会上作了重要讲话。他指出：汉字改革、现代汉语规范化和在一部分少数民族地区实行拼音文字，这是当前语言工作中的主要任务，专家们要经过反复讨论去制订实施方案。有了专家的一致,才有工作方案的一致。这样才便于全国各地去推行。

中国科学院院长郭沫若在开幕词中指出:在召开全国文字改革会议之后,紧接着召开现代汉语规范问题学术会议,这在工作联系上是很有意义的。他说,民族语言的统一是民族形成过程中的必然趋势。以往我们是听其自然的,可是,在今天因为有迫切的需要,我们必须有计划地来促进它。我们需要有一个规范明确的统一的民族共同语,以便于我们在一切的活动中调节我们的共同的意识和行动。

会议听取和讨论了吕叔湘宣读的主题报告《现代汉语规范问题》。

会议于 10 月 31 日下午闭幕。高等教育部副部长周建人在会上讲话,陈望道作了总结发言。会议通过了《现代汉语规范问题学术会议决议》。会议决议表达了代表们对汉语规范问题的共同认识,提出了开展工作的六条建议。建议包括组织普通话审音委员会,组织词典计划委员会,拟订方言普查计划,加强科学院语言研究所和高等学校语文科系在研究工作上的联系,并共同组织社会力量参加语言研究工作等方面的内容。

中国文字改革委员会委员胡乔木,在大会闭幕后的当晚对代表们作了关于现代汉语规范问题的讲话。[107] 讲话对汉语规范化的一些原则问题发表了意见。

先说一说前一天刚闭幕的全国文字改革会议,助益了解现代汉语规范问题学术会议的背景。

1955 年 1 月 7 日,教育部、中国文字改革委员会联合发表《汉字简化方案草案》,包括《798 个汉字简化表》《拟废除的 400 个异体字表》《汉字偏旁手写简化表》三个表,并在全国各地组织讨论,征求意见。同年 5 月 9 日,中国文字改革委员会召开第二十次常务会议,讨论语文教学部叶圣陶向教育部提出的关于语言规范问题的建议。

7 月 16 日,中国文字改革委员会发出《关于京、津及各省、市报纸杂志试用第一、二批简化汉字的补充通知》。通知要求,第二批试用的简化汉字(84 个),北京、天津报刊于 8 月 15 日起采用,其他各省、市报刊从 8 月份起,先行采用第一批简化汉字,隔三四个月后再采用第二批。

---

[107] 胡乔木. 胡乔木谈语言文字[M]. 北京:人民出版社,1999:140-162.

经过多月讨论、试用等准备，1955 年 10 月 15 日至 23 日，教育部、中国文字改革委员会在京联合召开全国文字改革会议。参加会议的代表有 207 名。会议的任务是解决两个迫切问题：通过《汉字简化方案》和推广以北京语音为标准音的普通话——汉民族共同语。会上，陈毅、郭沫若、沈雁冰（茅盾）、吴玉章、张奚若等作了讲话及报告。

会议一致同意，中国文字改革委员会主任吴玉章所作《文字必须在一定条件下加以改革》的报告，以及教育部部长张奚若所作《大力推广以北京语音为标准音的普通话》的报告。

通过了提案审查委员会的《提案审查报告》和《全国文字改革会议决议》。决议指出：（1）建议中国文字改革委员会把修正后的《汉字简化方案》提请国务院审定公布实行。（2）要求各报刊和文化教育机关广泛宣传简化汉字；各级学校使用简化汉字；出版物上废除异体字。（3）建议教育部首先对全国各地小学、中学、各级师范学校分别作出指示，大力推广普通话，并指示各地教育行政部门有计划地分批调训各级学校语文教师学习普通话。

会议刚闭幕，教育部于 10 月 24 日至 26 日召集参加会议的中小学、各级师范院校教师和教育行政干部举行座谈会。

座谈会根据全国文字改革工作会议的决议，研究了推广普通话的方针和在学校中用普通话教学的步骤、要求，讨论了培训教师、编辑普通话教材等问题。教育部副部长董纯才作总结性发言。他号召各级各类学校要大力推广普通话教学，积极采用简化字。教育部决定在教育行政部门的公文往来中用简化字，并且推广横写、横排。

胡乔木同年 11 月 22 日在教育行政学院作报告时，也谈到文字改革要简化汉字、推广普通话，促进语言规范化。

1955 年 12 月 22 日，文化部、中国文字改革委员会发出《关于发布第一批异体字整理表的联合通知》。通知指出：第一批异体字整理表从 1956 年 2 月 1 日起在全国实施。从实施日起，全国出版的报纸、杂志、图书一律停止使用表中括弧内的异体字。机关、团体、企业、学校用的打字机字盘中的异体字应逐步改正。翻印古书须用原文原字的，可例外；商店原有牌号不受限制；用作姓氏的，可不加变更。以后经 1986 年和 1988 年两次整理，淘汰的异体字由原来的 1053 个减少到 1027 个。

1956 年 1 月 1 日起,《人民日报》经中央同意,改为横排。1956 年 1 月 27 日,中共中央发布了《关于文字改革工作问题的指示》,批转下发中国文字改革委员会党组和教育部党组《关于全国文字改革会议的情况和目前文字改革工作的请示报告》。

1956 年 2 月,经国务院发布的《汉字简化方案》单行本由人民教育出版社出版。2 月 6 日,国务院发布《关于推广普通话的指示》。指示指出:"汉语统一的基础已经存在了,这就是以北京语音为标准音、以北方话为基础方言、以典范的现代白话文著作为语法规范的普通话。"并指出,在文化教育系统中和人民生活各方面推广普通话,是促进汉语达到统一的主要方法。

再来说一说《现代汉语规范问题》的主要内容,及其历史和现实价值。

《现代汉语规范问题》是现代汉语规范问题学术会议最为重要的文件,是会议最重要的成果,同时也是一篇代表中国智慧与实践的重要的语言规划学文献。

《现代汉语规范问题》分三部分:第一,为什么要在这个时候提出现代汉语的规范问题?第二,现代汉语的规范化有些什么原则性的问题需要解决?第三,怎样进行规范化的工作?

在回答第一个问题时,定义了什么是"普通话",阐述了我们的国家和时代为什么需要普通话,为什么需要为普通话制定规范与标准。

在回答第二个问题时,指出现代汉语规范的若干原则性问题:(1)民族共同语是怎样形成的?它与方言是什么关系?(2)语言规范化的对象与标准。(3)规范化与语言发展的关系,规范化与个人风格的问题。

在回答第三个问题时,提出了进行规范化的几项重要工作:(1)宣传工作,提倡在公共场合说普通话,促使每个写文章的人注意语言规范,特别是"有示范作用"的那些名人。(2)要有一些行政措施。(3)进行科学研究。要求语言学家要学习语言学理论,要了解各国的语言规范化的措施与经验,并提出了七个具体的研究项目:① 普通话语音研究;② 语法研究;③ 修辞学和逻辑;④ 词典;⑤ 方言调查;⑥ 汉语史研究;⑦ 教材和教学法的研究。

《现代汉语规范问题》三个方面的价值是明显的:

第一,它解决了普通话规范的一些重要的理论和现实问题,如:(1)共同语是历史形成的;(2)共同语与方言的关系;(3)共同语与个人风格和文学创作的关系；（4）共同语在全民交际和社会发展中的重要作用；（5）共同语怎样进行规范；（6）共同语的维护需要社会宣传、政策支持和学术研究等。这些问题在中国语言规划学上有重要意义，在人类的语言规划学上也有重要意义。

第二，它是一部实践性很强的文献。它所提出的三个方面工作（宣传、政策、研究）和七大研究任务，都在后来的国家语言规划实践中陆续实现，推动了我国的普通话宣传工作和政策制定工作，七大研究任务也都结出了丰硕的学术成果，奠定了新中国语言研究的基础，也进一步巩固了语言研究支持国家语言事业的传统。

第三，它对解决今天语言生活的现实问题，仍然具有重要的借鉴意义。比如，有人认为普通话历史上曾受到北方少数民族的严重影响，不如一些南方方言"纯正"，为何要选定这样的普通话作为民族共同语？比如，语言规范是否阻碍语言发展和作家个人风格的形成，作者的"语言自律"问题，等等。重读《现代汉语规范问题》，可以回答今天仍然存在的这类问题。

总之，吕叔湘和罗常培合作的《现代汉语规范问题》报告，对汉语规范化的意义、原则和需要做的具体工作项目作了详尽论述，强调"语言学家应该研究语言的规范，并且通过这种研究促进语言的规范化"。报告为此后若干年间我国的语言工作勾勒出蓝图。

这次会议的代表们提出了若干研究课题，并就组成普通话审音委员会、拟订《现代汉语词典》编纂计划、拟订汉语方言初步普查计划等工作形成了决议。这次会议的文件后来汇编成《现代汉语规范问题学术会议文件汇编》（科学出版社，1956）。

此后，语言研究所的主要工作，都围绕着促进汉语规范化的目标而展开，无论是编辑《现代汉语词典》，进行方言调查，继续汉语语法研究，并适当展开汉语史研究，还是《中国语文》杂志对现代汉语规范化、推广普通话和文字改革工作的探讨等，都是如此。自此以后，语言研究所的各个研究组分别就语法、语音、词汇、方言、词典编纂等工作展开了深入的研究。

廿八、主编《现代汉语词典》

《现代汉语词典》是中国第一部现代汉语规范型词典，即普通话词典，由中国社会科学院语言研究所词典编辑室编写，吕叔湘和丁声树曾先后主持编纂。其中，"试印本"阶段的主编是吕叔湘，"试用本"阶段的主编是丁声树和李荣（协助）。1978 年由商务印书馆正式出版，1983 年出第二版，1996 年出修订本，2002 年出增补本，2005 年出第 5 版，2012 年出第 6 版，2016 年出第 7 版。2019 年《现代汉语词典》（第 7 版）APP 发布。

《现代汉语词典》总结了 20 世纪以来国语运动和白话文运动的成果，第一次以词典的形式统一了汉语书面语和口语，第一次对现代汉语进行了全面规范，注重普通话词汇系统收词的平衡性与全面性，在编纂宗旨、指导理论、编纂理念和收词、注音、释义、用例等方面都有所开创，成为规范兼描写型中型词典的样板。

《现代汉语词典》作为第一部纯粹的白话词语词典，旨在反映现代汉语词汇在共时平面上的语义、语用以及语法上的特点，在引导中国语言文字规范和促进语文教育及文化建设诸方面发挥着重要作用。

首先，说一说作为规范现代汉语词汇工具书的《现代汉语词典》的编纂背景。

由于过去近百年战乱频仍，刚刚解放的中国百废待兴，其中包括语言文字。正如秦统一六国后，要立即着手实施"书同文，车同轨"，一个统一的国家拥有规范、整饬的语言环境，对于维护社会的安定和有序意义非凡。1951 年 6 月，《人民日报》发表了经毛泽东亲自定稿的社论《正确使用祖国语言，为语言的纯洁和健康而斗争》，号召全国人民共同来学习、掌握汉语的规律，并将其上升到政治觉悟的高度。

在当时的社会政治氛围下，这个号召很快就掀起了一系列全国性的现代汉语使用和规范的学习热潮，汉字、语音、词汇、标点符号等是其中的重点。相关事件荦荦大者有：1951 年政务院发出《关于学习标点符号用法的指示》。1952 年教育部颁布第一份《常用字表》。1953 年新中国第一部语文工具书《新华字典》出版。1953 年、1955 年有两次现代汉语语法问题的讨论。1955 年教育部、中国文字改革委员会联合召开全国文字改革会议。1955 年现代汉语规范问题学术会议召开。1955 年《第一批异体字整理表》公布。1955 年教育部发出《关于在中小学和各级师范学校大力推广普通话的指示》，以及《关于在中小学和各级师范学校及其工农业余学校推行简化汉字的通知》。1956 年国务院发布《关于推广普通话的指示》。1958 年全国人大批准《汉语拼音方案》。1958 年教育部颁布《关于在中小学和各级师范学校教学汉语拼音字母的通知》。

编纂《现代汉语词典》，是汉语规范化、文字改革和推广普通话之时代大背景的需要，是 1955 年现代汉语规范问题学术会议确定的任务。1956 年 2 月 6 日，《国务院关于推广普通话的指示》明确规定，中国科学院语言研究所应该"编好以确定词汇规范为目的的中型现代汉语词典"。

为完成这一任务，实现词汇规范的目的，原隶属文化部出版事业管理局的新华辞书社（《新华字典》的编纂机构）、原隶属中国文字改革委员会的中国大辞典编纂处（《国语辞典》的编纂机构）合并到语言研究所，与研究所部分科研人员一起，组建了 40 人的词典编辑室，由时任语言研究所副所长的吕叔湘兼任主任并担任《现代汉语词典》主编。

其次，说一说吕叔湘主编《现代汉语词典》"试印本"阶段的简要过程。

《现代汉语词典》的使命是确定现代汉语词汇规范，用典范的白话文来注释。从收录一代语词、反映语言面貌来说，《现代汉语词典》是前无古人的。

吕叔湘认为，词典是进行语言规范化的最重要工具，词汇研究的结果一般要由词典总结。一部好的词典在人民群众的文化生活中所起的作用难以估量。编词典大有学问。从选词、注音、释义、举例到语法特点和文体风格的提示，乃至条目的排列和检字法这些技术性的工作，都有很多问题，有的比较好处理，有的比较难处理。

作为主编，吕叔湘事必躬亲，从组建编纂机构、建构全书框架、草拟发凡体例、全面搜集资料，到拟订词条、具体编写、审定文稿、最终定稿，等等。

就资料搜集而言，为了编纂这部词典，吕叔湘领导词典编辑室 1957 年用了大半年的时间搜集资料，约 70 万张卡片，加上后续不断丰富和完善，最终搜集资料的卡片有 100 万张之多。

1958 年上半年进行试编，逐步确定词典体例。1958 年 6 月开始正式编写，吕叔湘精心研究计划，组织资料搜集，落实编写安排，制订并不断完善编写细则，主持编写工作，负责审稿定稿。

据词典编辑室的老先生回忆，《现代汉语词典》当年的编写工作按流水作业进行，一环紧扣一环，一环卡住就要影响下边的工作，每项工作都十分紧张。编写人员每人每周要编写 100 条，一个组长一周要审改 600 条。作为主编的吕叔湘一周要定稿 1500 条，工作量相当大，晚上还要把稿子带回家里继续看。

当时吕叔湘住在中关村，工作单位在西单，上班来回都乘公交车，中午饭是从家里带的馒头就着开水吃。他的胃病因此也越来越严重，后来还做了手术。

吕叔湘在《现代汉语词典》出版 20 周年学术讨论会发言中曾经这样感慨：我们编这部词典可以说尝尽了甘苦，或者说只有苦而没有什么甘。因为，要编好一本词典，就得搜集大量资料，比如编《现代汉语词典》就搜集了上百万张卡片的资料，要对资料进行全面、认真地分析、综合，工作繁杂，当然十分辛苦。

编词典有"圣人的苦力"之谓。中外学者对于编纂词典的艰辛，多有"告诫"。意大利语言学家斯卡利格有言："十恶不赦的罪犯，既不应处决，也不应判强制劳动，而应判去编词典，因为这项工作包含了一切折磨人的痛苦。"知名出版家陈原也曾调侃说："'傻子'才去编词典。编词典不是人干的事情，而是圣人干的事情！"这些都是个中人的切肤体会。

如果说，这些是编纂《现代汉语词典》的必然之"苦"，那么，实际上，还有不少偶然的"苦"相伴，无形中增加了工作难度。吕叔湘概括为四个方面的"苦"：一是人手生，参加编写的人大都没编过词典，要边干边学。二是工作生，这类词典前人没有编过，没有严格意义的词典可以参考，《辞源》《辞海》都是百科性的辞书，《康熙字典》只适用于文言。三是时间紧，要在一两年内完成四五万条的编写任务。词典编辑室的行政领导为赶任务，采用当时流行的"插红旗拔白旗"的办法，促使大家夜以继日地工作。吕叔湘自己在一年多的时间里差不多每天都要工作到夜间十二点钟，又不能太晚了，因为第二天还得早起照常工作。四是干扰多，一次次政治运动耗费不少时间，也使得一部分有关条目难以定稿。

吕叔湘晚年谈到编纂《现代汉语词典》时，曾感慨地说："这本书出版以后，适合社会需要，读者反映不错，这使得我们心里感到安慰，也可以说就是我们的'甘'吧。"

到 1959 年 3 月底完成初稿，接着就修改，到 7 月底完成二稿。10 月，三稿完成。1960 年年中以后，试印本分 8 册由商务印书馆陆续印出，广为送审，为词典进一步修订和正式出版打下了坚实基础。

再次，这里摘录吕叔湘所撰《〈现代汉语词典〉试印本前言》，读者或可一睹"试印本"之概貌。

我国现在还缺少一部合乎一般读者需要的词典，编辑这部《现代汉语词典》就是企图满足这个需要的一种尝试。现在初稿已经编成，但是限于编者的水平，一定有很多不妥之处，所以先行试印，广泛送请审阅，再修订成定稿。

这部词典的首要任务，我们认为应该是为推广普通话、促进汉语规范化服务，在选词注音、释义、举例各方面都必须贯彻这个方针。这是汉语发展现阶段的客观需要，也符合广大读者的共同期望。

由于汉语历史悠久，方言众多，加以使用汉字给予书面语造词的方便，现代汉语中同义词繁多的现象极其突出，有其丰富的一面，也有其混乱的一面。凡是足以丰富普通话语汇的，词典里要尽量保留，凡是徒然滋长混乱的，词典要在一定程度上予以澄清。但是读者对于词典也还有另一种合理的要求，那就是要能解决他在阅读中遇到的困难——不会念的字，不会解释的词语。在词汇和词义的选录上如果采取极端的纯洁主义，就不能满足读者在这方面的需要。因此，本书所收条目以普通话中心语汇为主，并酌量选录一些外围语汇——时常在文学作品中出现的方言词和方言义，不久前还在使用着的旧词和旧义，在现代书刊中不算罕见的文言词语，正在逐渐进入我们生活中的某些比较专门的科学技术用语。这部分语汇都分别加以标志，使读者认清它的性质。一种语言的语汇是在不断变化着的，中心语汇和外围语汇的界限既难于严格划分，更不是一成不变。本书所收条目、词义和所加标志可能有很多取舍不当之处，希望审阅者对此提出宝贵的意见。

由于本书以现代汉语为对象，凡是现代语汇中用不着的生僻汉字，原则上不作条目收录。但是这些字常常出现于地名、人名中，在文章中偶尔也会碰到。本书把它们编在检字表里，就在那里注上读音和简单的解释（这些字都是读者不知道读音的，如果收作条目，也必须通过检字表才能查到）。

一部供一般读者使用的词典，除了必须作到通常意义的内容正确外，还必须特别重视注解和举例的思想性。词典不是政治教科书，但是词典给予读者的影响是极其巨大的，必须能起良好的教育作用。一切与人们的思想有关的词语（不仅名词，也包括某些动词和形容词），注解和举例都必须从正确的立场、观点出发，特别是曾经被资产阶级作了歪曲解释的，更要注意。本书是朝这个方向努力的，但是很可能还存在许多错误和缺点，请审阅者予以批评和纠正。

在一般内容上，我们除了依靠所搜集的资料外，涉及专科知识的都曾经分别向专业部门请教。但是词典的内容几乎无所不包，疏漏和错误必然难免，希望通过这次试印本获得语文和各科专家的指正。本书专科条目的注解比一般条目稍为详细些。一方面是因为有些事物不容易用一两句话说明白，另一方面也因为目前还没有一部简明的百科词典，读者往往希望从语文词典得到一定程度的帮助。这种作法是否合适，也请告诉我们。

此外，本书的体例，如条目的编排，注音和释义的方式，字体、标点和排印格式等等，虽然经过几次斟酌修改，还是不敢认为满意，希望审阅者从使用的角度提出改进的意见。有两项工作是我们认为需要作而没有作的。一项工作是标注词类。在汉语语法研究的现有情况下，这件事情作起来会旷日持久，影响本书的出版。希望在第二版上能够弥补这个缺陷。另一项工作是标明单字或各个字义在现代汉语里的地位是词还是词素，或是具有某种特殊身份。在草稿里，我们曾经用圆形和方形的义项数码来区别，后来发现问题远不是这么简单，不得不暂时放弃，准备在本书第二版求得适当的解决。如蒙提出宝贵的建议，十分欢迎。

本书于1958年2月开始试编，6月起正式编写，到1959年年底完稿，前后不到两年。加以资料的不够完备和编者水平的限制，深恐本书缺点众多，不足以符合读者的期待。如果说是还能维持一定的质量，可以作为逐步提高的基础，那么首先应该感谢党的正确领导和各方的深切关怀和有力支持，参加编写工作的人员和参加审查草稿的部门的名称都将在正式印本的前言中列出，这里从略。[108]

吕叔湘还对《现代汉语词典》编纂从学术方面进行了总结，试图解决汉语词典编纂法上的一些理论问题和实践问题。吕叔湘认为，总结不局限于为《现代汉语词典》作说明，竭力避免作成凡例的详解。要充分利用这部词典的材料，包括历次印本和修改本、意见本，并利用可供参考的一切资料，包括过去的新旧字典、词典和

---

[108] 吕叔湘.《现代汉语词典》试印本前言[M]//吕叔湘.吕叔湘全集:第十二卷.沈阳:辽宁教育出版社,2002:409-411.

若干种有代表性的外国词典，要利用这些资料，把《现代汉语词典》编写过程中遇到的问题，一个个加以分析和讨论，分列专题写成论文。

他在《〈现代汉语词典〉的意义和价值》中拟定了八个方面的题目：（1）词典的性质和类型；（2）词典里怎样表现思想性；（3）现代汉语词典和现代汉语规范；（4）汉语词典和汉字；（5）汉语词典中的语法问题；（6）词典里的释义问题；（7）一般词典里的专科条目、人地名和附录；（8）词典的资料工作。他希望通过这样的研究，把编纂《现代汉语词典》实践中得来的感性知识提高到理论的水平，为以后修订这部词典以及别人编写同类词典提供参考，也可以说是为我国的词典学建立基础。

《现代汉语词典》总结了 20 世纪以来中国白话文运动的成果，第一次以词典的形式统一了汉语书面语和口语，第一次对现代汉语进行了全面规范。

《现代汉语词典》在辞书理论、编纂水平、编校质量上都达到了一个新高度，是辞书编纂出版的典范之作。它的发行量之大，应用面之广，为世界辞书史上所罕见。它对现代汉语的统一与规范，对研究、学习与正确运用现代汉语，对扩大中国与世界各民族的交往，都有着重要的影响。

《现代汉语词典》出版后，成为广大师生尤其是中小学师生、研究人员、记者、编辑、播音员、主持人、文秘甚至法官等几乎社会各界人士必备的语文工具书，成为高考阅卷、播音主持、报刊编辑、法律裁定和制订、修订国家有关语言政策法规的重要依据。

《现代汉语词典》不仅是全世界华人学习现代汉语最重要的工具书之一，同时也被誉为世界上许多国家和地区人民研究和学习汉语的"圣经"。如今，《现代汉语词典》除内地版以外，还有香港版；此外还有新加坡版、韩国版等多个版本。

《现代汉语词典》还为各类汉外辞书的编纂提供了很好的汉语蓝本。20 世纪 80 年代以来，各种汉外词典如雨后春笋，如百花竞放，其中一个很重要的基础就是《现代汉语词典》。

因此，《现代汉语词典》不仅在国内，而且在国际上都起到了"推广普通话，促进汉语规范化"的积极作用。

廿九、"必须认清" 语文这个工具

上世纪 50 年代末和 60 年代初,终止了汉语、文学分科教学的试验,在全国组织开展了两场有关语文教育问题的大讨论。一场是由上海《文汇报》发起的关于语文教学目的和任务的讨论,另一场是关于教好语文课的讨论,主要阵地除了《文汇报》,还有《光明日报》和《人民教育》等报刊。这些讨论,都集中到一个焦点,即如何正确认识语文这个工具的特殊性质,以此为基础去解决教材和教法问题。吕叔湘都予以了积极关注,并于 1963 年发表了《关于语文教学的两点基本认识》,成为指导语文教学的经典之作。

这两场语文教学大讨论的基本情况是这样的——

1959 年,中央教育工作会议决定以语文为重点学科,要求教育部门各级领导抓紧语文教学的领导工作,切实提高语文教学质量。为了在根本问题上逐步统一思想认识,上海《文汇报》自 6 月 5 日起开辟专栏,首先展开关于语文教学目的和任务的讨论。8 月中旬开始,讨论范围有了扩展。这场广泛的社会讨论,波及全国许多省市。有的地区、有的学校还专门组织讨论会、座谈会。《光明日报》《天津日报》《北京日报》等报刊也先后组织了类似的讨论与笔谈。1961 年 12 月 3 日,《文汇报》以《试论语文教学的目的任务》为题发表社论,对这场讨论作了总结,语文教学界的思想认识基本上得到了统一。

这是我国语文教育史上范围最广、历时最长的一场社会性大讨论。讨论的各方认真严肃,思想活跃,充分说理,持之有据,充满了学术民主的空气,正反映了国民经济调整时期纠正左倾错误而带来的生动活泼的局面。

1961 年 1 月,《文汇报》又开展了怎样教好语文课的讨论。它是 1959 年关于语文教学目的和任务的讨论的继续和发展。

在深入讨论和实践的基础上,1961 年 12 月 3 日,《文汇报》发表社论《试论语文教学的目的任务》,对这场讨论作了总结。

社论从语文学科的性质、语文知识教学和政治教育的关系及语文教学的规律、方法等三个方面,对语文教学的目的和任务作了深入的分析。

应该说,社论对语文学科的"文道关系"的分析和对语文教学目的、任务的概括都是正确的。它不仅在当时起了积极的作用,而且对以后的语文教学也产生深远的影响。

　　当然，语文教学工作者要从理论和实践的结合上处理好"文道关系"还是很不容易的。在教学中，或是过多地讲课文的思想政治内容和生硬地联系学生的生活实际，或是好高骛远，舍本逐末，过多地进行文学分析，或过多地讲授语文知识，挤掉了语文课的基本训练，这些偏向仍时有出现。为此，《人民教育》曾在 1961 年 8 月和 1963 年 1 月先后发表了署名洛寒的文章《反对把语文课教成政治课》和《不要把语文课教成文学课》。这两篇文章的基本观点是一致的，即"语文是一种工具，要按照学习掌握工具的规律进行教学，也就是说，要真正把语文课教成语文课"。

　　"反对把语文课教成政治课"和"不要把语文课教成文学课"，一度成了语文界要求克服忽视语文基本训练倾向的基本态度。吕叔湘正是在这样的背景下，从语言学和语言教学的视角，来审视语文教学中的基本训练问题。

　　在两次大讨论中，吕叔湘就语文教育问题，作过一次重要讲话，写过一篇重要论文。前者是 1962 年 3 月 22 日在北京景山学校发表的，讲稿经整理后曾刊登在《文字改革》同年的 12 月号，题为《谈语言的学习和教学》；后者就是《关于语文教学的两点基本认识》，发表在《文字改革》1963 年 4 月号。讲话和论文差不多是同一个时期发表的，联系起来可以清楚地看出吕叔湘在上世纪 60 年代初对语文教育思索的重点所在。

　　吕叔湘《关于语文教学的两点基本认识》，"两点基本认识"是哪"两点"呢？要而言之，是两个"必须认清"。

　　　第一，我认为每一个做教学工作的人必须首先认清他教的是什么。从事语文教学就必须认清语言和文字的性质；从事汉语文教学就必须认清汉语各种形式——普通话和方言、现代汉语和古代汉语——的分别和它们的相互关系。其次，我认为从事语文教学必须认清人们学会一种语文的过程。[109]

首先，文章在讨论第一个"必须认清"时，着重探讨了两方面的问题。

一是，语言和文字的性质，即语言和文字的区别及相互联系。

　　"语言和文字不是一回事，可又不是两回事。"语言在这里指的是"口语"，文字在这里是指"书面语"，当然不是一回事。可是，"用嘴说的也可以记下来，用手写

---

[109] 吕叔湘. 关于语文教学的两点基本认识[M]//吕叔湘. 吕叔湘全集：第十一卷. 沈阳：辽宁教育出版社,2002:15.

的也可以念出来，用的字眼基本上相同，词句的组织更没有多大差别，自然也不能说完全是两回事。"再说，说话的时候有种种语调、种种表情，写文章的时候语调和表情一般是写不进去的，得在词句的安排上多用些工夫来弥补。说话是现想现说，来不及仔细推敲，但可以因听者的发问和自己的临场思考，再重说一遍，补充几句，或改正一些说法。写文章就不能这样，如这样必然显得啰嗦、杂乱。写文章有更多的时间来考虑、斟酌、润色、修改，甚至整段、整篇重写，所以应该比说话更加有条理，更加连贯、细致、简洁。"所以语言和文字必然是既一致而又有一定的差别。"

说到语言和文字哪个更重要些，吕叔湘认为"很难说"，因为"重要"这个字眼可以有种种不同的意思。但是从发生学和语源学上说，"语言是文字的根本。"人类先有语言，后有文字。人们总是在幼儿时期就学会说话，然后在这个基础上学习使用文字。在实际生活中，用语言的时间也比用文字的时间多得多。要是问，"学校里的语文教学应该以语言为主呢，还是以文字为主？"吕叔湘的回答十分肯定而明确，"应该语言和文字并举，以语言为门径，以文字为重点，达到语言和文字都提高的目的。"[110]

而且吕叔湘还特别强调，"撇开语言教文字，这是一种半身不遂的语文教学。"[111]

关于教学内容上"语言和文字并举"，著名语文教育家都有类似的观点，只是表述文字上有差异而已。如叶圣陶关于"语文"内涵的表述："口头为'语'，书面为'文'，文本于语，不可偏指，故合言之。亦见此学科'听''说''读''写'宜于并重，诵习课文，练习作文，因为读写之事，而苟忽于听说，不注意训练，则读写之成效将减损。"[112]

---

[110] 吕叔湘.关于语文教学的两点基本认识[M]//吕叔湘.吕叔湘全集:第十一卷.沈阳:辽宁教育出版社,2002:16-17.

[111] 同**[110]**18.

[112] 中国教育科学研究院.叶圣陶语文教育论集[M].北京:教育科学出版社,2015:530.

一是，汉语的各种形式的分别和它们的相互关系，侧重探讨了文言文及其教学问题。

吕叔湘认为，"教文言和教白话，在方法上可以有很多共同之处，可就是有一样不可能相同：文言的教学离不开书本，白话的教学可以也应该口语和书面语双管齐下。"[113]

他还告诫说，"如果把白话和文言一样看待，教白话的时候忘了它是现代汉语，教文言的时候又忘了它不是现代汉语，这样的教法，用之于白话，用之于文言，都是不恰当的。"[114]

在分析"怎样教文言"的时候，吕叔湘认为首先得弄清楚两个问题：一、文言是什么性质的文字；二、为什么要学习文言。吕叔湘指出，"文言原本是古代汉语的书面语。"尽管历史的演变表明，古代汉语渐渐变成近代汉语，近代汉语渐渐变成现代汉语，但古代通用的书面语却一直沿袭应用。所以，"古代汉语、近代汉语、现代汉语一脉相承，文言和白话自然有很多共同的成分。白话取代了文言的地位作为通用的书面语以后，又直接从文言里吸收了一些词语，又时常临时借用一些词语（加引号或不加引号）。白话和文言的关系千丝百缕割不断，然而从整体来讲，是一古一今的两种书面语，不能混为一谈。"[115]

1949年前，吕叔湘在为开明《文言读本》所写的《导言》中阐述过关于文言性质的基本观点，并从语音、词法、语法等三个方面，扼要揭示了文言和白话的异同，同时选择了180多个文言虚字，逐字注明其主要用法，便于学生阅读时翻查。可见对于文言文教学的研究，吕叔湘已思索了几十年，而且是建立在厚实的语言学功底之上。

因此，吕叔湘的阐释就显得鞭辟入里。他认为，文言文及其教学问题，症结在于，"目的不明确。如果是为了了解现代文中的文言成分，没有必要读许多文章，只要调查统计一番，出些成语词典一类的书就可以。如果要培养阅读文言的能力，那就不是轻而易举的事情。人民教育出版社的课本的例言里说是'阅读浅近文言'，'浅近'二字很难说，古典作品除了书经、诗经、楚辞等特别难懂的而外，可以

---

[113] 吕叔湘.关于语文教学的两点基本认识[M]//吕叔湘.吕叔湘全集:第十一卷.沈阳:辽宁教育出版社,2002:19.

[114] 同[113]19.

[115] 同[113]19.

说都是一般文言，要在这里面分别浅近与高深是很困难的。在充分掌握了现代汉语的基础上，学习文言，达到阅读一般文言的程度，我估计至少得学五六百课时，差不多要占去高中阶段的全部语文课的教学时间，课外作业时间还不算。还要具有较好文言修养的教师和合适的教学方法。"[116]

至于怎样进行文言文教学，他认为目的和手段要对应，要有针对性。他说，"如果要达到培养学生阅读文言书籍能力的目的，绝对不能光靠串讲，要严肃对待。要从根本做起。如有必要，还得在课程安排上采取一些措施，例如文言和白话不一定要同一个教师教，甚至可以分作两门，各编课本。"[117]

吕叔湘重视文言义的基本训练，但是特别强调要科学训练，他不厌其烦地道出其中奥妙："什么是文言的基本训练呢？首先是讲求字义，难字固然要注意，常见的字更需要注意。常见的字大多数都不止一个意义，而这些字义又常常有时代限制，不但不能用现代的字义去理解古书，并且同是古义也不能用后起的字去理解时代在前的文字。特别要留意的是与习见的意义相近而又不同的意义。"[118]

"文言白话最大的差别还在语汇方面。《人民教育》登过一篇文章，里面统计一部分教材里的语汇，结论是大部分与现代汉语相同，不同的不多。我怕这是为假象所误。语汇的差别可以分为几类：一、完全相同；二、部分相同（如古汉语单用现代不单用，如'弃甲曳兵'的'弃'）；三、现代还用，但是意思不同（如'弃甲曳兵而走'的'走'）；四、现代完全不用（如'曳'）。我没有做过大量统计，根据刚才说过的《古代汉语》课本里的小词典的部分语汇来看，60个字142个意义，其中这四类的比例是13：50：57：22，把一、二类都算是相同，也只占44%，三、四类合计却有56%。文言文教学要特别注意第三类，即似同而不同，如果不注意讲清，最容易出错。例如有一个学生讲'数年而卒'是'当了数年兵'。文言文断句也是不容易的，我看了一些新印的唐宋人笔记，就有不少断句错误，这还是懂文言的人点的。"[119]

[116] 吕叔湘.谈语言的学习和教学[M]//吕叔湘.吕叔湘全集:第十一卷.沈阳:辽宁教育出版社,2002:11.
[117] 吕叔湘.关于语文教学的两点基本认识[M]//吕叔湘.吕叔湘全集:第十一卷.沈阳:辽宁教育出版社,2002:22.
[118] 同[**117**]20-21.
[119] 同[**116**]12.

其次，文章在讨论第二个"必须认清"时，着重剖析了"学会一种语文的过程"，即廓清语文学习属于知识学习（陈述性学习），还是技能学习（程序性学习）。

吕叔湘首先旗帜鲜明地指出，"使用语文是一种技能……任何技能都必须具备两个特点，一是正确，二是熟练。"[120] 同时揭示技能的本质特征，"从某种意义上说，语言以及一切技能都是一种习惯。凡是习惯都是通过多次反复的实践养成的。"[121]

他曾在《谈语言的学习和教学》一文中明确指出，"学习语言的一般过程是模仿 → 变化 → 创造"；同时强调，"学习语言不是学一套知识，而是学一种技能。"在《关于语文教学的两点基本认识》一文中，吕叔湘把这些观点统整起来，进一步明确："语文的使用是一种技能，一种习惯，只有通过正确的模仿和反复的实践才能养成。"[122]

关于模仿，他分析说，"儿童学说话从模仿开始，先是模仿得不很好——语音不很准，用字眼、造句子，有时候对，有时候不对，然后经过多次实践语音越来越准，用字造句越来越有把握，最后达到'习惯成自然'的地步。"[123]

关于习惯，他分析说，"习惯的特点就是不自觉。学龄前儿童学习语言是不自觉的。进了学校，学认字，学写字，学新词新语，起头是自觉的，但是最后仍然得由自觉变成不自觉，让这些东西成为自己的语文习惯的一部分，才能有实用价值。"[124]

吕叔湘还注意到习惯的好坏对于学生的影响，他说："正因为语文的使用是一种习惯，所以一旦养成一种坏习惯，例如某一个字老是写错，改起来也不容易，注意的时候就对，一不注意又错。"[125]

---

[120] 吕叔湘.关于语文教学的两点基本认识[M]//吕叔湘.吕叔湘全集:第十一卷.沈阳:辽宁教育出版社,2002:22.

[121] 同[**120**]22.

[122] 同[**120**]23.

[123] 同[**120**]22-23.

[124] 同[**120**]23.

[125] 同[**120**]23.

在分析讲解语文教学存在的问题时，吕叔湘指出症结所在："现在的问题……不是讲得太少，而是讲得太多。"[126]

在分析讲解和练习的关系时，吕叔湘指出，"讲解和练习都是为了教好学好语文，很难分主次。但是如果要追问两者之间的关系，恐怕只能说是讲为练服务，不能说是练为讲服务。"[127]

在分析语文练习存在的问题时，吕叔湘指出症结所在："现在语文课里的练习有三个缺点：一是少，二是偏，三是死。练习少，因为时间被讲解侵占了……何谓偏？偏是偏重作文，忽略用词、造句的基本练习，忽略阅读的综合练习。……何谓死？是说练习大都看重试验学生是否把念过讲过的东西记住了（练为讲服务），不太注意学生能否创造性地运用（讲为练服务）。"[128]

从上述关于学习语文的过程的基本认识出发，尤其是从技能形成和习惯养成的规律切入，吕叔湘又精要地分析了语文课堂教学中讲解、练习和示范的作用。关于讲解，他认为，"仍然有一个分寸问题，要讲得不多不少，要讲得切合实际。"[129]

在追问讲和练的关系时，他强调："只能说是讲为练服务，不能说是练为讲服务。"[130]

在谈到教师的语文实践对学生的示范作用时，吕叔湘强调语文教师必须充分重视"言教不如身教"，因为，"一个人学习语文从模仿开始，而且一直在模仿，不仅模仿书上念的，也模仿四周围一切人说的和写的。教师是学生模仿的对象。如果教师说的话，写的文字跟他对学生讲的道理不尽相符，那末，学生会丢掉以前的道理而模仿当前的榜样，至少会感到无所适从。这就是古人说的言教不如身教，如果教师告诉学生应该说普通话，但是自己用方言讲课，学生就知道'普通话'云云只是说说罢了。推而至于写字、用字眼、造句，无一不是如此。"[131]

---

[126] 吕叔湘.关于语文教学的两点基本认识[M]//吕叔湘.吕叔湘全集:第十一卷.沈阳:辽宁教育出版社,2002:23.

[127] 同[**126**]24.

[128] 同[**126**]24-25.

[129] 同[**126**]24.

[130] 同[**126**]24.

[131] 同[**126**]25.

毋庸置疑，语文教师本身固然要重视示范作用，其他学科的教师也都要规范自己的语文行为，吕叔湘充满恳切、期待的心情说道："我要代语文教师呼吁一下，请求各科的同事和他合作，都来关心学生的语文，对学生的语文负责。"[132]

吕叔湘还呼吁："不但各科教师，学校行政也应该关注学生的语文，对学生的语文负责，每出一个布告，每发一个通知，每作一个报告，都应该检查语文质量，包括错别字在内。总之，要在学校里树立起正确使用祖国语文的风气，学生生活在这样的环境里，正如蓬生麻中，不扶自直。"[133]

吕叔湘还呼吁社会各界为学生的语文学习提供良好环境，他指出："学生不仅生活在学校里，也生活在社会里。整个社会对语文的使用是否严肃认真，对学生也有极大影响。"[134]

吕叔湘认为，从这个意义上说，社会是学生广义的教师。

总之，在《关于语文教学的两点基本认识》中，吕叔湘以语言学家深厚的学养和特有的敏锐，审视语文教育中的根本问题（而非具体问题），并提出了掣动整个语文教学的语言训练观。重温他在《关于语文教学的两点基本认识》开篇中所强调的一段话，或能助益我们更充分地认识他所说的"根本问题"对于语文教学的"全局性"指导价值：

> 我觉得每逢在种种具体问题上遇到困难，长期不得解决的时候，如果能够退一步在根本问题上重新思索一番，往往会使头脑更加清醒，更容易找到解决问题的途径。[135]

吕叔湘在上世纪 60 年代初有关语文教育的多篇论文，尤其是《关于语文教学的两点基本认识》，与张志公的《说工具》等，从不同的视角讨论了语文教学的基本问题，成为上世纪五六十年代这两场语文教学大讨论的代表性成果。

---

[132] 吕叔湘. 关于语文教学的两点基本认识[M]//吕叔湘. 吕叔湘全集:第十一卷. 沈阳:辽宁教育出版社,2002:25.

[133] 同[**132**]26.

[134] 同[**132**]26.

[135] 同[**132**]15.

三十、动乱岁月惜寸阴

上世纪 60 年代中期，吕叔湘正处在现代汉语语法研究的高峰期，若干重要问题的专题研究正在按部就班进行之际，"文化大革命"冲击了他的工作。"文革"开始的几年，吕叔湘和当时大多数知识分子一样，完全不能从事专业研究。

"文革"之初，吕叔湘每天的主要生活内容就是劳动、学习和"思过"。1969年，吕叔湘和哲学社会科学学部的其他知识分子开始接受工人、解放军宣传队的"再教育"。他和学部全体人员先是集中住在办公室里，六七人至九十人一间。每天清晨练操。上下午和晚饭后共三个单元分班学习。过了些时候，年老体弱的可以回家住，学习时间渐渐减为上下午两个单元。吕叔湘只有在每天临睡以前可以翻看几眼《三国志》等闲书。

（一）去"五七干校"劳动

1969 年 11 月中旬，吕叔湘所在的语言研究所随整个哲学社会科学学部到河南信阳息县东岳"五七干校"，由工、军宣队带队，在那里建房、种地。当时，去"五七干校"的队伍从北京出发，"学部敲锣打鼓进行欢送，年逾七旬的俞平伯及老伴打着红旗领队当先，像学龄儿童那样排着队伍远赴'干校'上学。"他们兵分两路，一路经信阳、罗山和息县县城，另一路经驻马店、正阳到息县东岳。

"五七干校"，是"文革"时期全国各地各部门根据毛泽东"五七指示"兴办的农场，是对党政机关干部、科研文教知识分子进行劳动改造、思想教育的地方。据统计，"文革"期间，中央一级机关"五七干校"共有 106 所，各省机关干校有1497 所，其中河南息县中科院干校、沙洋"五七干校"、江西中办干校、奉贤干校等规模和影响较大。

1969 年 11 月 18 日晚，河南省息县东岳公社轧花厂仓库里，搭满大大小小的通铺，集中宿住着 100 多人。在这些人中，有文化名人钱锺书及夫人杨绛、俞平伯、沈从文、胡绳、何其芳、吕叔湘，有经济学家孙冶方、骆耕漠、顾准、吴敬琏、林里夫等。这是"文革"期间北京中央机关单位在息县"五七干校"的历史一幕。

据息县县志记载：1969 年前后有外贸部、物资部、铁道部、中科院、对外文委、对外经委、全国总工会等中央机关单位在息县办"五七干校"。到 1970 年，有几千北京人来息县，住在各个"五七干校"驻地。

著名作家杨绛回忆干校那段艰苦生活时，曾有这样的记述："在息县上过干校的，谁也忘不了息县的雨——灰蒙蒙的雨，笼罩人间；满地泥浆，连屋里的地也潮湿得想变浆。……我们寄居各村老乡家，走到厨房吃饭，常有人滚成泥团子。厨房只是个席棚，旁边另有个席棚存放车辆和工具。我们端着饭碗尽量往两个席棚里挤。棚当中，地较干；站在边缘不仅泥泞，还有雨丝飕飕地往里扑。但无论站在席棚的中央或边缘，头顶上还点点滴滴漏下雨来。"[136]

著名经济学家顾准在息县《新生日记》里却记述了另一番景象：息县地处淮河之滨，在淮河的紧北面，"东岳环境，并不如在京所闻那样严峻。……土地辽阔……村落田地，景色与淮海区依稀相类。"[137]

"此次来息县，对千里淮上有了一番新的认识。'走千走万，不如淮河两岸；要米有米，要面有面。'这是……息县民谚，实际情况也确是如此。"[138]

"淮上的自然条件如此优越，作为农业基地，前途如此有望，水利加化肥，仅仅千里淮上，就可抵得世界上任何一个著名的谷仓。"[139]

"对于千里淮上锦绣河山所知较多，更加觉得我们祖国的宏伟壮丽。"[140]

干校的劳动有多种，如种豆、种麦等农活是大田劳动；也有些杂活，如脱坯、养猪、打井、种菜园等等。年近七旬的吕叔湘就在这样的环境里劳动了一年。

1970 年春夏，火辣辣的太阳炙烤着一片片农田。"老吕，你今天到棉田里去干活！"一声令下，吕叔湘被分配到了棉田劳动。棉田的活儿虽然比大田和基建的轻些，但这活儿细、要求高，也不好干。且天上晒、地上烤，棉田里的温度比一般地方的温度高，光是弯腰站上几小时就够不好受的。而吕叔湘那时已六十六岁，在棉田里还没干几分钟，头上的汗珠就顺着脸颊一滴滴滚到了地里，可是吕叔湘没喊一声累，竟还乐在其中。只见他肩上挂着条毛巾，卷了裤管、锄草、施肥，一刻不停，就像在制作一件极其重要的工艺品那般认真细致，怪不得人们开玩笑说："老吕干活跟他写文章一样，字字斟酌，棵棵优待啊！"他就是这样，哪怕是除草、施肥，都像写文章一样严谨而认真。这样严谨的作风伴随着他生活的方方面面。

---

[136] 杨绛. 干校六记[M]//杨绛. 杨绛散文. 北京:人民文学出版社,2023:38.

[137] 顾准. 新生日记[M]//顾准. 顾准日记. 北京:中国青年出版社,2002:267.

[138] 同[137]275-276.

[139] 同[137]276.

[140] 同[137]276.

有人问吕叔湘:"你干这活儿行吗?"他一听便笑了起来,乐呵呵地望着脚下的劳动成果,一脸满足地说:"我干这活儿挺合适,个儿矮,少弯腰,不吃亏。"幽默风趣的话引来了大家一阵欢笑。看似无趣的乡下生活,却被他"演绎"得如同身在世外桃源般悠然自得。

有一次,语言所的一个女孩带同伴到干校去玩,到了午饭时间,女孩说:"你就在我们食堂吃吧,我带你去买客饭票。"等买完出来,她问同伴:"你知道刚才卖给你饭票的那个人是谁吗? 他就是吕叔湘。"对方愣了半天,惊讶地说:"啊? 那位就是鼎鼎大名的吕叔湘? 没想到竟然在这儿卖饭票!""告诉你吧,他不仅要卖饭票,还要负责到食堂卖饭和管账呢!"吕叔湘管账,账目清楚,分文不差,从数字到表格,无不工工整整,清清楚楚。为了让大家放心,还定期结账公布。管账亦如写文章,吕叔湘凭着自己的严谨作风,把任何工作都做得有条不紊。

在食堂卖饭时,吕叔湘最怕卖半个馒头,又烫手,又怕掰不准,大伙儿一边排队一边催着说:"老吕,我们干了这么多活,好不容易盼到吃饭了,您这馒头可得给我们掰准了啊。"吕叔湘听了,实在不忍心看大伙一副吃了大亏的样子,于是他每回都屏气凝神地掰,久而久之,居然练就了一掰就准的功夫。有人开玩笑地说:"老吕的手啊,比秤砣子还准哪。"

从此,严谨细致就成了吕叔湘的代名词,并深深地烙在了大家的印象里。在那样命运叵测的迷惘世界里,当艰苦的劳动把人搞得筋疲力尽的时候,吕叔湘依然淡泊明志,无怨无悔。

(二)读书、思考与写作

1971 年 1 月,在周恩来总理的关怀下,吕叔湘、俞平伯等十多位老知识分子,提前从干校"毕业",离开河南息县东岳公社,回到北京。

从干校回到北京以后,虽然每日的生活还是以政治学习为主,就在每周仅有的两个半天以及业余时间,吕叔湘还是时刻不忘读书学习。

这一时期,他系统学习了物理学和高等数学,并默默开始了整理《马氏文通》的工作。

吕叔湘最早接触的汉语语法书就是《马氏文通》。他在多年的汉语语法研究和教学中,从这部书中得益不少;而这部书中明显的缺陷,又使他常常想通过自己的努力,在读者和这部瑕瑜互见的书之间架起一座桥梁。"文革"期间,他花了不少精力思考和整理这部书中的问题。这个愿望终于在上世纪 80 年代，在同事王海棻的帮助下得以实现——《马氏文通读本》出版。详情请参阅本书卅三节。

在 1971 年 8 月一次"天天读"讨论《为人民服务》的会上，吕叔湘发言说："光是反省不要老让别人为自己服务还不够，还得想到积极的一面，总得做点什么事，不能因为过去搞错了方向，就徘徊不前。"

从这时起，撰写《现代汉语语法》就在他的脑子里开始酝酿了。吕叔湘对待此事极为认真，光是就语法体系问题就反复推敲，多方征求意见。同时，为了广泛参考，他认真通读了 John Lyons: *Introduction to Theoretical Linguistics*（[英]约翰·莱昂斯:《理论语言学导论》）等好几部当时所能见到的最新的国外语言学著作。

上世纪 70 年代初期，吕叔湘已是近 70 岁的老人，他知道"吾生也有涯，而知也无涯"，却没有一点年老的心态，跟一生中任何一个年龄段一样"以有涯逐无涯"，如饥似渴地阅读他所能找到的语言学理论书籍。这段时间里他读过的书有：

- Bolinger: *Aspects of Language*
- Robins: *Word Classes in Yurok*
- Bach: *An Introduction to Transformational Grammars*
- Platt: *Grammatical Form and Grammatical Meaning*
- Gleason: *Linguistics and English Grammar*
- Long: *The Sentence and its Parts*
- McKnight: *Modern English in the Making*
- Weinreich: *Explorations in Semantic Theory*
- Fillmore: *The Case for Case*
- Moulton: *Nature and History of Linguistics*
- Lepschy: *A Survey of Structural Linguistics*
- Hatcher: *Syntax and the Sentence*
- Huddleston: *The Sentence in Written English*
- Quirk: *A Grammar of Contemporary English*……[141]

---

[141] 中国社会科学院语言研究所. 吕叔湘:纪念吕叔湘先生百年诞辰[M]. 北京:商务印书馆,2004:114.

这些多数是上世纪六七十年代最新的语言学书籍。他用心最多的是 John Lyons 的《理论语言学导论》，这部书的许多章节，吕叔湘反复读了多次，每次都做了详细的笔记，同时记下了结合英语和汉语实例的思考。

1972 年，中华书局准备系统整理、重印几部经典史书的时候找到了吕叔湘。从 3 月中旬到 5 月中旬，整整两个月的时间。吕叔湘在政治学习之余，利用下午和晚上的时间标点了《三国志》，写成了《〈三国志〉通读意见》。

7 月到 12 月，又是近半年的时间，吕叔湘为中华书局校勘《资治通鉴》的标点，共摘录校改 291 条，写成《读校通鉴后的意见》，既报告了标点问题，也谈了校勘问题以及改编的设想。后来他把其中有代表性的 120 余条分三大类写成《〈通鉴〉标点琐议》，发表在《中国语文》杂志上。他说："这些例子很能说明标点古书是一件不很简单的工作。"

1973 年 5 月 13 日，周恩来总理会见回国探亲的赵元任夫妇一行，吕叔湘和王力、郭沫若、刘西尧、竺可桢、黎锦熙等陪同。赵元任（1892—1982），原籍江苏武进（今常州），中国现代语言学先驱，被誉为"中国现代语言学之父"。赵元任结合多年汉语教学研究经验，撰写了一部英文著作 *A Grammar of Spoken Chinese*，着重研究中国话的词法和句法，其方法谨严、系统分明，颇多创见，无论从立论的深度说，还是从影响的广泛说，它都是最重要的汉语语法著作之一。首版于 1968 年，第二版于 1970 年印行。

吕叔湘将该书译成中文，书名叫《汉语口语语法》。为了合乎中国读者的需要，他斟酌情况，重要的地方全译，多数地方删繁就简，少数地方从略，但是就内容说，没有实质性的削减。1979 年在商务印书馆出版。

吕叔湘在继续撰写《现代汉语语法》提纲的同时，除了参加政治学习外，他 1976 年 3 月参加了语言研究所一组关于写什么样的书的讨论，最终决定"搞用法词典，对将来写系统语法有用"。是年 4 月开始试编用法词典，即后来的《现代汉语八百词》。此时的语言研究所，已经迁至海淀区学院路的地质学院办公。《现代汉语八百词》选词以虚词为主，也收了一部分实词。每一个词按意义和用法分项详加说明，可以供非汉族人学习汉语时使用，一般语文工作者和方言地区的人学习普通话也可参考。初稿于 1978 年 1 月油印，分送各方征求意见。1980 年 5 月由商务印书馆出版。

虽然《现代汉语语法》这部语法书由于种种原因未能实现，但今天，当我们看到吕叔湘在"文革"后期苦心孤诣写出的 10 万字《现代汉语语法提纲》、同时翻译的 25 万字《汉语口语语法》，以及主编的《现代汉语八百词》，还是不能不惊讶他在那个动乱岁月中执着的学术精神和极高的工作效率。

（三）就地取材探方言

据说很多到了江苏丹阳的人，乍一听当地人说话，都以为他们叽里呱啦在说外语。难怪有人说：天不怕地不怕，就怕有人讲丹阳话！

"吴头楚尾"的地域特点，为丹阳方言带来了复杂性。外地人常说丹阳方言难懂，"四门十八腔"。丹阳各地方言在语音上确实是有较大差别的，据此可大体分为中心片区、东南片区、沿江圩区、西部边沿片区等五个片区，此外，还有少量的方言岛。

吕叔湘童年一直生活在丹阳，直到他 15 岁考入常州江苏省立第五中学。大学毕业后，又在家乡丹阳工作两年。也许是原汁原味、特色十足的丹阳方言这个文化基因，造就了这位伟大的语言学家；也许是他心怀故土、感恩家乡，缔结了研究家乡方言的一段"姻缘"；也许是语言学家独有的专业视角捕捉了"吴头楚尾"方言的独特研究价值。

吕叔湘小时候常听流传在丹阳民间的古老传说：苏秦通六国，气死在丹阳。这里面的苏秦就是战国时佩六国相印的纵横家，传说他通晓六国语言。有一天，他游历到丹阳，竟然发现自己完全听不懂丹阳方言，于是这位"语言专家"便横下一条心，非要学会丹阳方言不可。结果苏老先生学了很久也没能学会，最后活活气死在丹阳。每当听到神奇的丹阳话故事时，年幼爱思考的吕叔湘眨眨好奇的眼睛，心里想：家乡话有那么大魔力吗？为什么这么难懂呢？自此，对家乡话的好奇的种子植入吕叔湘懵懂的心灵。吕叔湘家住当时丹阳县城内新桥西街柴家弄里，母亲经营着一爿小商店。每天都有来自城内城外的顾客，"四门不同音"的丹阳话就这样熏陶着吕叔湘。

全国抗战胜利后，1946 年吕叔湘随金陵大学返回南京。没有了抗战时期的国难和流离，吕叔湘静下心来，除了在金陵大学外文系任教和在中央大学中文系兼课外，就做一些翻译工作和丹阳方言研究。吕叔湘是一位道道地地的学人，一门心思研究学问，非迫不得已不参加社会上种种应酬。或许是对家乡话的偏爱，唤醒了他研究丹阳方言的意识，或许是对语言的职业敏感，促使他迈出了研究丹阳方言的步子。

1947 年，吕叔湘发表了第一篇关于丹阳方言的论文《丹阳话里的联词变调》，刊登于成都《中国文化研究汇刊》第七卷。这篇文章是吕叔湘研究丹阳方言之始。

世事沧桑，时间指针又转过了二十多年。1971 年，吕叔湘从干校回到北京后，"除例行'学习'外无所事事，就又想到这件事，并且扩而充之，想把丹阳方言做一个比较全面的描写。"[142]

1971 到 1972 年两年里，吕叔湘把丹阳方言的语言材料搞了个大概其。为撰写丹阳方言语音和语法方面的论文《丹阳方言的声调系统》和《丹阳方言的指代词》作了充分准备。

《丹阳方言的声调系统》是二十四年前写的《丹阳话里的联词变调》论文的继续和深化。吕叔湘说，"一九四七年曾经写过一篇《丹阳话里的联词变调》，但是只讨论了一般的两字连调，一些特殊情况没有谈到，更没有涉及多字组的声调。现在在原有的基础上稍加扩充，并订正一些错误，重新写定，供研究连读变调的同志们参考。"[143]

吕叔湘在调查大量语言事实的基础上，在《丹阳方言的声调系统》里给出了"苏秦通六国，气死在丹阳"的语言学解释。丹阳东邻武进县，南与金坛县为邻，西与丹徒县为邻，东北以长江为界，位于吴语区和江淮官话区交界处。这个特殊的地理位置反映在方言特点上："（一）东乡南乡的方言接近吴语，西乡北乡的方言接近官话；（二）说话音接近吴语，读书音接近官话，'文白异读'的字多。"[144]

九年后，吕叔湘经过整理，《丹阳方言的声调系统》和《丹阳方言的指代词》分别发表在 1980 年的《方言》第二期和第四期上。

1971 年至 1980 年是吕叔湘丹阳方言研究的全面发展时期，涉及丹阳方言的语音和语法等内容。

他 1991 年出版了《丹阳方言语音篇》，全面描述了丹阳方言语音系统，代表了吕叔湘丹阳方言研究的最高成果。其突出贡献是：在声调研究中区分读书音与说话音的差别，在声调研究中重视字调和字类的区别。

[142] 吕叔湘. 丹阳方言语音篇[M]//吕叔湘. 吕叔湘全集:第七卷. 沈阳:辽宁教育出版社,2002:418.
[143] 吕叔湘. 丹阳方言的声调系统[M]//吕叔湘. 吕叔湘全集:第七卷. 沈阳:辽宁教育出版社,2002:445.
[144] 同[143]445.

　　他在《丹阳方言语音篇》的付印题记中说，这本"语音篇"前前后后花了二十年。可见这本书成书之艰辛和不易。他之所以要强调"语音篇"，因为他有长期计划，成竹在胸，还准备写词汇篇和语法篇。可是，他工作繁忙，年事已高，有的计划没有实现，留下了一些遗憾。这些遗憾只有留给后人去弥补。吕叔湘丹阳方言语音系统的研究为后人研究丹阳语音奠定了基础。学者蔡国璐吸收了吕叔湘的丹阳方言研究成果，后来编写了《丹阳方言词典》。

　　"吕先生和程师母在家里一直都说丹阳话。"丹阳市教师发展中心笪红梅老师揭开了吕叔湘研究丹阳方言的秘密。她还说，访问吕叔湘的长女吕霞时，吕霞说的丹阳方言，还保留了几十年前的丹阳语音。

第十章 砥砺后进，探索学科未来

卅一、主编《中国语文》杂志

1976 年 10 月 24 日，首都百万军民在天安门广场举行大会，庆祝粉碎"四人帮"反革命集团。吕叔湘现场参加了庆祝大会。此后，全国范围内开始揭发、批判"四人帮"的罪行。

随后，邓小平重新复出，推动了各个领域亟待开展的拨乱反正工作。如，1977 年 8 月，邓小平召开科学和教育工作座谈会，并作《关于科学和教育工作的几点意见》的讲话。他说："我自告奋勇管科教方面的工作，中央也同意了。我们国家要赶上世界先进水平，从何着手呢？我想，要从科学和教育着手。"他讲了六个方面的问题，其中包含"恢复高考"的内容。同年 10 月 12 日，国务院正式宣布当年立即恢复高考。77 级、78 级学生分别于 1978 年春季、秋季入学，两次招生仅相隔半年。又如，1978 年 3 月召开全国科学大会，在有六千人参加的开幕会上，邓小平发表重要讲话，指出，四个现代化的关键是科学技术的现代化，并着重阐述了"科学技术是生产力"这个马克思主义观点。他提出的"科学技术是生产力"的著名论断，成为改革开放以来我们党一以贯之的基本思想。

正是在这种拨乱反正的宏观背景下，1977 年 5 月，中共中央决定将中国科学院哲学社会科学学部改为中国社会科学院，作为中国社会科学的最高学术研究机构，其地位相当于自然科学的最高学术机构中国科学院。院长胡乔木、副院长邓力群和于光远上任伊始，就一心一意要把中国社会科学院创建成一个中国社会科学的最高学术殿堂，一心一意要把它建设成能胜任党和国家得力助手的阵地。

中国社科院班子非常注重学科的建设。他们不仅恢复了许多被取消的学科，而且根据中央作出的以经济建设为中心的决定，先后增设了农业经济学、工业经济学、财贸金融经济学和技术经济学等学科和相应的研究所，还增设了政治学、马列学、社会学、新闻学、人口学等学科和研究所。为适应对外开放的需要，创立了分国别和分地区的研究所，如美国所、日本所、西欧所、苏东所、拉美所、亚太所等等。到 1980 年年底，研究所从 14 个增加为 32 个，人员从 2000 多增加到 3700 多。

学术机构的根本任务是出科研成果，发表科研成果是知识分子为国效力的主要途径。面对百废待兴的局面，胡乔木指导、支持、恢复和创办起来的院、所两级的各种学术期刊，在他的院长任内达到 40 种以上。据说到 1982 年初增加到了 65 种之多，完全可以说是繁花竞放。《中国语文》杂志于 1978 年正式复刊，就是其中的例证。

《中国语文》，是我国语言研究的学术性专业刊物，是中国境内享有盛誉的一流语言学杂志。1952 年 7 月创刊于北京。初为月刊，1963 年改为双月刊。最初由中国文字改革研究委员会和中国科学院语言研究所合办，1956 年起，编辑部工作由语言研究所单独承担。时任语言所所长的罗常培为首任主编，第二、三、四任主编分别为林汉达、周定一、丁声树。1966 年 7 月至 1978 年 4 月停刊。1978 年 5 月《中国语文》正式复刊，仍为双月刊，时任语言所所长的吕叔湘兼任主编。

《中国语文》是当时最早复刊的少数几个刊物中的一个，办好这份刊物是一件不太容易的事。吕叔湘就是在这样一种情形下"临危受命"，并且同广大语文工作者一样是满怀着喜悦之情的。复刊后的第一期社论中说："在党中央的亲切关怀下，《中国语文》复刊了，广大语文工作者又有了自己的园地。"社论表示对未来充满着信心，"我们语文工作者要做的事是很多的。……要用马列主义、毛泽东思想指导语文工作；要加强语言理论的研究；要大力促进汉字改革、推广普通话、汉语规范化的工作；要对现代汉语、近代汉语、古代汉语、汉语方言、汉语史进行研究；要积极开展少数民族语言文字的研究；要进行应用语言学、数理语言学、比较语言学、语文教学等等方面的研究。"雄心勃勃，颇具大展宏图之气魄。年逾古稀的吕叔湘正是在这样昂扬奋进的心境中主持《中国语文》编辑工作的。

办好《中国语文》，仅仅有信心是不够的，更要有坐言起行的行动派来实行。1978 年 4 月，社科院宣布吕叔湘为语言研究所所长的任命决定[145]时，吕叔湘正

---

[145] 1978 年 4 月 20 日，胡乔木代表党组在各所总支书记联席会议上宣布了部分所长、局长的任命决定：科研组织局局长刘导生，外事局局长唐恺，世界政治经济所所长钱俊瑞，哲学研究所所长许立群，宗教研究所所长任继愈，经济研究所所长许涤新，考古研究所所长夏鼐，语言研究所所长吕叔湘，情报研究所所长鲍正鹄，近代史研究所所长刘大年，文学研究所所长沙汀，外国文学研究所所长冯至，工业经济研究所所长马洪，农业经济研究所所长詹武。(《胡乔木传》编写组. 胡乔木与中国社会科学院[M]. 北京:人民出版社,2007:11.)

带领《中国语文》编辑部在苏州召开语文工作者批判"四人帮"的"两个估计",商讨语言学科发展规划座谈会。

吕叔湘在传承《中国语文》办刊优良传统的同时,特别注重将刊物的编辑出版工作同开展语言学研究、培养语言学界后备队伍有机结合起来。而且,从刊物的大政方针到编辑部的规章条例,从组稿审稿到版式体例,吕叔湘无不倾注大量心血,不余遗力。

时任副主编的侯精一既是见证者和亲历者,更是执行者和落实者,他从杂志办刊宗旨、培养作者和编辑部自身建设三方面进行的回顾,有助于管窥吕叔湘主编《中国语文》杂志七年多的面貌、重点和特色之一斑:

(一)贯彻务实与创新相结合的办刊宗旨

务实与创新相结合,是《中国语文》的办刊宗旨——吕叔湘不仅积极倡导,而且在办刊中始终贯彻。

务实与创新相结合的思想,比较充分地反映在 1980 年吕叔湘在中国语言学会成立大会上的讲话中;讲话稿即《把我国语言科学推向前进》一文,载《中国语文》1986 年第 1 期。讲话全面而透彻地说明了搞好语言研究与语言教学必须处理好的四种关系:中和外的关系,虚和实("理论"与"事例")的关系,动和静(应用科学与纯粹科学)的关系,通和专的关系。

讲话特别指出要避免两种偏向。一种偏向是谨守中国语言学的旧传统,另一种偏向是空讲语言学,不结合中国实际。吕叔湘说:"很多国家里边有很多学者在那里研究中国的语言,中国的历史,中国的艺术。他们在方法上,有时候甚至在材料上,有胜过我们的地方。他们的研究成果有很大的参考价值,我们不一定全都接受,但是至少我们不可以不知道。"吕叔湘这里批评的两种倾向,前一种倾向是不能创新,后一种倾向是不能务实。这一讲话的精神在于倡导务实与创新相结合的研究方向。这些从自身多年的研究实践中总结出来的极为重要的见解,对于编好《中国语文》无疑具有重要的指导作用。

提倡"务实"的学风是《中国语文》的特点。编辑部对于那些行文故作"高深",貌似理论性很强的空讲语言学的文章是不欢迎的。

吕叔湘晚年有一首七言诗："文章写就供人读，何事苦营八阵图？洗尽铅华呈本色，梳妆莫问入时无。" 这更能言简意赅地佐证他一生推崇和践履的"务实"（"存诚"）作风。

侯精一回忆：早在1980年3月16日吕叔湘给他们来信分析某篇稿子的问题时，也谈到类似的话。吕叔湘特别告诫他们，"不要被貌似艰深的行文唬住"。诚如吕叔湘所说，写文章是为了"供人读"，即使内容真的很艰深的文章，也要考虑"供人读"这样一个最基本的问题。

吕叔湘"既要当原告又要当被告"的主张，可视为"务实"作风的形象例证。此类说法在其著述中极常见且很显见。如在《语法修辞讲话》中，他不仅倡导写文章要"处处为读者服务"，而且细化为三项要求，即"明确、简洁、生动"。又如下文将引的《给一位青年同志的信》，信中说，"自己既当原告又当被告，比只当被告好"，又引诗曰："文章留待别人看，晦涩冗长读亦难。简要清通四字诀，先求平易后波澜。" 这些无疑都是其"务实"作风的投射。

（二）悉心培养作者队伍不惮劬劳

办好《中国语文》需要有一支基本作者队伍。刊物培养作者的重要途径就是，针对作者的来稿进行讨论，编者如能就作者的来稿提出充分的修改意见，对作者有所帮助，彼此间建立一种良好的关系，基本作者队伍也就自然而然形成了。在这方面吕叔湘做了大量的工作，不惮劬劳，不厌其烦。

侯精一感慨：现在保存的二三十件吕叔湘写的审稿意见，或代拟的详细修改提纲，足资说明吕叔湘在培养《中国语文》作者队伍方面花费了大量心血。侯精一回忆，吕叔湘写的退改意见或修改提纲少的也有七八百字，一般都是千多字或更多。下面酌选几段审稿或退稿意见，以此佐证吕叔湘对后学是如何关心培养的。

1980年1月30日他对一篇讲补语的来稿的审稿意见：

1. 本文有见解，但组织得不很好，主要论点不突出，因而显得条理不太清楚。如重新组织，并补充必要的材料，能成为一篇很好的论文。就这样发表，未免可惜。

…………

（整个审稿意见近二千字，以下讨论的都是具体问题，这里只酌引几句）

来稿区别"能"的意义为六种，就本篇的需要说，可以把（1）（2）（3）合并为（甲）（有能力，有条件，估计有可能），把（4）（5）合并为（乙）（准许，允许），（6）与本题无关。可以画个简单的图。

…………

最后，重复一句，这篇稿子如果就这样发表（或小修小改）很可惜。稍微费点事可以把它修改成一篇很好的论文。

1979 年 11 月 6 日对一篇来稿的审稿意见:

这篇稿子有两个毛病，一是乱，二是浮。"乱"是说它没有说明从什么出发，达到什么目的，以什么为纲，以什么为目，简单说就是没有章法，有点想到哪儿说到哪儿的味道。"浮"是说它基本上是"印象派"的写法，先有一个印象，然后"求证"，不是先订下一个搜集材料的计划，在材料中归纳出结论。

处理的办法：（1）将就原稿的内容，选取其中比较可信，比较中肯的部分，重新排比，使更有条理，作为一篇"漫谈"发表。字数以四五千字为宜。（2）彻底重做，从搜集材料入手。书面材料如何选择，口头材料如何调整，都要有计划，要注意消除片面性。然后在充分分析材料的基础上重新起草，写成一篇正式论文。[146]

侯精一感佩，吕叔湘在培养作者上花费了许多精力。吕叔湘的心血没有白白花费。有多位经吕叔湘指点过的作者，借助《中国语文》这块园地，成熟了，并有了一定的知名度。他们辛辛苦苦写的论文又回过头来充实了这本刊物，为刊物增光、添色。

《给一位青年同志的信》所述，及其鲜为人知的背后故事，也足见吕叔湘对初学写作者的指导和帮助。侯精一记得，一位年轻人写来一篇谈宾语和数量补语并见于动词后的相关位置的文章，吕叔湘读后写了很详细的意见。为了帮助这位外地的年轻作者，吕叔湘同意用自己的名义把这些意见告诉他。摘录如下:

作者很花了一些工夫，应当予以鼓励。但是，这篇稿子可没写好，在现有的基础上也难于修改。他列出四个问题，这四个问题互相牵连。读完了给

---

[146] 侯精一,徐枢. 吕叔湘先生与《中国语文》[M]//《纪念文集》编辑组. 吕叔湘先生九十华诞纪念文集. 北京:商务印书馆,1995:37-38.

人的印象是，"多么复杂的问题啊！" 实际上是不是这么复杂还可以研究。如果换一种作法，比如……（以下分三项列出论证步骤，从略）[147]

《给一位青年同志的信》，就是吕叔湘有感于这位青年作者来稿所犯的毛病带有普遍性，在审稿意见的基础上专门写就的一篇指导文章，供青年研究者在写作专题性学术研究论文时借鉴。文章从弄清研究起点说起（进行研究之前要了解前人对这个问题的研究有哪些成果），然后讲到如何搜集材料，分析材料，以至形成论点，最后写成文章。前半部分侧重内容方面的指导，后半部分侧重指出形式方面普遍存在的几种毛病，以及在写作时如何注意避免和克服。

（三）抓紧抓实编辑部的自身建设

编辑部自身的建设对于办好一个刊物是很重要的。在这个问题上，吕叔湘不仅抓得很紧，而且抓得很实、很具体，在以下四个方面都有充分体现：

首先，抓制订编辑条例及编辑部工作细则。

这在复刊之初尤显必要。1978 年 7 月 20 日吕叔湘在给编辑部的信中明确指出：建议在第三期发稿之后组织两个小组。一个小组搞"《中国语文》版式"（可发给作者），以后除非文稿性质特别或作者特别要求，一律照此版式。另一个小组搞一个"编辑部工作细则"。不久，这两个材料都搞出油印稿来了。吕叔湘都作了认真审读，最多的是随文改动，有的作了改写，有的在文末用红笔批出补充实例。

《〈中国语文〉编辑部的故事》称，《中国语文》杂志校对流程中至今仍然坚持严格的"三校九读"，追根溯源，是《中国语文》自 1978 年复刊以来形成的一整套严格、完整的审、编、校流程。现任编辑部副主任的陈丽介绍说：每一篇发表的文章，从投稿到刊出，一般要经历收稿、初审、外审、三审、退改、终审、备用、体例核查、编辑加工、换读、常务主编通读、一校、二校、三校、核红、主编通读、蓝样书签字付印等多个环节。编辑们的工作日常便是在这漫长的流水线上运转，一年又一年，一期又一期。每次拿到新鲜出炉的尚存墨香的杂志，只能有片刻的轻松，马上又要投入到下一期的工作中去。编辑部的每位编辑，就像一颗颗的螺丝钉，坚守在《中国语文》这架不停运转的机器上。

---

[147] 侯精一,徐枢. 吕叔湘先生与《中国语文》[M]//《纪念文集》编辑组. 吕叔湘先生九十华诞纪念文集. 北京:商务印书馆,1995:38.

其次，抓从严要求。

1978 年 6 月 30 日吕叔湘给编辑部的来信可资说明从严要求：

《通讯》（按：《中国语文通讯》）第一期的稿子都看了。编辑工作相当粗疏，超出我的估计。是不是有轻敌思想?——"《通讯》这种小玩意了，不在话下!"我看，杀鸡也要用牛刀。

现在按目录次序把我认为有问题的地方提出来，请大家研究研究。(1)《说"之所以"》是个小题目，不宜放在第一篇。不能因为是叶老（按：叶圣陶）的文章就得放在前头。稿件的取舍以及编排的先后，都要"对事不对人"。对事不对人，日子长了，所有的人都会谅解，对人不对事早晚要闹出不愉快。

............[148]

吕叔湘在信末说："看了 ×× 来信，《中国语文》二期要印 50 多万，真是一则以喜，一则以惧。编辑部的同志都要想到怎样满足这么多读者的期望，要不要对自己提出更严格的要求。以现在的人数应付现在的工作还不算太忙，要抓紧时间学习。还有，有些事情谈不上'学问'或'知识'，只是头脑灵不灵的问题（上面指出的问题多数是这一类）。学问、知识要日积月累；头脑灵，眼睛紧，这是肯不肯对自己提出严格要求的问题。请召集编辑部的同志，开个小会，念念这封信，谈谈感想。"

吕叔湘强调"稿件的取舍以及编排的先后，都要'对事不对人'"，对此，陈丽在《〈中国语文〉编辑部的故事》中如是说："稿件的取舍以及编排的先后，都要'对文不对人'——这也是《中国语文》一直以来贯彻的原则。当今很多刊物只看作者名头，碰到在读博士生、硕士生文章一律不用，在《中国语文》不会出现这种情况。《中国语文》一直以来非常注重作者队伍的发掘与培养，青年学者的发文比例一直很高，有不少在读博士生、硕士生，甚至本科生的论文入选。"

第三，倡导认真细心地工作。

吕叔湘在编辑部以身作则，倡导认真的工作态度，细心的工作作风。以上所举的吕叔湘写给编辑部的多封信、审稿意见都可资充分说明。

---

[148] 侯精一,徐枢. 吕叔湘先生与《中国语文》[M]// 《纪念文集》编辑组. 吕叔湘先生九十华诞纪念文集. 北京:商务印书馆,1995:39.

侯精一回忆，吕叔湘极其认真的工作态度也表现在他对每期英文要目的翻译总要反复斟酌，仔细修改，并经常告诉编辑们为什么要这样改动。1986年第五期上将刊发《受事成分句类型比较》一文，吕叔湘修改英文要目后还是感到不满意，又立即同编辑部联系，询问题目中的"受事"是指主语还是泛指，因为所指不同译法也就不同。吕叔湘说，英文题目更加要求清楚明白，不像中文题目，有时含混一点也就过去了。经编辑部说明题意后，吕叔湘又再次作了修改。

第四，抓基础资料建设项目。

吕叔湘指导和垂范语言学索引的增订工作是其显例。据侯精一回忆，语言学索引指《中国语言学论文篇目索引》乙编。这项工作原由语言研究所图书馆负责，鉴于当时图书馆人手不足，吕叔湘让编辑部去做，以满足各方的需要。为了做好这项工作，吕叔湘亲自动手修订乙编的分类及说明。修订意见及说明修订理由的文字写了好几页纸。在吕叔湘的倡导、关心之下编辑部完成了增订《中国语言学论文篇目索引》乙编，并编了个副产品《语文教学篇目索引》。对于编辑者来说，通过紧张的工作全面摸了摸与语言学有关的各种期刊的大致情况，并且熟悉了大型资料工具书的编写，得到一次很好的锻炼。增订本出来后给编辑部以至语言学界都带来很大的方便。

侯精一感慨道，吕叔湘在《中国语文》这本刊物上倾注的心血确实太多了，特别是在兼任主编的七八年当中，所内所外的事情很多。作为人大常委会委员、人大常委会法制工作委员会委员，会议很多。复刊之初又赶上《现代汉语八百词》定稿，当时已七十四岁高龄的他实在是太忙了。但还是挤时间，一丝不苟地指导《中国语文》的工作。千言万语凝聚成一句话："只有像吕先生那样热诚、认真、细心地对待《中国语文》的编辑工作，心甘情愿地为他人去做嫁衣，刊物才能够越办越好。"

主编《中国语文》杂志，只是吕叔湘承担的诸多工作中的一项。其他，还有诸如制订科研规划、开展学术研究、招收研究生等，都井然有序地展开。其间，吕叔湘还花了不少精力在行政工作上，如使语言所内部机构逐步建立和完善起来，形成了"八室一部"的格局：现代汉语研究室、古代汉语研究室、近代汉语研究室、方言研究室、语音研究室、机器翻译研究室、情报资料室、词典编辑室、《中国语文》编辑部。

卅二 、 思考语文教学科学化

1978 年 2 月 21 日至 23 日，吕叔湘参加中国社会科学院院部召开的各学科知名人士批判"四人帮""两个估计"座谈会。他就语言所遭受"四人帮"破坏，以及中小学语文教学、大学公共外语、图书馆等问题发了言。吕叔湘发言中有关中小学语文教学与大学公共外语的部分抄送给了时任中共中央副主席的邓小平。

吕叔湘发言的主要内容后来在 3 月 16 日由《人民日报》发表，题目是《当前语文教学中两个迫切问题》。文章首先分析了"四人帮"反动政策对教育、科学、文化的严重破坏，接着分别就中小学语文教学问题和高等院校公共外语教学问题进行了论述。文章指出：

> 中小学语文教学问题是个老问题，也是当前不容忽视的一个严重问题。中小学语文教学效果很差，中学毕业生语文水平低，大家都知道，但是对于少、慢、差、费的严重程度，恐怕还认识不足。中小学语文课所用教学时间在各门课程中历来居首位。新近公布的《全日制十年制中小学教学计划试行草案》规定，十年上课总时数九千一百六十课时，语文是二千七百四十九课时，恰好是百分之三十。十年时间，二千七百多课时，用来学本国语文，却是大多数不过关，岂非咄咄怪事！语文是工具，语文水平低，影响别的学科的学习，有的数学老师、物理老师诉苦，说是得兼做语文老师。少数语文水平较好的学生，你要问他的经验，异口同声说是得益于课外看书。语文课占用这多时间，必然要挤别门功课的时间，按《试行草案》规定，小学的自然常识，中学的物理、化学、生物、生理卫生，五门合计是一千零七十六课时。我们要搞四个现代化，可是让孩子们把三分之一的时间用在收效不大的语文课上。这个问题是不是应该引起大家的重视？是不是应该研究研究如何提高语文教学效率，用较少的时间取得较好的成绩？[149]

吕叔湘的《当前语文教学中两个迫切问题》，当时振聋发聩，被语文教育界誉之为"一声惊雷"。这一声惊雷震起了极为广泛的回响，后来被学界称为"吕叔湘之问"。

---

[149] 吕叔湘.当前语文教学中两个迫切问题[M]//吕叔湘.吕叔湘全集:第十一卷.沈阳:辽宁教育出版社,2002:37.

首先引起的回响来自于叶圣陶的《大力研究语文教学，尽快改进语文教学》。1978 年 3 月 21 日至 24 日，中国社会科学院语言研究所召开北京地区语言学科规划座谈会。吕叔湘、石明远主持，北京地区的高等院校、科学研究部门、新闻、广播、出版机构等三十多个单位，共一百多人参加，叶圣陶、王力、唐兰在开幕式上发言。年逾八旬的叶圣陶在座谈会上发表了长篇讲话。这篇讲话不久便在《中国语文》1978 年第 2 期上以"大力研究语文教学，尽快改进语文教学"为题发表。

叶圣陶首先结合自己从小读书、以后从教的经历，说明半个多世纪以来语文教学、教材教法的"变"与"不变"的实况，从吕叔湘在前些日子发表的《当前语文教学中两个迫切问题》谈起，谈到大力研究语文教学，尽快改进语文教学已刻不容缓。他发出急切的呼吁："语文是工具，自然科学方面的天文、地理、生物、数、理、化，社会科学方面的文、史、哲、经，学习、表达和交流都要使用这个工具。要做到个个学生善于使用这个工具（说多数学生善于使用这个工具还不够），语文教学才算对极大地提高整个中华民族的科学文化水平尽了分内的责任，才算对实现四个现代化尽了分内的责任。以往少慢差费的办法不能不放弃，怎么样转变到多快好省必须赶紧研究，总要在不太长的时期内得到切实有效的改进。"字里行间，跳动着这位"五四"老人一颗火热的心。

叶圣陶的《大力研究语文教学，尽快改进语文教学》，与吕叔湘的《当前语文教学中两个迫切问题》，成为此后 20 多年语文教育界进行语文教学改革的重要指导思想的组成部分，融入全国教育工作拨乱反正的时代大潮中。

首先，"吕叔湘之问"契合了 1978 年全国教育工作会议诘问教育科学化的时代大背景。

1978 年 4 月 22 日至 5 月 16 日，教育部在北京召开全国教育工作会议。出席会议的有各省、市、自治区、国务院各部委、部分学校的负责人及解放军有关部门的负责人等六千多人。邓小平、李先念等党和国家领导人出席了开幕式，邓小平讲了话。教育部部长刘西尧在开幕式、闭幕式上作了报告。

邓小平在讲话中对教育工作提出了四点意见：一、提高教育质量，提高科学文化的教学水平，更好地为社会主义建设服务。二、学校要大力加强革命秩序和革命纪律，造就具有社会主义觉悟的一代新人，促进整个社会风气的革命化。三、整个教育事业必须同国民经济发展的要求相适应。四、尊重教师的劳动，提高教师的质量。邓小平的讲话，从根本上解决了我国教育改革和发展的指导思想问题，为中小学各科按照自身的特点和规律去探求提高教育教学质量的途径指明了方向。

会议学习讨论了邓小平的讲话，研究了《一九七八年至一九八五年全国教育事业规划纲要（草案）》及《全国普通高等学校暂行工作条例（草案）》《全日制中学暂行工作条例（草案）》《全日制小学暂行工作条例（草案）》三个修改意见（讨论稿）。

刘西尧就教育工作如何贯彻党中央的指示讲了八个问题：一、新时期教育战线的任务；二、深入揭批"四人帮"，把学校整顿好；三、集中力量办好一批重点学校；四、开展科学实验，加强科学研究；五、加强教师队伍的建设；六、努力实现教学手段现代化；七、全面贯彻教育与生产劳动相结合的原则；八、广开"才"路，大力选拔和培养优秀人才。他指出："培养亿万有社会主义觉悟的能够掌握现代化生产技能的劳动者，培养千千万万的各种专门人才和懂得管理现代化经济和现代科学技术的专家和干部，是历史赋予我们的光荣任务。"要完成这一任务，"从现在起到一九八五年是关键的八年，前三年要着重整顿提高，为后五年的加快发展打好基础。"他还强调："我们一定要抓纲治教，把无产阶级教育革命进行到底。"7月8日，国务院批转了刘西尧在会上的报告和总结。

全国教育工作会议精神的贯彻和落实，加速了包括语文教学在内的整个教育、科学和出版事业的复苏。如，1978年教育部颁行《全日制十年制学校小学语文教学大纲（试行草案）》《全日制十年制中学语文教学大纲（试行草案）》；1978年全日制十年制中小学开始使用新编语文教材；1978年创刊《小学语文教师》《语文教学通讯》杂志，1979年创刊《教育研究》《语文学习》《中学语文教学》；吕叔湘担当首任主编的《现代汉语词典》（第一版）终于在1978年正式出版发行。

其次，"吕叔湘之问"指向语文教学科学化问题的症结，促进和指导了人教社1979年的实地调查。

1979年冬，人民教育出版社中学语文编辑室，根据吕叔湘的倡议，派出两个调查组，分别到四川、福建两省进行实地调查。这次调查是在张志公、刘国正、黄光硕指导和组织下进行的，参加者有张定远、田小琳、周正逵、张永林、唐金科、姚富根、张厚感、顾振彪等人。调查了高校、中专及社会各界对中学毕业生语文水平的反映和教学改革的状况。重点是考察中学生语文水平的现状，以便给研究问题和改革教材提供一些依据。调查的方式主要是召开调查会和进行语文测试。调

211

查会共召开了 50 多次，有 460 多人提供了意见，又在城乡几所中学进行了作文和语文基础知识测验。测验结果分别写成两份调查报告：张定远等人的《从三百篇作文看当前中学生的语文水平和存在问题》，姚富根等人的《从三百份测验卷看当前中学生语文水平和存在问题》。这次调查结果表明，粉碎"四人帮"以后，中学语文教学已有明显改进，但存在的问题仍很严重，一个突出问题是学生的语文基本功太差。

张志公为这次调查活动写了题为《语文学科的现代化问题》的文章。文章肯定了这次调查活动的积极意义，并着重讨论语文学科现代化的问题。张志公在文章中指出，语文学科的现代化，首先是语文学科的要求要现代化，要考虑现代文化科学教育的发展、现代社会的各项工作，对于每个受过一定教育的人在语文能力方面有哪些要求。第二是内容，也就是为适应现代化的要求，教学内容要现代化。第三是教学方法的现代化。

刘国正在《谈谈中学语文教学改革的几个问题》一文中，就当时中学语文教学中的五个问题进行了论述：一、中学语文教学改革要解决的主要问题；二、中学语文教学的任务；三、提高中学生语文能力的途径；四、中学语文教材的体系；五、改革中学语文教材的一些设想。他指出："我们今天正在从事的语文教学的改革，应该以提高学生的语文水平为中心任务，培养他们有合格的阅读和写作能力，以为掌握和发展文化科学知识的工具。这一条办到了，改革就成功了；否则，尽管花样繁多，也不能算取得了成绩。"

人教社中学语文编辑室将这两份调查报告和张志公、刘国正的文章合编出版，题为《中学语文教学现状和设想》，并请吕叔湘作序。吕叔湘在为该书所作的序中肯定了这次调查所获得的成果，同时提出应进行范围更广、内容更详细、参与者更多的调查活动，以促进语文教学改革的发展。

再次，"吕叔湘之问"既问又答，倡导和支持了语文教育阵地建设等一系列语文教学活动。

早在 1978 年 3 月，中国社会科学院语言研究所召开北京地区语言学科规划座谈会，叶圣陶在开幕式上的发言中，就主张语文教师要积极开展横向联系、交流研究和实践成果。他还恳切地呼吁："愿语文教师和语言学科的工作者通力协作研究语文教学，做到尽快地改进语文教学！"

　　同年 9 月 5 日至 6 日，吕叔湘主持了北京地区中学语文教学问题座谈会。与会同志愤怒地揭发、批判了林彪、"四人帮"反党集团破坏语文教学的罪行，指出："语文教学工作者必须解放思想，想方设法，尽快地提高语文教学的质量和效率。"会议讨论了语文教学的目的、任务，讨论了语文教材存在的问题。一致认为："满堂灌的教学方法和讲课中的八股程式应该打破。"这次会议研讨了语文教学科学化问题，对于推动语文教学改革起了促进作用。

　　吕叔湘在总结发言中就语文教学的目的任务、教材教法、作文教学、语文教学要科学化艺术化、教和学的关系以及编写练习教材等问题做了总结。

　　吕叔湘提出要组织一个中学语文教学研究会，并把北京师院跟人民教育出版社合办《中学语文教学》杂志的消息报告给与会者，"希望大家很好地利用这个园地"。

　　在吕叔湘、叶圣陶等老一辈语文教育家的倡议和支持下，1978 年 12 月 20 日，北京市首先成立了语文教学研究会，出席会议的有近 700 人。

　　一年后，全国性的语文教学研究会——中国教育学会中学语文教学研究会成立，吕叔湘为首任会长。在经过了充分的酝酿和积极的筹备之后，第一个全国性的语文教学研究组织，即中学语文教学研究会，于 1979 年 12 月 25 日至 30 日在上海正式成立，并召开了成立大会和第一次年会。参加会议的有来自全国 28 个省、自治区、直辖市的正式代表 118 人，列席人员 205 人。会议讨论并通过了《中学语文教学研究会章程》，推举吕叔湘担任会长。中心议题是，回顾 1949 年以来中学语文教学的发展，总结经验教训，深入探讨语文教学的特点、规律和改革方向。

　　吕叔湘在会上作了长篇讲话——《关于中学语文教学的种种问题》，论述了文与道、阅读与写作、今与古、教与学、讲和练、课内和课外等六种关系，并谈了关于做好调查、提高教师水平、考试、防止重理轻文和多办文秘中专职业学校的重要意见。

　　中国教育学会中学语文教学研究会，后改名为中国教育学会中学语文专业委员会，团体会员遍及全国，自成立以来，在语文教学研究的组织、推动方面产生了较大影响。研究会曾结集出版过《语文教学研究》《语文教学在前进》《语文教学与智力发展》等专题论文集。研究会还先后设立了若干下属研究机构，如阅读教学研究中心、作文教学研究中心、叶圣陶语文教育思想研究中心，等等，开展专题性研究。在第四次年会上吕叔湘改任名誉会长。

随后，1980 年 7 月，全国教育学会小学语文教学研究会成立。同年 10 月，以高等师范院校语文教学法教学和科研人员为主体的学术团体——中国教育学会语文教学法研究会成立。

在上述这三个有关语文教育的全国性学术研究团体成立以后，各省、市、自治区，以及许多市、县也都纷纷成立了相应的地区性或跨地区的研究组织，形成了一个极其广泛的中小学语文教育研究网络，使全国的语文教育研究出现了空前活跃的局面。

在吕叔湘的关心下，1979 年，由人民教育出版社和北京师范学院（首都师范大学前身）联合主办的语文教学专业刊物《中学语文教学》创刊。1980 年初，吕叔湘担任会长的全国中学语文教学研究会将《中学语文教学》确定为会刊，突出了其权威性。《中学语文教学》的创刊成了日后语文教育类报刊百花盛开的第一声春雷，上世纪 80 年代以后的十余年间，语文教育类报刊的出版数量竟达到"文革"前 17 年的几倍甚至十几倍。

这一时期的语文教育研究阵地建设得益于吕叔湘等老一辈语文教育家的积极倡导和直接参与，他们的声望对于团结、影响、带领和支持语文教育工作者进行全面的语文教学研究和实践起了直接的推动作用。

吕叔湘也为其他语文教育专业刊物写稿，他除了经常在担任主编的《中国语文》，以及《文字改革》等刊物发表文章外，还经常在上海的《语文学习》、人教社的《课程·教材·教法》、山西师大的《语文教学通讯》、辽宁锦州师院的《语文学习与研究》、吉林延边的《汉语学习》等发表有关语文教育的论述。

如《一封令人忧虑的来信》（《中学语文教学》1980 年第 4 期），提出了当时的语文教学问题：一是高中学生语文水平的低下令人吃惊；二是中学教师对学生语文成绩的评定，标准太低，要求过宽；三是重理轻文已成为社会和家庭的普遍心理；四是普通教育阶段的办学指导思想不端正，等等。围绕这封"来信"，人们纷纷讨论，对语文教学存在的问题以及这些问题产生的原因、必然造成的后果等等，有了更为深切的感受。

又如《关于中学语文教材的几个问题》（《中学语文教学》1981 年第 1 期），是1980 年 11 月 10 日至 14 日，吕叔湘应邀参加教育部在北京召开的中学语文教材改革座谈会所作的专题报告。针对有很多同志片面理解语文教学"科学化"的问题，文章指出：语文课的教材应该有一种合理的序列，但是很难做到一环套一环，扣得那么紧；语文教材的序列是"螺旋式上升"。

同年 11 月 24 日，吕叔湘进一步阐述了语文教学"科学化"的本质——教学内容的序列化问题。他认为，语文不像其他学科那样具有线性的逻辑顺序，而是非线性的、螺旋上升的序列。形象地说：就是一直在那里循环着，起初讲得浅一点，也是怎么读呀，怎么写呀，字词句有哪些必要的知识呀，然后提高一步，讲得深一点，还得循环一次，再循环一次，就是这样螺旋式地上升的。我们每个人学习语文都是逐步加深、逐步提高，而绝不是分别从几个方面那么"科学"地走一趟就走完了。总之，语文的学习就是不可能直线式地进行，而是要像绕线圈似的绕上去。[150]

他还举自己在常州五中学习四年英语的体会。当时的英语课本就是按照螺旋式上升的体例来编写，每年一个循环，四年四个循环，由浅入深。

任何语言学习都有可资遵循的普遍规律。英语文教学的科学化涉及到"选择"和"列序"问题，汉语文教学的科学化同样面临"选择"和"列序"问题。这是语言教学必须遵循的共同原则和规律，我们不能借口汉语文的独特性，而否认英语文学习过程中被证明是行之有效的通用原则。

此外，吕叔湘对语文教学特别是语言教学还有诸多精辟的论述发表，如《语文刊物漫忆》（1979）、《怎样跟中学生讲语法》（1981）、《语法体系及其他》（1981）、《关于语法图解的用途及其局限性》（1984）、《中学生需要学习的是哪种语法知识》（1984）、《中学教师的语法修养》（1984）、《谈〈语言的演变〉》（1986）、《作文难，改文也不易》（1990）、《少死讲，多引发议论：在"中学语法教学研讨会"上的书面发言》（1991）。

包括上述文章在内的吕叔湘有关语文教学的论述，洋洋大观，先后汇编出版了《吕叔湘论语文教学》（山东教育出版社，1987）、《吕叔湘论语文教育》（河南教育出版社，1995）。

---

[150] 吕叔湘. 关于中学语文教学问题[M]//吕叔湘. 吕叔湘全集:第十一卷. 沈阳:辽宁教育出版社,2002:57.

卅三、检讨汉语语法研究

中国语言学会成立大会，于 1980 年 10 月 21 日至 27 日在湖北武汉举行，来自全国 30 个省、自治区、直辖市及港澳代表 195 人出席会议。吕叔湘主持开幕式。王力在开幕词中说：这次大会是新中国成立以来中国语言学界空前的盛会。中国语言学会成立，说明了广大语言工作者要求加强学术交流，决心通力合作，繁荣发展我国的语言学事业。

大会通过了中国语言学会章程。对学会的性质、宗旨、任务及入会条件、手续都有规定。学会章程指出，中国语言学会的性质是"我国语言科学工作者的全国性的学术团体"。其宗旨是"团结全国语言学工作者，努力发展和繁荣我国语言科学，为提高中华民族的科学文化水平，为加速实现四个现代化贡献力量"。其任务是"推动语言科学研究，开展全国性学术活动，组织国内外学术交流"。并规定：凡在语言科学工作方面著有成绩，赞成学会宗旨者，由会员两人介绍，提出申请，经常务理事会通过，为学会个人会员。

大会聘请胡乔木、叶圣陶、胡愈之、郭绍虞、于省吾、范存忠、丁声树为顾问，王力为名誉会长。10 月 27 日上午，大会以无记名投票方式选举吕叔湘为会长。

中国语言学会成立，是中国语言学发展的重要里程碑。中国语言学会成立以来，为推进中国语言学的繁荣与进步作出了巨大的贡献。成立大会通过的学会章程仍然是指导学会工作的经典文件。如，学会章程规定，每两年举行一次全国性的学术讨论会，并根据需要与可能，不定期召开专题学术会议。40 多年来，历届学会理事会都很好地做到了两年开一次学术年会。

1980 年 10 月 22 日，吕叔湘所作报告《把我国语言科学推向前进》，就推进语言研究必须重视中和外、虚和实、动和静、通和专的关系等四个方面进行了全面而深刻的论述。报告用了相当长的篇幅论述了"虚和实"（理论与事实）的关系，尤其是用"散钱"与"钱串子"的关系比喻"虚与实"的关系，至今在学界广为传引。

研究植根于"泥土"，理论生发于事实，学习是为了借鉴，这是我们做好研究工作的思想基础。吕叔湘说得好："理论从哪里来？从事例中来。事例从哪里来？从观察中来，从实验中来。不管做哪种学问，总不外乎'摆事实、讲道理'六个字。"[151] "我们说理论从事例中来，在一定程度上也可以说事实，也就是材料，决定理论。"[152] "理论是理论知识，对事实的认识则仅仅是感性知识，感性知识上升为理性知识，理性知识当然高于感性知识。但是没有感性知识做基础，那个理性知识就靠不住，就可能是骗人的玩意儿（连本人也是受骗的）。"[153] 吕叔湘还指出，"介绍外国学说当然重要，我们现在介绍得还很不够，但是介绍的目的是借鉴，是促进我们的研究。"[154]

吕叔湘通过生动的例子来说明，细心地观察语言事实，做扎扎实实的研究工作，大有必要。"且不说实验，光是观察也并不容易。记得小时候念英语课本，有一课书的题目叫'有眼与无眼'，说的是一家弟兄俩小孩出去游玩，回家之后，大人问他们一路上看见了一些什么东西。哥哥什么都说不出，弟弟却什么花，什么树，什么虫，什么鸟，说出来一大串。观察语言现象也是这样。有人看出来到处都是问题，到处都有好例子，有人却什么问题也没有，什么有意思的例子也没有。到了写文章的时候要举例，就随便造两句，照着既定的格式往里填，很生硬，不像实际语言里的东西。观察事物的本领也是学来的，要付出辛勤的劳动。"[155]

关于理论体系，吕叔湘的话一语破的："搞理论可以得到一种美学上的满足，用通俗的话来说就是'过瘾'。你看化学元素周期表，原子核模型，美不美？美得很啊！语法体系不是也可以搞得很美吗？观察呀，实验呀，既零碎，又枯燥，腻味死了！然而，没有办法：不搞观察和实验就产生不出理论。"吕叔湘语重心长地说："喜欢搞理论而不愿意进行观察和实验，可以有两种动机，或者是追求虚无缥缈的美感，或者是逃避辛勤劳动。不管是哪种动机，都不利于学问的进步，很容易使人成为一个空头理论家。"[156] 这些话，发人深省。

吕叔湘一贯以来倡导务实的学风，并以身作则地践履，重视用良好的学风引导中青年学者治学。他在中国语言学会成立大会的闭幕词中强调："语言学是一门科学，在科学面前来不得半点虚假。我们要实事求是，脚踏实地去工作，反对浮夸的学风。"

[151] 吕叔湘. 把我国语言科学推向前进[M]//吕叔湘. 吕叔湘全集:第七卷. 沈阳:辽宁教育出版社,2002:9.
[152] 同[151]11.
[153] 同[151]11.
[154] 同[151]9.
[155] 同[151]9.
[156] 同[151]9.

之后的十多年，不管是在会议上还是刊物上，吕叔湘一有机会就讲"务实"，很有纠正风气的针对性。如，1981 年 5 月，吕叔湘在第一次语法学术讨论会的开幕和闭幕式上都讲了话，后来改成《扎扎实实做好语法研究》一文。1984 年，吕叔湘为《语言教学与研究》创刊五周年题词："务实"。1992 年 11 月，在纪念赵元任先生百年诞辰学术座谈会的书面发言中，吕叔湘说："元任先生的学问广博，这是无人敢否认的。最叫人佩服的是他写的文章无一篇不实实在在，毫无故弄玄虚的东西。"此外，吕叔湘关于务实学风的讲话和书面发言还相当多。

总而言之，吕叔湘高举着一面旗帜，上面写着"务实"两个大字。《把我国语言科学推向前进》突出的"务实"之言，集中反映了吕叔湘丰富的实践经验和富于远见的优良学风，具有很强的针对性，包含有实与虚科学结合的内核，充分重视研究工作中各个方面的辩证关系，对于我国语法研究的不断发展和走向成熟起着战略性的导向作用。

* * *

吕叔湘从来没有中断过对语法问题的思考，即使在"文革"中。如，1975 年前后他起草了《现代汉语语法（提纲）》，并于 1976 年油印。收在《现代汉语语法要点》以及《汉语语法论文续集》中的部分论文，就是由这个提纲衍生和发展而来的。

正是这种不断的思考，使他能在"文革"结束后不久就出版了《汉语语法分析问题》这样一部总结过去、展望未来、开启一个新时代的著作。

1979 年，75 岁高龄的吕叔湘出版专著《汉语语法分析问题》，这是新时期现代汉语语法学承前启后之作，也是他语法研究的代表作。

《汉语语法分析问题》，是吕叔湘对现代汉语语法多年思考的结果。诚如作者所言，他"多年来想写一篇文章谈谈汉语的语法分析问题"。到 20 世纪 70 年代末，汉语语法学已经经历了 80 年的历程，取得了很多成就。但汉语语法学无论在语法体系上，还是在对具体问题的看法上，或术语的理解和运用上，都存在许多分歧。这些分歧和纠葛势必影响汉语语法学的进一步深入和发展，也影响语法教学和学习。若能理出分歧的所在，找出分歧的原因，在方法论上提出解决的办法或思路，总结过去就能开启未来，就能很好地引导语法研究进一步走向深入，使研究少走弯路。

　　尤其由于"文革"10 年研究中断，一大批中青年学者学业多已荒废或生疏，如何进行研究也需要明确指导。新时期伊始，吕叔湘的一系列讲话、论著多在方法、理论、材料等方面起到了一定的指导作用，而《汉语语法分析问题》更是从理论高度对语法研究重点、研究方向、研究方法予以探讨。因而，该书的出版正适应了时代的要求。所以，从这个意义上讲，该书不仅标志着旧时代的结束，更标志着一个新时代的开始。

　　关于《汉语语法分析问题》的写作目的，吕叔湘说得很清楚："主要是说明汉语语法体系中存在的问题何以成问题，说明问题的来龙去脉，借以活泼思想，减少执着。""本文试图对汉语语法体系中存在的问题作一番检讨，看看这些问题何以成问题，何以会有不同意见，这些不同的处理方法的利弊得失又如何。"可见，《汉语语法分析问题》正是为了对汉语语法研究中长期以来存在的一系列难以解决的问题进行深入的讨论，探讨各种分歧的症结所在，比较各种分析方法和各种处理办法的得失，并提出审慎的参考意见，为汉语语法的进一步研究指明方向。

　　《汉语语法分析问题》正文分"引言""单位""分类""结构"4 个部分，共99 个小节，每小节在目录上均有小标题，另有"前言"和"附注"。

　　"前言"部分，主要陈述写作的目的，并阐述语法研究或解决语法问题的途径，强调指出加强用例研究对语法研究及建立语法体系的重要性，指出要把摆事实和讲道理结合起来。为了行文流畅和方便读者阅读，作者把一些补充的材料和需要详细解释的话一律附后，即为"附注"。实质上，"附注"是进一步理解《汉语语法分析问题》的钥匙，如一些说法的来源或对一些观点的解释；也反映出作者对部分语法问题的认识，像关于汉语没有形态变化的解释，对词素和语素概念的选择比较，对不同语法分析过程优劣的评述，主谓短语与动词短语作用相同观，主语二重性的观点等，都是在"附注"中加以申说的，"附注"与正文有互相补充的关系。

　　"引言"部分，主要表明：（1）作者在全篇中所体现出的语法思想，即"下面谈问题，基本上还是在传统语法的间架之内谈，别的学派有可取之处也不排斥"；（2）名词术语选用的标准；（3）汉语语法分析分歧特别多的根本原因是"汉语缺少严格意义的形态变化"，以及对汉语语法分析的影响："中间状态"大量存在；多标准综合选取难度大；意义为重要的参考项。

　　"单位"部分，讨论了语素、词、短语、小句、句子等语法单位的大小、异同、联系及各自内部结构、类别和它们在汉语语法分析中的价值。这一部分，作者提出不少新的见解，重点分析了几个问题：（1）语素和短语的重要性不亚于词，小句的重要性不亚于句子；（2）语素、词、短语、短语词是语言的静态单位，小句和句子是语言的动态单位；（3）在词和短语的划分上，语法原则和词汇原则有时候有矛盾；（4）语素的划分及语素的语法分类；（5）语素与汉字的复杂关系；（6）语言单位区别的矛盾性，以及过渡形式、中间状态存在的客观性。本部分讨论的重点是语素和短语。

"分类"部分，从语法角度讨论了跟语言单位分类有关的问题：（1）分类的目的："主要为了讲语句结构：不同类型的词或短语在语句结构里有不同的活动式"；（2）词语分类的角度：结构类和功能类；（3）划分汉语词类的标准：句法功能（广义的，包括与特定的词的接触）；（4）再分类和再概括的必要；（5）各类词中可能存在的问题及词类转变；（6）句子和短语的分类标准和分类状态。

词的语法分类是本节的重点，尤其对汉语词类划分的标准和词类转变的原则着墨最多。比如，认为判定词类是否转变的主要原则是，"凡是在相同的条件下，同类的都可以这样用的，不算词类转变；凡是在相同的条件下，同类的词不是都能这样用，而是决定于习惯的，是词类转变。"这个原则同样反映出了作者关于词类划分的"句法功能"标准，其"相同条件"，即分布功能，是判断词类是否转变的标准。这比过去的认识前进了一大步。当然，"词类转变"这一概念是否恰当，还是值得讨论的。

"结构"部分，包含许多新的认识，对新时期的语法研究影响很大。在本节中作者首先讨论了结构层次和结构关系两个概念，认为词和短语的分析要把结构层次和结构关系结合起来。接着讨论了句子分析中层次分析法和句子成分分析法的优缺点，提倡把两者结合起来，并认为分析句子不应止于划分句子成分，还应进一步研究成分间的结构关系和复杂的语义关系。对各句子成分的分析主要着眼于主语宾语问题和补语问题，并一语道破主语宾语问题的症结"在于位置先后（动词之前、动词之后）和施受关系的矛盾"，从而提出主语二重性观点。至于动词之后的成分，《汉语语法分析问题》提倡用"补语"这一概念，包括事物补语、时地补语、数量补语，也还包括性状补语。这是《中国文法要略》观点的延伸。对于复杂的动词谓语句，《汉语语法分析问题》就"动词之后"成分的状况，归纳出 16 个类型。针对这些复杂状况，指出，光靠宾语、双宾语、兼语、连动等几个概念是不足以辨别的。从单句复句区分及纠结说到要把眼界放宽些，要研究句子结构的复杂化和句子格式的多样化，即要在静态研究的基础上加强动态研究。

总而言之，《汉语语法分析问题》，篇幅虽不长，却能深入浅出、平易近人地对过去语法研究中涉及或存在的主要问题或部分具体问题，进行细致的讨论和评议；不仅能提出问题，而且能对解决问题的途径和方法提出很好的意见、看法，研究或提出许多与汉语语法研究有关的理论问题，真正做到了"以少许胜人多许"。

＊　＊　＊

初版于 1898 年的《马氏文通》，是汉语语法学的名著，在汉语语法研究中有很大的影响。诚如吕叔湘所说，"它是我国第一部讲语法的书，研究中国语法学史的人当然非读不可。"

吕叔湘对《马氏文通》的研读，可以追溯到 1926 年。前文已经说到，是年，他入职丹阳中学，以《马氏文通》作教材开设汉语语法课。在云南大学开设汉语语法课、在华西大学撰著《中国文法要略》，他对《马氏文通》的研读又进了一大步。随着研读的不断深入，吕叔湘明显地感觉到，已有的几种版本都不便于阅读，也不便于翻查。于是他萌生了编撰《马氏文通读本》的想法。

早在"文革"之前，吕叔湘就有意编撰《马氏文通读本》，只因诸事烦扰，而一直未能腾出手来。1978 年 5 月，王海菜调到语言所工作。不久，吕叔湘征求王海菜的意见，问她是否愿意一起编写《马氏文通读本》。得到王海菜肯定的回答，《马氏文通读本》的编写工作就这样开始了，时间是 1978 年 9 月 15 日。

吕叔湘想编《马氏文通读本》，是因为他充分估计了《马氏文通》在中国语法学史上的价值和它对语法研究工作的推动作用。首先，《马氏文通》有不少精到的见解。吕叔湘在《助词说略》（1956）中说，"当马建忠模仿西欧的葛郎玛写他的《文通》的时候，他发现汉语里的'焉、哉、乎、也'是不能归入欧洲传统词类的任何一类的，于是立'助字'一类，这是助词第一次作为语法术语即词类名称之一被提出来。马氏并且说助词是'华文所独'，这句话显然是个错误；可是必得在名、代、静、动、状、介、连、叹之外另立一类来收容汉语里的某些个词，他这个认识是正确的。"[157]

---

[157] 吕叔湘. 助词说略[M]//吕叔湘. 吕叔湘全集:第二卷. 沈阳:辽宁教育出版社,2002:266.

在《汉语语法分析问题》中谈到代词分类时，他说："较早的语法书把这些词分属于代名词（人称、指示、疑问）、形容词（指示、疑问）、副词（指示、疑问）三类。这个分法在逻辑上有缺点，既然把指示形容词（副词）和疑问形容词（副词）纳入形容词（副词）之内，为什么又把人称代名词等等提在名词之外，单独成为一类呢？现在比较通行的办法是把这些词归为一类，只分人称、指示、疑问，不分代名词、形容词、副词。这是继承《马氏文通》的传统，至少在逻辑上较为一贯。"[158] 因此，吕叔湘在写给王海棻的一封信中说："《马氏文通》是研究古汉语语法的人必须读的书。"

《马氏文通》的价值还在于它充分暴露了语法研究中的矛盾与问题，启发人们去思考。关于这一点，吕叔湘在不同的著作中也多有论述。在《重印〈马氏文通〉序》中，他说："这些例句里边有不少，作者没有作出令人满意的分析，就是现在也仍然缺乏令人满意的分析。但是《文通》把它们摆了出来，而后出的书，包括我自己的，却把它们藏起来了……这种做法显然是不足取的。"[159]

他在《汉语语法分析问题》中说，汉语语法研究，"一方面要广泛地调查实际用例，一方面要不断地把问题拿出来理一理……这样可以开拓思想，有利于寻求解决问题的途径……问题提得对路，解决起来就比较容易。"[160]

王海棻在回忆文章中称："先生的话，甚有道理。其实，科学发展的过程，就是不断解决问题（尤其是重要问题、关键问题）的过程。与自己的这种观点一脉相承，先生写了《汉语语法分析问题》。正是这本书，正是这些'问题'，使许多语言学工作者从中找到了研究课题和研究方向，从而有力地推动了语言学的发展。先生的这一观点，也始终指导着《读本》的编写工作。在导言、按语和注解中都注重揭露《文通》的矛盾，疏通疑滞，提出问题，启迪思考。"[161]

编写《马氏文通读本》之初，吕叔湘曾给王海棻写过一纸"工作安排"，约千把字。其中有这样几句话："编订此书的工作量是相当大的，要有耐性。全部工作完成的时间，现在还很难估计……也许至少要二年。即使用三年时间，也还是值得

---

[158] 吕叔湘. 汉语语法分析问题[M]//吕叔湘. 吕叔湘全集:第二卷. 沈阳:辽宁教育出版社,2002:494-495.
[159] 吕叔湘. 重印《马氏文通》序[M]//吕叔湘. 吕叔湘全集:第十三卷. 沈阳:辽宁教育出版社,2002:205.
[160] 同[158]467.
[161] 王海棻. 怀念恩师吕叔湘先生[M]//《吕叔湘先生百年诞辰纪念文集》编辑组. 吕叔湘先生百年诞辰纪念文集. 北京:商务印书馆,2010:58.

的。这以后，对于《马氏文通》这部书，再没有人比你熟悉的了。"[162] 显然，吕叔湘在考虑为千百读者编出《马氏文通》的"可读之本"的同时，也希望培养出《马氏文通》的专门家。王海棻也不负期望，在《马氏文通读本》出版后，又仔细研读《马氏文通》以及在它之后出版的重要语法著作，在更广的范围内和更深的层面上认识《马氏文通》的价值和影响，写了《马氏文通与中国语法学》一书，得到学界的认可。这是后话。

吕叔湘对编写《马氏文通读本》工作的要求十分严格。以《马氏文通读本·导言》为例，吕叔湘对王海棻说："这是总论全书，要写得有分量。"王海棻写出第一稿，用时半年有余，长达 7 万多字，吕叔湘阅后写了如下批语：

> 本文写得极为详细，并能就全书内容前后钩稽参照，足见用力甚勤。但是，作为一部书的导言，也有不足之处。作为导言，放在原书头上，复述内容，宜于大处落墨，撮举要点，不需要过分详尽。提出问题讨论，应以疏通疑滞为首要任务。要尽量体会马氏本意，不以词害意，要使看似难于理解之处成为不难理解，评论部分要抓住几个要害，不要巨细无遗。并且宜于就《文通》论《文通》，指出它本身的缺点，不要用近今理论去压作者，后来居上，理有固然。对《文通》的总的评价要能持平，要努力发现它的优点，不可仅仅许以开创之功。《文通》引例广泛，尽管有的例句的说明不全恰当，总比挑挑拣拣，避难就易的好。有些地方马氏的分析相当精到，且能阐明规律，又常常联系修辞立论，这些也都是值得称道的。行文也要讲究锤炼，不可随想随写。要力求要言不烦，以少许胜人多许。总之，复述原书太多则嫌繁琐，大小问题胪列则嫌枝蔓，行文如讲话则嫌散漫，这样就使文章减色。希望改写后能除去这些缺点。[163]

这段批语，不仅对评论《马氏文通》而且对评论前人的成果，都有指导意义。不仅如此，其实，这实在是一篇极好的批评文章。且不说如何客观评价前人成果，写导论性质的文章如何从大处落墨、撮举要点等，只说"行文要讲究锤炼""力求要言不烦，以少许胜人多许"一点，对指导初学者学会写学术文章大有裨益。

---

[162] 王海棻. 跟从吕先生编《马氏文通读本》[M]//《纪念文集》编辑组. 吕叔湘先生九十华诞纪念文集. 北京:商务印书馆,1995:48.
[163] 同[162]47-48.

　　王海棻深有感触："我不仅将《导言》由七万多字精简为三万多字，删去大半；而且写其他文章时也注意反复修改，删去每一个可有可无的字眼儿，力求要言不烦。后来我为管燮初先生的《〈左传〉句法研究》写了一篇名为《一部专书语法研究的重要著作》的书评（《语文研究》1996 年第 1 期），管先生看后称赞说'写得精练，一字不多，一字不少'。记得在一次闲聊中，吕先生还说过，如果文章的内容相同，它的字数与效果恰成反比。近年来研究生们的硕士论文和博士论文大有愈写愈长的势头，似乎学问和字数成了正比。愚以为在寸金寸光阴的今天，文章是应该提倡简练的。吕先生的短文同样是十分精彩的。"[164]

　　编写《马氏文通读本》期间，吕叔湘正身兼数职，会议一个接着一个，不能及时审阅稿子。为了尽快审阅书稿，吕叔湘不得不带到人民大会堂去看。全书的最后审定工作，是在盛暑之际去青岛疗养时完成的。据吕师母说，改完全稿，吕叔湘几乎病倒。由此可以看出吕叔湘为《马氏文通读本》付出了多么艰辛的劳动。

　　《马氏文通读本》，可以说是吕叔湘晚年完成的留给语言学界和广大读者的重要财富和珍贵礼物。王海棻在回忆文章中介绍说，编写《马氏文通读本》这个课题一经提出，便被中国社会科学院确定为院内的重点科研项目。《马氏文通读本》出版后，受到学界普遍好评。著名语言学家张清常先生评论说："从此《马氏文通》这部语文专书有了令人满意的可读之本，便于翻查检索之本。""堪称是个飞跃。"他还称《马氏文通读本》是"一部既方便读者，又指导、启发读者的传世之作"。2001 年，《马氏文通读本》因"经时间检验确属学术精品"而被上海世纪出版集团收入"世纪文库"中重新出版。还有的语法学史著作把《马氏文通读本》的出版列入汉语语法学史大事记中。

---

[164]　王海棻. 怀念恩师吕叔湘先生[M]//《吕叔湘先生百年诞辰纪念文集》编辑组. 吕叔湘先生百年诞辰纪念文集. 北京:商务印书馆,2010:58.

第十一章 人民语言学家的新开拓

卅四、开拓近代汉语学科研究

中国社会科学院草创之初，百废待兴，其中最突出的问题之一，是各所青黄不接、后继乏人。为了缓解这种情况，时任社科院院长的胡乔木提出了要各所招收研究生的要求。招生通知发出后，报名者有几千之众，经过考试，1978 年 8 月，最终全院录取了 440 人。其中，语言所录取了 22 名硕士研究生，吕叔湘指导的七名研究生，分属三个研究方向，杨成凯、黄国营治现代汉语语法；江蓝生、李崇兴治近代汉语语法；王菊泉、陈平、周焕常治英汉比较语法。因为研究生人数不少，筹办统一的研究生院，也就提上了议事日程，这是后话。

当时，吕叔湘已近七十四岁高龄，不仅身任语言所所长，承担着繁重的行政事务，还兼任包括全国人大常委会委员在内的诸多职务，负荷之重可以想见。但是，吕叔湘出于对祖国语言研究工作的高度责任感，挑起了培养和指导研究生的重任，为培养青年语言工作者倾注了大量的心血。

吕叔湘指导研究生，非常注重培养学生的自学能力、独立思考能力和实践能力。就英汉比较语法方向而言，英语语法、汉语语法、英美文学、英汉互译，以及英汉对比这几门课程，没有一门是采取老师讲、学生听的上课形式。刚入学不久，吕叔湘就把必读书单开给了学生，让学生自己借书阅读，如有问题可以约定时间去找他。每次会面以前都强调必须准备好问题，到时提出来讨论，如果到时提不出问题，就会受到批评。

汉语语法课的研讨之风给学生留下了深刻的印象。王菊泉回忆："这门课程采取 seminar[165] 的形式，由吕先生主持，一星期一次，参加者有范继淹、廖秋忠两位先生以及现代汉语专业和英汉对比语法专业的五名研究生。这次研究班讨论会开始于 1979 年 10 月 17 日，结束于 1980 年 4 月 23 日，前后持续达半年之久，一共

---

[165] seminar：（研究班的）专题讨论会。

举行了 16 次讨论，以先生的《汉语语法分析问题》为主要线索，内容涉及汉语语素、词类划分、动词、形容词、动词名物化、短语分类、结构层次和关系、省略和倒装、主、宾语、补语、状语、基本句型、连动、兼语和单复句等等。由于采取了讨论会形式，参加者无论是导师还是学生都能从研究探索的角度提出问题，大家各抒己见，一起讨论，互相切磋，故而比单纯的关起门来看书，比单纯的你讲我听的上课，印象要深刻得多，对问题的理解也要深刻得多，因而收效也要明显得多。"[166]

在培养学生的实践能力方面，吕叔湘采取的办法是让学生多动手。王菊泉回忆："他有时要求我们用英文写一篇短文，看看你写得怎么样，有时让我们翻译一段文章，有英译汉也有汉译英，遇到假期，还会要求我们对照阅读一段原文和译文，找出其间的英汉差异，或者让我们自选一个小题目，写一篇英汉对比的 term paper[167]，等等。通过这些实践，我们不仅提高了语言实践能力，并通过实践掌握了有关知识，更主要的是在实践中学会了搜集材料，对搜集的材料进行分析，学会了写论文的格式和程序。"[168]

吕叔湘非常注重引导学生处理好中和外的关系，以及虚与实的关系。王菊泉回忆："我们英汉对比语法专业的三个学生，原来都是外语专业毕业生，由于接触外语较多，容易产生联系结合中国语言实际不够的毛病。针对这一情况，先生曾多次提醒我们在向西方学习的同时不要忘了结合中国语言的实际，不要忘了学习的目的是为了借鉴，是为了促进我们自己的研究工作。记得在毕业前夕吕先生和我的一次谈话中，就曾要求我在毕业后制定一个读书计划，计划中必须明确准备看哪些书，并且还特别强调英汉比较势必要涉及到古汉语，只了解现代汉语是不够的。在处理虚和实，亦即语言理论和语言事实的关系问题上，先生曾多次强调研究语言，要善于观察语言现象，注意抉发语言事实，因为只有在此基础上，才能总结归纳出词语组合的规律，并进而系统化构成语言理论；对国外语言学理论要学习借鉴，完全不了解是不行的，但一定得结合中国语言实际，一定得注重语言事实的研究，切忌搞空洞的理论，照搬人家的一套。作为先生的'关门弟子'，我们几位在毕业后的成就

---

[166] 王菊泉. 为人治学，永远以先生为榜样[M]//《纪念文集》编辑组. 吕叔湘先生九十华诞纪念文集. 北京：商务印书馆,1995:57.

[167] term paper：学期论文。

[168] 同[166]57-58.

各有大小，其中原因自然是多方面的；但不管成就大小，我相信，凡是可以算得上在语言研究方面做出了一点成绩的，都应该是在不同程度上正确处理了中和外或者虚和实的关系的结果。"[169]

吕叔湘经常强调"悟性、记性、眼明、手勤、心细"的治学要点。王菊泉回忆："在如何观察语言现象，抉发语言事实方面，先生要求我们做有心人，即对大量的语言现象，无论是书面的，还是口头的，一定要用心观察，努力培养自己对语言形式的敏感（sence of form），并且要做到手勤，及时地把观察到的语言现象制成卡片积累起来。他并指出，只有平时注意观察，注意积累，才不至于临到用时东找西找找不着（不少例句是可遇而不可求的）；转引他人，或者干脆现编例句，往往会影响说服力；当然，单靠平时面上的观察和搜集例证也是不够的，还必须结合某一个或某几个题目或重点有目的地去搜寻才能解决问题。"[170]

吕叔湘对治学的严谨态度和对学生的高度负责精神使学生终生难忘。王菊泉回忆："首先表现在对我们几个人作业的批改上。尽管他工作很忙，时间很紧，但每次都是认真地、一丝不苟地加以批改，大至对文章结构、布局和格式，小至对拼写、标点符号的用法等，都会提出批评意见或者给以改正。对于布置作业他一般都要求我们及时完成上交，而他自己也总是尽快地加以批改，及时发还，偶尔因实在太忙，来不及批改，他也会给我们打招呼表示歉意。我至今还保留着一封信是他写给我们三个学生的，信中写道：'你们的作业我还没有看。你们也许能原谅我，我却是异常不安。'由此足见先生对学生高度负责，以及对他自己要求十分严格。对于我们作业的批改是如此，对于我们撰写论文（包括毕业论文以及写了准备送出发表的论文）先生就更加认真对待，对我们的要求也更加严格了。记得写毕业论文时，他要求我们必须先写出详细的提纲经他过目，不符合要求的则必须重写；就是提纲通过了，初稿写得不行，也还得推倒重来，不管你工作量有多大，也不管时间是否来得及。对于撰写一般的论文，他也是持同样的态度。我在毕业后撰写的几篇论文，送出发表前，都曾请先生审阅修改，每次他都是极其认真地提出修改意见，特别是对我公开发表的第一篇论文，还专门为我立了详细的修改提纲。"[171]

---

[169] 王菊泉. 为人治学，永远以先生为榜样[M]//《纪念文集》编辑组. 吕叔湘先生九十华诞纪念文集. 北京: 商务印书馆,1995:58.

[170] 同[169]58.

[171] 同[169]58.

王菊泉坦言，他对学生要求如此严格，在当时，都或多或少觉得有点受不了，或者感到委屈，但事后都觉得，唯其如此严格要求，学生才能真正学到治学的本领。

吕叔湘指导的七名研究生毕业后，在后来的学术生涯中取得了不俗的成绩，除了他们自身的不懈努力外，无不得益于吕叔湘严谨的治学态度之熏染。

＊　＊　＊

吕叔湘是我国近代汉语研究的拓荒者和奠基人。他，一方面筚路蓝缕以启山林，一方面不遗余力地提携和扶植后进。从某种程度上说，是两者的有机融合，才使得近代汉语研究逐渐成为显学。

近代汉语是汉语史的一个分期，跟历史、文学史的分期不同，它不是单纯地指某一个历史时段，它所研究的对象是唐五代以后出现的跟古代汉语不同的，以古代白话为主体的语言现象。

近代汉语这一学科名称，是最近几十年才在语言学界通行开来的，然而早在1940年前后，吕叔湘就开始以近代汉语为研究对象。当时他计划要写一部近代汉语历史语法，并为此做了许多基础工作，写了系列专题研究论文，后来收在《汉语语法论文集》里面。此外，在1947年至1948年间，吕叔湘初步完成了《近代汉语指代词》的初稿，这个稿子搁置了三十多年后，才在上世纪80年代经整理后出版面世。

在吕叔湘致力于近代汉语研究的上世纪40年代前后，从事语法专题研究的人还不多，而专门以近代汉语为研究对象的学者几乎是绝无仅有，因此，"在观点、方法、材料各方面都很少观摩、学习的机会"，"这个工作在当时多少有点垦荒的性质。"[172] 正是在这种背景下，吕叔湘以学术开拓者的气魄，在这块荒地上辛勤耕耘，进行了开创性的工作。

以古代白话为主体的近代汉语，过去是研究者很少涉足的领域。吕叔湘困知勉行，以坚韧不拔的精神，从浩如烟海的古代文献中爬罗剔抉，搜集了一大批有用的资料。他指出，"在语言发展的过程中起作用的不但有时间的因素，也还有地域的

---

[172] 江蓝生. 试述吕叔湘先生对近代汉语研究的贡献[M]//《纪念文集》编辑组. 吕叔湘先生九十华诞纪念文集. 北京:商务印书馆,1995:41.

因素，应该先就每一种资料作一番分析，然后才能进行综合。"[173] 他自己的资料工作堪称典范。他把宋元时期的白话分成平话系白话和金元系白话两种，从时间和地域两个方面对近代汉语的发展作出了准确的概括。

吕叔湘从众多的古代典籍中披沙拣金，多方搜罗，挑选出一批有用的材料。附在《汉语语法论文集》后面的引书目录，就是经过选择的，可供研究用的近代汉语基本资料。这份书目以时代为次，收录的文献近200种，有的一种之下又包括数项或数十项（如《元曲选》下列92个剧目；另1985年出版的《近代汉语指代词》后附引书目录，在此基础上又补充了40余种）。从体裁来看，举凡笔记、小说、佛经、野史、诗集、词集、释儒语录、变文、话本、平话、诸宫调、散曲、杂剧，等等，无不备载。可以说，吕叔湘对于资料的开掘，无论在广度上还是深度上都是空前的。他所做的开创性的工作，为近代汉语研究奠定了相当规模的资料基础；他的引书目录，为后学者指引了门径，很多学者都曾按图索骥，由入门而登堂入室。

吕叔湘自20世纪40年代开创近代汉语语法研究以来，始终关注并努力推动这一研究。

近代汉语研究的著名学者刘坚，在上世纪50年代中期分配到语言所，吕叔湘发现他对宋元白话研究有兴趣，就鼓励他在这方面努力，并且帮助他熟悉这方面的材料。刘坚在吕叔湘的悉心指导下进步很快，眼看研究将获得成果，不料在"文革"动乱期间，费了近十年搜集而来的资料却大部散失，只剩下一点点残余，沮丧达于极点，使他对科研心灰意懒。"文革"后，在一次闲谈中，吕叔湘得知这一情况，便给他讲了著名生物学家秉志（字农山）的例子：秉志执教的东南大学有一次不慎失火，一夜之间把他多年辛勤搜集并捐赠给学校的许多珍贵动物标本烧得精光。秉志所受打击可以想见，但是他并没有一蹶不振，而是从头做起。秉志是动物学界的开山祖师，后人只看到他的成就，哪儿知道这样一位大科学家的道路也不是那么一帆风顺的呢？（参见本书第七节。）在吕叔湘的鼓励下，刘坚振作精神，重整旗鼓，开始了新的资料工作，通过不懈努力，他终于在近代汉语研究方面取得丰硕成果和显著成绩。至于吕叔湘指定刘坚协助他培养两名近代汉语研究生，那是后话。

---

[173] 刘坚. 吕叔湘先生对我国语文事业的贡献:在庆祝吕叔湘先生九十华诞学术讨论会上的发言[M]//《纪念文集》编辑组. 吕叔湘先生九十华诞纪念文集. 北京:商务印书馆,1995:4.

1978 年恢复招考研究生，吕叔湘把近代汉语设置为一个专业，并在语言研究所设立了专门的研究室，使近代汉语跟古代汉语、现代汉语鼎足为三。

近代汉语研究室刚成立时有研究人员七人：周定一、钟兆华、廖珣英、蓝立莫和杨耐思均从古代汉语研究室调入，刘坚和范方莲从现代汉语研究室调入。1981年，江蓝生和白维国研究生毕业后留在语言所工作，也进入该研究室。

语言学是以语言事实为研究对象的，资料是研究工作的前提，没有资料，无异于无米之炊。

吕叔湘一贯重视资料工作，把它看作推动研究的关键环节。上世纪 80 年代中期，他就加强近代汉语的资料工作提出了一系列很好的建议，例如：（1）编写近代汉语文献的解题目录，"分门别类著录各种文献资料，说明它们反映实际语言的程度，作为近代汉语研究资料的价值，以及版本情况，等等。"（2）辑印重要的文献资料，包括单独刊行的和汇编性质的，特别提出，"一部经过精细校勘的敦煌俗文学作品集实在是非常需要的。"（3）把迄今为止的词汇研究成果汇集起来，供研究者参考。（4）编辑读本，作为高校开设课程的教材。[174]

在吕叔湘的大力倡导下，一批资料性的书籍相继问世，如刘坚编著的《近代汉语读本》，刘坚、蒋绍愚主编的《近代汉语语法资料汇编》，郭在贻等著《敦煌变文集校议》，王锳《诗词曲语辞集释》等。这些资料书的问世，免去了研究者找书找文的困难，同时为他们提供了经过点校的比较可信的本子，无疑大大推动了研究工作的开展。吕叔湘首倡之功不可没。

江蓝生和白维国来到研究室后，所做的基础工作是把国外的近代汉语研究的重要著作翻译到国内来。吕叔湘在 20 世纪 40 年代所做的开创性研究，虽然在国内没有形成很大的影响，却在国外得到有力的响应，产出了一系列重要的研究成果。其中在日本有太田辰夫的《汉语史通考》、治村良治的《中国中世语法史研究》、香坂顺一的《白话语汇研究》等。江蓝生、白维国把它们译成中文，供国内的研究者使用，借他山之石以攻玉，应该说也有筚路蓝缕之功。

吕叔湘的另一位研究生李崇兴为近代汉语学科建设和发展做了另一项基础工作。李崇兴毕业后回到武汉工作，在学界前辈严学宭先生的支持下，筹备召开了第一届近代汉语学术研讨会，把国内从事近代汉语研究的同行们召集到一起，就近代

---

[174] 江蓝生. 试述吕叔湘先生对近代汉语研究的贡献[M]// 《纪念文集》编辑组. 吕叔湘先生九十华诞纪念文集. 北京:商务印书馆,1995:42.

汉语的研究交流经验，共议日后的发展。从 1985 年首届召开至今已在全国各地召开了 18 届，为扩大近代汉语研究的影响，吸引更多的人关注或加入近代汉语的研究，起了重要作用。

学林出版社 1985 年出版《近代汉语指代词》（吕叔湘著，江蓝生补），初稿作于 1947 年至 1948 年，原为吕叔湘准备写的近代汉语语法的一部分。当年吕叔湘把摘录下来的材料分类排比，略加贯穿，后来由于种种原因这部书稿被搁置了，直到 1983 年才重新取出旧稿，由江蓝生整理，补充了一部分材料，再经吕叔湘亲自调整，最终成书。

《近代汉语指代词》，对近代汉语时期指代词的演变做了全面细致的考察分析，无论从理论还是方法上都称得上是汉语语言学研究的一个里程碑。

1986 年 7 月 7 日《光明日报》第 1 版上的文章《扶植后学，尽心竭力》，记述了吕叔湘在《近代汉语指代词》成书过程中的一段故事，他治学之严谨，扶植后学之殚精竭虑由此可见一斑：

> 她是六十年代后期北京大学中文系语言专门化的毕业生，粉碎"四人帮"以后考取了吕叔湘的研究生，1981 年毕业后留在语言研究所，给吕先生当助手。

> 在当研究生的时候，吕老就对她说，他在四十年代就写过一本《近代汉语指代词》的初稿，将来要请她帮着整理。可是，到她当了助手以后，吕老就不再提这件事了。不久，吕老找她谈话，给她一篇《些和点》的草稿，要她整理修改成一篇论文。这篇论文刚刚脱稿，吕老又给她出了个题目，叫她写一篇关于汉语史研究方法的论文，特别提醒要看一些日本学者的文章。为了写这篇论文，这位助手整整花了三个多月的时间。看了初稿以后，吕老比较满意，但是不同意拿出去发表。他说："你是把别人的话概括了一下，自己懂了就行，不一定要发表。" 这时候，吕老才把《近代汉语指代词》的初稿交给她，让她整理。

> 这位助手说，吕老为了让我整理好他的旧著，花多大精力训练我！他对我的要求真是很严格啊！[175]

---

[175] 王锳. 缅怀吕老[M]// 《吕叔湘先生百年诞辰纪念文集》编辑组. 吕叔湘先生百年诞辰纪念文集. 北京: 商务印书馆, 2010:51-52.

文章没有指名，其实语言学圈子里的人都知道，文中提到的"这位助手"，就是后来在近代汉语研究方面做出了显著成绩，一度担任语言所所长，又升任中国社会科学院副院长的江蓝生。

从20世纪40年代的专题论文到80年代的《近代汉语指代词》，代表了吕叔湘在近代汉语研究方面的总体成就。吕叔湘的研究工作，组织周密，体系严整，用他自己的话来说，"这种工作要求细针密缕，多少有点像绣花。"[176] 吕叔湘注重运用现代语言学的理论和方法，把文献资料按时代先后加以排比，再从用法和音韵两个方面细致考察时代不同的语词之间有没有语源关系，从而准确地勾画出语法史的演变轮廓。吕叔湘为后来的学者指引了门径，他做了修桥铺路、嘉惠后学的基础工程，他的近代汉语研究具有里程碑的意义。

刘坚坦言：今天我们研究近代汉语的人，几乎无一例外地都从吕叔湘的工作中受到启发，得到教益。

卅五、助编《中国大百科全书·语言文字》卷

《中国大百科全书》，是中国第一部大型综合性百科全书，也是世界上规模较大的几部百科全书之一。1978年，国务院决定编辑出版《中国大百科全书》，并成立中国大百科全书出版社。《中国大百科全书》第一版历时15年，于1993年出齐，共74卷。吕叔湘是110位总编辑委员会委员之一，他为这部巨著的问世作出了重要的贡献。

在《中国大百科全书》编辑出版过程中，吕叔湘亲与其事，主要参与了两方面的工作：一是，担任《中国大百科全书》的总编委；一是，担任《中国大百科全书·语言文字》卷的筹备组负责人，坚辞主编（即编辑委员会主任）而欣任顾问。

首先，来说一说编辑《中国大百科全书》的基本背景。

中国自古以来就有编辑类书的传统，两千年来曾经出版过400多种大小类书。这些类书是我国文化遗产的宝库，它们以分门别类的方式，收集、整理和保存了中国历代科学文化典籍中的重要资料。较早的类书有些已经散佚，但流传或部分

---

[176] 吕叔湘.近代汉语指代词·序[M]//吕叔湘.吕叔湘全集:第三卷.沈阳:辽宁教育出版社,2002:5.

流传至今的也为数不少，这些书受到中国和世界学者的珍视。各种类书体制不一，多少接近百科全书类型，但不是现代意义的百科全书。

十八世纪中叶，正当中国编修庞大的《四库全书》的时候，西欧法、德、英、意等国先后编辑出版了现代型的百科全书。以后美、俄、日等国也相继出版了这种书。现代型的百科全书扼要地概述人类过去的知识和历史，并且着重地反映当代科学文化的最新成就。二百多年来，各国编辑百科全书积累了丰富的经验，在知识分类、编辑方式、图片配备、检索系统等方面日益完备和科学化。今天，百科全书已经在人类文化活动中起着十分重要的作用，各种类型的和专科的百科全书几乎像词典那样，成为人们日常生活的必需品。

一向有编辑类书传统的中国知识界，也早已把编辑现代型的百科全书作为自己努力的目标。20世纪初叶就曾有人编辑出版过几种小型的实用百科全书，包括近似百科型的辞书《辞海》。但是，这些书都没有达到现代百科全书的要求。

新中国成立之初，当时的出版总署曾考虑出版中国百科全书，稍后拟定的科学文化发展十二年规划也曾把编辑出版百科全书列入规划，1958年又提出开展这项工作的计划，但都未能实现。

《中国大百科全书》的编纂出版是中国科学文化事业一项重要的基础工程。直到1978年，国务院才启动编辑出版《中国大百科全书》，并成立中国大百科全书出版社。此后，《中国大百科全书》第一版的各分卷陆续出版。至1993年，全书所有学科74卷出齐。

《中国大百科全书》第一版是按学科分类陆续分卷出版的，是当时历史条件下的权宜做法。由于上世纪八九十年代社会各界的迫切要求，不能等待各门学科的资料搜集得比较齐全之后再行编纂出版；也不能等待各学科的全部条目编写完成之后，按照条目的汉语拼音字母顺序，混合编成全书；只能按门类分别邀请全国专家、学者分头编写，按学科分类分卷出版，即完成一个学科（一卷或数卷）的编纂，就出版一个学科的分卷，全书分卷陆续问世。

《中国大百科全书》由胡乔木任总编辑委员会主任，姜椿芳、梅益先后任总编辑，1993年8月出齐。

其次，来说一说吕叔湘参与《中国大百科全书》并任总编委一职的简况。

《中国大百科全书》是 1978 年夏开始筹划的，同年 10 月召开总编辑委员会筹备会议，讨论总体设计和相应的各种问题。在此前后，中国大百科全书出版社总编辑姜椿芳广泛接触各学科的专家，征求对编辑出版的意见，并请求他们的支持和帮助。他曾经多次拜访吕叔湘，邀请他参与《中国大百科全书》特别是主持其中的《语言文字》卷的编辑工作，为了祖国的文化建设事业，吕叔湘不顾年高体弱，慨然应允。

吕叔湘对《中国大百科全书》的编辑方针等问题发表了不少精辟的见解。有一次在座谈时，他提出《中国大百科全书》内容应相当于高级科普的水平，深入浅出，使高中毕业以上的读者能看懂。关于设置学科的框架条目，吕叔湘认为确定的条目相互间要有配合，避免重复，但又要能概括本学科所应具备的内容。在文体方面，吕叔湘则主张《中国大百科全书》应有统一的风格，他认为写百科全书应设法把自己的风格隐藏起来，不要使人认出是谁的风格；写法上不是各抒己见，而是一家之言，应该平铺直叙，不要忌讳千篇一律；要去掉古味，洋味。他的这些观点，在《中国大百科全书》以及《语言文字》卷编辑委员中都得到了赞同和响应，《语言文字》卷编委俞敏曾经形象地比喻说："我们写大百科要穿大百科的制服。"

中国大百科全书出版社编辑李鸿简回忆："他始终关注《全书》的进展情况，即使在住院治病期间，见我去探望，也总要询问我《全书》已出了多少卷，还有哪些卷没有发稿，什么时候能出齐，以及姜老的身体好吗，等等，听我回答以后总有一种欣慰的表情。"[177] 吕叔湘对姜椿芳同志也充满感情。1987 年姜老去世，他亲临灵堂吊唁，以后还经常问起姜师母的近况。

再次，来说一说吕叔湘参与筹备编辑《中国大百科全书·语言文字》卷以来的工作情况。

《中国大百科全书·语言文字》卷，是 1982 年 10 月在吕叔湘和其他几位先生指导下开始筹备的。

---

[177] 李鸿简. 深切的怀念:纪念吕叔湘先生诞辰 100 周年[M]//《吕叔湘先生百年诞辰纪念文集》编辑组. 吕叔湘先生百年诞辰纪念文集. 北京:商务印书馆,2010:87.

李鸿简回忆："吕叔湘先生是《全书》总编辑委员会的委员，又是'语言文字'卷的筹备组负责人，我当即前往语言研究所拜访吕先生。当时语言所'寄居'在地质学院，只有几间简陋的办公室，吕先生热情地接待了我。他显然早已成竹在胸，具体、细致地告诉我，'语言文字'卷应该设立哪些分支学科，邀请哪些语言学家担任各分支学科的主编和编委，他们既要有渊博的学识，同时又要重视这一工作，愿意踏实做事。他不无遗憾地对我说：'你早两三年来找我就好了。'我明白他话中的含意，一是他年近80，即将卸去所长的职务，不在其位，工作起来会有一些困难；二是他的身体不如以前，未免有力不从心之感。临走时，他要我搭他的车回城，并一直把我送到出版社门口。"[178]

筹备时首先遇到的问题是，编辑这一卷书的条件是否成熟。有的同志顾虑较多，主张往后推，吕叔湘却认为《中国大百科全书》不能缺《语言文字》这一卷，这一卷书不但现在能编，而且还要争取早日出版。李鸿简回忆，"吕先生在筹备之初曾经鼓励大家说：'我们这卷书不但现在有能力编，而且还要争取早日出版。'事实证明吕先生的话是正确的。"[179] 在大家的共同努力、密切协作下，《语言文字》卷，经过两年多的编撰工作，于1986年底发稿付排。从筹备到出版，只用了四年时间。

筹备之初，吕叔湘首先关心编委会的组成，强调聘请学识渊博而又富于实干精神的学者担任编委。经过酝酿和讨论，这一卷的编辑委员会成员为17人，在各卷中是编委人数最少也最为精干的。

吕叔湘不遗余力地为《语言文字》卷披荆斩棘，却婉言辞谢了此书的主编之职。1983年秋，在《语言文字》卷的编委会成立之前，总编辑姜椿芳希望吕叔湘担任主编的工作，参与筹备的语言学家们也都表示，吕叔湘出任主编是众望所归。但他考虑到自己已年老体衰，精力有所不济，唯恐照顾不周，贻误工作，辞谢了大家的好意。

1983年5月间，他曾对季羡林、朱德熙说过，如果由他担任主编，每一篇稿子他必须都看，材料也要核实，但他的精力已不可能这样做，徒有主编之名而不能履行主编的职责，他是会睡不着觉的。而当顾问或委员，工作可以减轻一些，只需

[178] 李鸿简. 深切的怀念:纪念吕叔湘先生诞辰100周年[M]//《吕叔湘先生百年诞辰纪念文集》编辑组. 吕叔湘先生百年诞辰纪念文集. 北京:商务印书馆,2010:87.
[179] 同[178]88.

要看一部分稿子就行。假如三年前开始编写这卷书，情况完全不一样，他的精力也许可以应付。李鸿简认为，这是吕叔湘的肺腑之言，大家深为感动，也就不勉强他了。

《中国大百科全书·语言文字》卷编辑委员会于 1984 年春成立。王力、吕叔湘任顾问，季羡林任主任，周祖谟、许国璋任副主任。吕叔湘在编辑的全过程中付出了巨大的劳动，从约请各分支学科的主编、副主编，设计框架、条目，物色撰稿人员，直至审稿、定稿，事必躬亲。

在建立《语言文字》卷各分支学科的编写机构时，吕叔湘常常亲自出面邀请专家学者参与工作。李鸿简回忆，吕叔湘曾经多次给外地的学者写信，对于居住在北京的朋友，甚至亲自登门相求；在工作逐步开展，进入撰写条目阶段时，他又亲自写信约请撰稿人。吕叔湘并不认为这些琐事不应该由他来做，他总是从取得最好的结果来考虑，由编辑出面，有时不如由他出面更好。在编写过程中，曾遇到不少棘手的问题，但在吕叔湘的帮助下，都能得到顺利解决。而一些看似无关紧要的问题，他也考虑周密，例如书中涉及世界各国的名称，吕叔湘交代在发稿前应商请外交部方面予以审定，以免有误。

吕叔湘自始至终重视《语言文字》这一卷的编写质量。1984 年上半年《语言文字》卷进入撰稿阶段，吕叔湘虽不是主编，仍然十分关心。对于重要条目的撰稿人，他也作了考虑，如"语言学"一条，他建议由王宗炎教授撰写；"汉语语音"一条，他与朱德熙先生共同建议由林焘教授撰写；"汉语词汇"一条，他建议由张永言教授撰写。编委会接受了他的建议，他还亲自写信给远在四川大学的张永言教授约稿。有的条目完成初稿后，他认为可以由他看的，就主动为编写组分担审稿的任务。他看了"汉语语法""语法学""汉语教学""汉语修辞"等条目，并向作者提出具体的修改意见。

编辑工作中最困难的是审稿这一环节，特别是大百科全书有它的特殊体例，既不能把条目的内容写成论文，也不能敷衍成讲义。虽然有试写的样条，但多数撰稿人并不习惯，或者一时兴起，下笔成文，未加约束，不合要求。1985 年秋，《语言文字》卷编委会在烟台召开编委审稿会议，时年 81 岁的吕叔湘刚在上海开完一个会，立即赶到烟台，不顾劳累，便投入了紧张的工作，日夜审阅，参加讨论。对某些条目建议重写，对遗漏的重大条目，建议补充，"汉语语音"一条就是接纳了他的意见而添上的。

李鸿简回忆:"会上发现许国璋先生撰写的'语法学'一条的写法不完全符合百科全书的体例,经过商议,吕先生恳请许先生进行修改;'汉语'一条原为王力先生执笔,却被'民族'卷先行挪用,吕先生委托朱德熙先生重写一条;类似的事例不少。"[180]

根据全书的体例,《语言文字》卷附有600余幅彩色和黑白插图,其中有地图10余幅。吕叔湘审阅地图后,建议国别语言不必附图,只设一幅世界语言分布图即可。"有些插图还是吕先生提供的,如丁声树先生的肖像久寻不获,最后求助吕先生,他翻出了一张集体照,其中有丁先生,于是翻拍放大而成。"[181]

有许多棘手的重大问题,也在吕叔湘的帮助下得到解决,如这一卷分类目录的层次排列比较麻烦,"汉语"一条究竟排在第几层,它与"汉语语音""汉语语法""汉语词汇"等条目的关系如何处理。吕叔湘主张整个分类目录分为6个层次,"汉语"这一条应排在第一层,他风趣地说:"百科全书就是用汉语写的。"有些问题看来很小,他也考虑到了。1986年初他说:"世界上每个国家的官方名称,在发稿前应找外交部审定,怕有变动。"1986年底这一卷书发稿后,他还经常过问印制情况,甚至还亲眼看一看最后用机器打出的塑料转印膜的样条才放心。

吕叔湘还负责撰写卷首的带概括性的《语言和语言研究》。《语言和语言研究》一文,共分五部分:语言和文字曾经是人们崇拜的对象;语言研究的开始和发展;语言与时间和空间;语言的单一性和多样性;语言与人和机器。吕叔湘费了许多工夫,涉及内容很多,而字数只有八千,言简意赅、朴实无华、内容广泛,堪称一篇典范之作。

《语言文字》卷共收条目924个,插图515幅,计150万字。内容包括语言学、世界诸语言、中国诸民族语言文字、汉语音韵学、汉语训诂学、汉语文字学、文字改革、汉语语法修辞、汉语文言和应用语言学。

《语言文字》卷在吕叔湘和其他语言学家的共同努力下,从1984年2月成立编委会到1988年2月出版,仅用了四年时间,在《中国大百科全书》的编写中算是进度比较快的。

---

[180] 李鸿简. 深切的怀念:纪念吕叔湘先生诞辰100周年[M]//《吕叔湘先生百年诞辰纪念文集》编辑组. 吕叔湘先生百年诞辰纪念文集. 北京:商务印书馆,2010:88.

[181] 李鸿简. 吕叔湘先生与《中国大百科全书》[M]//《纪念文集》编辑组. 吕叔湘先生九十华诞纪念文集. 北京:商务印书馆,1995:61.

吕叔湘拿到样书，翻阅后作了这样的评价："这本书的质量可以算中上。"吕叔湘对参与编写工作的同志要求严格，而大家对他也很尊重，这种团结互助精神是顺利完成编纂工作的主要因素。正如这卷书的主编季羡林 1986 年底在最后一次编委会上所说，编委会三四年来一直是团结合作的，大家对稿子的修改都愉快地接受，很多同志牺牲了自己的风格，穿上了百科的制服，而"吕老始终努力，一贯积极，起了很大作用"。

《中国大百科全书》第一版的各分卷陆续出版，至 1993 年全书所有学科 74 卷出齐。全书出版后，深受学术界和广大读者推许，1994 年获第一届国家图书奖荣誉奖。

《中国大百科全书》第二版，经国务院批准于 1995 年 12 月正式立项。之后，新闻出版总署将其列入"九五""十五"国家重点图书出版规划，并组织成立了以周光召为主任的《中国大百科全书》第二版总编辑委员会。2006 年，《国家"十一五"时期文化发展规划纲要》又将《中国大百科全书》列为"国家重大出版工程"。2009 年 8 月，《中国大百科全书》第二版出版。

《中国大百科全书》第三版是新时代我国的一项重大文化工程，既出版传统的纸质版，又与时俱进编纂推出便捷易查的网络版。网络版涵盖 13 大学科门类、94 个一级执行学科，共 50 万个条目。纸质版按学科分卷出版，从网络版甄选、重组条目，形成各学科的科学核心体系框架，是具有完备参见、索引体系的专业性大型工具书。

卅六、创建语文出版社

创办一家专业的语文出版机构，更好地服务于语言教学与研究、普及与提高，是吕叔湘的夙愿。

早在 1951 年，吕叔湘即萌生了创办一家语文出版机构的想法。他认为，当时各类的读物都有一些出版社专管，有一定的分工，例如有科学出版社、文学出版社、戏剧出版社、音乐出版社等，还有其他自然科学方面的专门出版社，而唯独没有语文方面的专门出版社。他十分焦虑，这种非专业的状况长期下去，对语文的出版事业不利，对培养下一代的语文能力也非常不利。

语文出版社终于 1980 年成立，高龄的吕叔湘兼任语文出版社社长。他克服重重困难，致力于语文出版社的各项工作。为此，他辞去了包括全国人大常委会委员在内的几乎所有其他工作，全身心地投入语文出版社的创建、发展之中。

（一）壮心不已，服务于语言教学与研究、普及与提高

中国文字改革委员会原有一个文字改革出版社，成立于 1956 年。1980 年，决定继续保留文字改革出版社名义，同时扩大为语文出版社。实际上是两块牌子、一套班子的运行模式。计划报到中国社会科学院（中国文字改革委员会是国务院直属单位，归中国社会科学院代管，时任中国社会科学院的院长是胡乔木），立刻被批准了。

经过讨论，决定由吕叔湘兼任社长，调张志公担任总编辑。因为教育部对张志公另有任用（后任人民教育出版社副总编辑），商调未成。不仅如此，语文出版社成立伊始，虽然改革开放的宏观形势十分有利，但是由于百废待兴，尤其是干部和出版专业人才奇缺，因此，一直未能正常开展相应的出版工作，这种状况一直持续到 1984 年。

吕叔湘向文改会[182] 党组提出调李行健到语文出版社工作。李行健回忆，党组领导同他谈去语文出版社工作时，他一点思想准备也没有，他也不愿去出版社工作。这就有了吕叔湘与李行健的长谈。

吕叔湘先给李行健讲了成立语文出版社的初衷，那就是，要发展语言学，搞好语言文字工作，要鼓励出版语文图书和学术研究成果，把成果出版出来进行交流，把语文知识广泛传播、普及，这样才能发展语言学，提高全民的语文素质。

吕叔湘还特别回顾了创建语文出版社的"缘起"与"波折"。前文说到，《人民日报》1951 年发表了署名的"六六社论"，号召全国人民正确地使用祖国语言，为语言纯洁和健康而斗争。同日，开始连载吕叔湘和朱德熙合著的《语法修辞讲话》。这样一来，在全国范围内掀起了一个学习语法、修辞的前所未有的高潮。既然掀起了学习高潮，自然就要用书，于是连带出现了出版语法、修辞书的高潮。除了原来就出过这类书的知名出版社如商务印书馆、中华书局、开明书店等之外，几乎所有的出版社都纷纷出版这类书籍。一阵风来，家家都做，质量必然会良莠不

---

[182] 1954 年 10 月，政务院文化教育委员会下设的中国文字改革协会改组为国务院直属的中国文字改革委员会，简称文改会。1985 年 10 月改名为国家语言文字工作委员会。1988 年由教育部归口管理。

齐，有的很不错，有的可以说得过去，但也确实有一部分是东抄西摘、粗制滥造、错误百出的。这后一类，对于学习的人，尤其是初学者，危害是很大的。

吕叔湘十分敏锐地预感到这种状况对语文教育传播、普及与提高的负面影响，并且提出了筹建语文方面的出版社的动议。

其时，吕叔湘就约自己的老学生张志公（时任开明书店《语文学习》编辑）联名写信，向当时的出版总署署长胡愈之说明了当时语文书出版的混乱状况，建议在出版总署领导下成立一个出版语文书籍的专业出版社。胡愈之很同意这个意见，回了一封短信表示支持。不过事关机构的建立，需要与有关方面、有关人士商量、研究一下。

这就是关于筹建语文出版社的"清谈雅议"的缘起。而所谓"清谈雅议"，就是后来由叶圣陶发起、张志公组织操办，自嘲为"贤于博弈"的北京中山公园雅集，参加的有叶圣陶、吕叔湘、周振甫、蒋仲仁、王泗原、叶至善、张志公等。大家谈得很自然、很开心，也谈出一些问题，甚至解决了一些问题。

据张志公回忆，有一次聚会，出版总署署长胡愈之、办公厅主任金灿然也来了。他们二位一到，少不了要谈成立语文出版社的问题。当时虽是一种私人聚会，可是一说到这个问题，胡愈之马上以出版总署署长口气拍了板，并请金灿然回去立刻筹备组织工作。因此可以说，成立语文出版社的"创意"可以追溯到1952年秋。

遗憾的是，随后开展了一个接一个的运动，成立语文出版社这件事情就搁下来了，一搁就是20多年。

吕叔湘亲历了语文出版社"降生"的百转千回，将自己的高龄置之度外，十分珍惜语文出版社成立的难得机遇，不遗余力地为此奔走。

吕叔湘希望李行健尽快到语文出版社来协助他工作，帮他摘掉"光杆司令"的帽子。吕叔湘动情地说，他已经80多岁了，包括人大常委会委员在内的一切职务都辞了，只保留了语文出版社社长这个职务，就是希望晚年能为发展语言学、搞好语文事业做点切切实实的工作。

吕叔湘还告诉李行健，要把他从天津师范学院调来语言文字应用研究所做研究工作，相信他能搞出成绩来。但是他个人的成绩比起搞好出版社的作用来，那就大不一样了。

李行健在北大上学时吕叔湘是他的老师（讲《马氏文通》课），毕业后也不时有联系，得到吕叔湘不少教导。因为这些方面的原因，李行健不愿让吕叔湘太失望，于是勉强同意了，并说只到语文出版社跟他干三年。

吕叔湘马上说，先不要说干几年，来了就全心全意把出版社干好，不要留"自留地"——意思是不要惦记自己的研究工作。

1984 年下半年，李行健调语文出版社任副社长、副总编辑，协助社长吕叔湘工作。李行健刚到语文出版社时，还兼着语言文字应用研究所应用语言研究室的主任，同时他还需要一段时间熟悉出版行当的一些情况，所以先担任副总编辑、副社长，总编辑由吕叔湘兼任。这样，语文出版社的工作就正式开展起来了。出版社逐渐走上正轨后，吕叔湘就想辞去他担任的最后一个实质性职务，放手让中年同志去干。

1991 年初，李行健从日本讲学归来，吕叔湘就请李行健担任社长兼总编辑，国家语委的领导同志也同意这个安排，但仍坚请吕叔湘担任名誉社长。后来吕叔湘即使已过 90 高龄，不大出门，但出版社遇有重要的事情，社里仍旧随时去向他汇报、请示，他也仍旧给予指导，有时还参加出版社的会议。

（二）扶上马送一程，牢牢把握语文出版事业的大方向

20 世纪 80 年代中后期，语文出版社在一些必需的出版条件解决后，出好书、多出书的任务就摆在大家面前。

出版社要出书，最先遇到的困难就是没有懂出版的人。语文出版社创办之前，其前身文字改革出版社的不少出版业务是请别的出版社捎着办，因为"文革"中文字改革出版社的人员也都或下放，或解散，或调到别处。语文出版社创办后，起先是把原文字改革出版社副社长倪康华请来当顾问。倪康华热情相助，不要报酬，不要办公室，很快组织起一个出版科，找来他的老部下、精通出版业务的田庆机当科长，很快就与几家纸厂和印刷厂建立起业务关系，弥补了当时的短板。

对于编辑和稿源的问题，吕叔湘就安排外出组稿。他对这项工作极为重视，因为没有高质量的书稿，自然出不了好书。他一再告诫大家，作者是出版社的衣食父母，一定要尊重作者，善待作者。为了打开局面，吕叔湘让李行健亲自到人才荟萃、稿源丰富的上海去组稿。吕叔湘给上海语言学界的领军人物胡裕树写信，让李行健带着信到复旦大学见胡裕树。

　　李行健记得很清楚，在当时的留学生餐厅，胡裕树把系里 30 多位主要老师请来聚会。胡裕树向与会同人介绍说：行健同志是吕叔湘先生从北京派来专程到复旦组稿的，感谢吕先生的厚爱，今后中文系同志的书稿先给语文社，语文社不用的再给别的出版社。胡裕树的话让李行健十分感动，也增加了组稿特别是组到高质量书稿的信心。

　　语文出版社一时不可能调来熟悉业务的编辑，吕叔湘就想出了到社会上聘请一些兼职的编辑帮助审稿的办法。这个办法十分灵验，比较顺利地请来一些有经验的专家学者帮助审稿以解燃眉之急，如天津的曹聪孙、河北的夏传才和北京的几位同志，其中资深编辑李鸿简就是吕叔湘找来的。

　　吕叔湘还提醒大家，语文出版社出的书，在政治上必须是健康的，要符合国家出版的大方向；在书的内容上应该是质量上乘的，更不能出现学术和知识性的错误。

　　吕叔湘对把好出书政治方向和质量关十分重视，主要表现在每次确定选题时严格审查上。据李行健回忆，每次带着总编室同志和责编去吕叔湘家汇报选题，吕叔湘认真严格的程度真如同一次大的考试，而且常常要连续工作几天时间。吕叔湘主要了解该选题的价值和意义，有什么新的内容和创造性，作者水平能否完成选题既定的任务。对一些不熟悉的作者，往往还要问问他的为人和思想品质如何，如果汇报时回答不上来或回答得不满意，就要求继续了解。吕叔湘的意思很明确，作者如果人品有问题，书就不能出。

　　李行健对吕叔湘处理的几次退稿记忆犹新。当年李行健向厦门大学黄典诚老师组稿，黄老师把一本过去上课的讲稿稍加整理送来，信中也说明了这层意思，并表示如不好出版退给他即可，不用为难。编辑们读后觉得缺少新的东西，不大好用，但又碍于黄是著名学者，不敢草率从事，于是报到吕叔湘那里。一周后，吕叔湘看过书稿，同意做退稿处理的意见。见李行健犯难，他就主动说由他来给黄先生写信说明。吕叔湘说，学者是爱惜羽毛的，你只要实事求是说明不出版的原因，他会理解的。果然黄典诚收到退稿后并未不高兴，还说他今后会照样支持出版社。

　　还有一位地位很高的领导，也是吕叔湘的老朋友。他推荐来一部稿子，吕叔湘说不符合语文社出版范围，把稿子退了回去。吕叔湘怕别人为难，说这事由他来处理。——对于出书范围，当年国家有明确规定，超范围出书是违规行为。

当年苏州有一家很有特色的餐馆，是有名的老字号，他们想出一本书来介绍这家老字号，以弘扬传统饮食文化。当时的经理是吕叔湘的晚辈，带着资助出版的经费先找到李行健说明来意。李行健问他为什么不直接见吕叔湘，他说不敢去。可见吕叔湘的大公无私和坚守出版原则的鲜明立场。李行健私下去问吕叔湘，想打一个擦边球，从传统文化角度接受那个选题。吕叔湘回答说："你认为能出吗？"吕叔湘把门封死了，用坚决的口吻说："同语文社出版方向无关的书一概不能出，大家要记住！"

还有一位著名大学的中年学者，编了一本文集。编辑们看内容还不错，于是列入选题，报吕叔湘审查。吕叔湘问编辑是否了解作者。编辑只能说个大概。吕叔湘说：你们并不了解作者。有人反映，这个人人品有问题，这类作者的书不能在语文出版社出。了解作者要深入一点，不仅是学术水平，还要看这个人的人品。这正是编辑们审读选题时注意不够的地方。

（三）呕心沥血，精选语文图书重大选题

吕叔湘一生经历十分丰富，学贯中西，学术眼光很锐利。这相当程度上决定了吕叔湘拍板的重大选题，都很有学术价值和社会效益。语文社在吕叔湘主管工作期间，有五六种书荣获国家图书奖或提名奖，绝不是偶然的。

陈章太和李行健共同主编的《普通话基础方言基本词汇集》，被中国教育出版传媒集团[183]选作庆祝新中国成立 70 周年精品出版物展的参展图书，这个意料之外的殊荣，其选题就是吕叔湘多年号召调查研究的课题。

吕叔湘曾说，要推广普通话，要对现代汉语进行规范，而汉语普通话的基础方言是北方话，可我们对北方话的语音、语法和词汇却缺乏系统的了解，早就应该组织力量对北方话进行全面的调查研究，由于任务大，需要组织强有力的专业团队才能进行。在吕叔湘的倡导下，经过充分准备，终于启动了这个项目。数十位专家学者，历时 6 年多，终于把北方话 106 个代表性的方言点情况摸清楚，整理成五卷本 1000 多万字的大书，于 1997 年出版，后来获得国家图书奖。吕叔湘还为该书写了序言，充分阐明了这件工作的意义。

---

[183] 中国教育出版传媒集团成立于 2010 年 12 月，由人民教育出版社、高等教育出版社、语文出版社等成员单位组成，隶属于教育部。

20 世纪 70 年代，黑龙江省在推广汉语拼音中，开始探索一种"注音识字，提前读写"的教学改革。这个改革一开始就受到吕叔湘和王力等语言学家的重视和欢迎，后得到教育部和国家语委的支持并布置推广。教育部曾正式发了两次文件要求把这项教改工作通过实验加以推广。柳斌、何东昌等领导亲自指导推广，在全国形成了热潮，有 26 个省市几十万学生参加。

这项改革的主要内容，就是先用拼音帮助识字，在未大量识字前，可以阅读拼音读物，用拼音作文，拼写自己的思想和要说的话，所以定名为"注音识字，提前读写"。它的最大好处是可以提前开发儿童的智力（读、写），逐步甩掉注音，掌握汉字。这样可以较快地提高语文水平，为学习其他学科打下了良好的基础。经过多方测试，学生 5 年足可达到一般要 6 年才能达到的水平。因此，实验班报名被挤爆，仍不能满足需要。出版培养师资的统编教材，成了当务之急。在全国第一次语文工作会议中，十个省的同志向吕叔湘请求，希望由他领导的语文出版社来组织教材的编写和出版。吕叔湘征求李行健的意见，李行健表示困难不少，但这是新生事物应该支持，"如先生接下这个任务，我们会努力去克服困难完成。"当时约定会后各省立即派人来参加教材编写工作，语文出版社专门成立一个"注·提"教材编辑室。当时借用语委后院闲着的几间平房，开始了编写工作。语文出版社抽出凌远征、卜兆凤等同志参加。

教材即将编成，却没有印刷厂能承印，过去谁也没有印制过这么多拼音的图书。没办法，只好自力更生，由国家语委原来印文件的一个小厂改建的印刷厂承印，培养工人认字母、学拼音，刻制钢模，开始试验性地印刷。真是有志者事竟成，终于编出了全套教材和练习册。由语文出版社出版的这套书发行量日益扩大，成了语文出版社的一根支柱，社会效益和经济效益都很好。但几年后，随着专家们老去，领导班子调整，不少地方放弃了这项对发展我国教育事业有不可估量作用的实验工作。但仍有不少地方坚持了下来。后来新课标教材铺开，实验才逐步停止下来。

吕叔湘生前曾感叹说，如果早有"注音识字，提前读写"这套办法，中国的"高玉宝"，很可能就成了苏联的高尔基了。因为这个办法打破了繁难汉字对"高玉宝"们写作的限制。支持"注·提"实验充分体现了吕叔湘在出版工作方面对社会效益的特别坚守。

参 考 文 献

[1] 吕叔湘. 吕叔湘全集[M]. 沈阳:辽宁教育出版社,2002.

[2] 《纪念文集》编辑组. 吕叔湘先生九十华诞纪念文集[M]. 北京:商务印书馆,1995.

[3] 中国社会科学院语言研究所. 吕叔湘:纪念吕叔湘先生百年诞辰[M]. 北京:商务印书馆,2004.

[4] 《吕叔湘先生百年诞辰纪念文集》编辑组. 吕叔湘先生百年诞辰纪念文集[M]. 北京:商务印书馆,2010.

[5] 周志宽,杨匡汉. 中国哲学社会科学发展历程回忆:文学卷[M]. 北京:中国社会科学出版社,2014.

[6] 《中国语文》编辑部. 《中国语文》历史回望[M]. 北京:中国社会科学出版社,2022.

[7] 《中国语文》编辑部. 庆祝吕叔湘先生从事语言教学与研究六十年论文集[M]. 北京:语文出版社,1985.

[8] 陈昌来. 二十世纪的汉语语法学[M]. 太原:书海出版社,2002.

[9] 顾黄初. 中国现代语文教育百年事典[M]. 上海:上海教育出版社,2001.

[10] 李杏保,顾黄初. 中国现代语文教育史[M]. 成都:四川教育出版社,1997.

[11] 柳怀祖,边东子,蔡恒胜. 中关村纪事[M]. 上海:东方出版中心,2021.

[12] 边东子. 风干的记忆:中关村"特楼"内的故事[M]. 上海:上海教育出版社,2008.

[13] 方有林. 语言学视角　科学化追求:吕叔湘语文教育思想研究[M]. 上海:上海书店出版社,2011.

[14] 方有林. 吕叔湘[M]. 北京:语文出版社,2021.

[15] 丹阳地方志编纂委员会. 丹阳市志（1986—2005）[M]. 北京:方志出版社,2012.

[16] 李行健. 语文的故事:回忆王力、吕叔湘等先生[M]. 北京:中国大百科全书出版社,2015.

[17] 《胡乔木传》编写组. 胡乔木与中国社会科学院[M]. 北京:人民出版社,2007.

[18] 本书编写组. 八十一年人生路:胡乔木生平[M]. 北京:社会科学文献出版社,2017.

[19] 王德滋. 南京大学百年史[M]. 南京:南京大学出版社,2002.

[20] 上海财经大学校史研究室. 郭秉文与上海商科大学[M]. 上海:上海财经大学出版社,2010.

[21] 周有光. 我的人生故事[M]. 北京:当代中国出版社,2013.

[22] 罗天华,邵瑞敏,王璐,等. 周有光年谱[M]. 杭州:浙江大学出版社,2019.

[23] 张中行. 流年碎影[M]. 北京:作家出版社,2006.

[24] 张中行. 北京的痴梦[M]. 北京:北京出版社,2018.

[25] 张中行. 月旦集[M]. 北京:经济管理出版社,2012.

[26] 朱亮. 吕凤子传[M]. 南京:南京出版社,1992.

[27] 杭州五四宪法历史资料研究会,"五四宪法"历史资料陈列室. 毛泽东在杭州的77天:新中国第一部宪法诞生记[M]. 北京:中央文献出版社,2023.

[28] 李步云. 论宪法[M]. 北京:社会科学文献出版社,2013.

[29] 马相伯教育奖励促进会. 直与青云齐:丹阳五大教育家的故事[M]. 苏州:苏州大学出版社,2016.

[30] 曹聚仁. 我和我的世界[M]. 上海:上海三联书店,2014.

[31] 邱雪松. 启蒙·生态·政治:开明书店史论(1926—1953)[M]. 北京:中华书局,2022.

[32] 张维. 熊庆来[M]. 北京:金城出版社,2008.

[33] 张维. 数学泰斗熊庆来[M]. 昆明:云南人民出版社,2015.

[34] 郭建荣. 涵容博大　守正日新:我眼中的北京大学[M]. 北京:社会科学文献出版社,2013.

[35] 柯琳娟. 以国家需要为专业的科学家:钱伟长传[M]. 南京:江苏人民出版社,2009.

[36] 来新夏,等. 中国图书事业史[M]. 上海:上海人民出版社,2004.

[37] 马先阵,倪波. 李小缘纪念文集[M]. 南京:南京大学出版社,1988.

[38] 傅懋勣,周定一,张寿康,等. 罗常培纪念论文集[M]. 北京:商务印书馆,1984.

[39] 张志公. 传统语文教育教材论:暨蒙学书目和书影[M]. 上海:上海教育出版社,1992.

[40] 沈昌文. 师承集[M]. 北京:海豚出版社,2015.

[41] 吕叔湘. 吕叔湘论语文教学[M]. 济南:山东教育出版社,1987.

[42] 吕叔湘. 吕叔湘论语文教育[M]. 郑州:河南教育出版社,1995.

[43] 吕叔湘. 吕叔湘语文教育论集[M]. 北京:人民教育出版社,2021.

[44] 王晨. 重读吕叔湘·走进新课标:什么是语文[M]. 武汉:湖北教育出版社,2004.

[45] 吕叔湘. 书太多了[M]. 北京:东方出版社,2009.

[46] 陈孝全. 朱自清传[M]. 北京:北京十月文艺出版社,1991.

[47] 蔡忠平. 朱自清[M]. 北京:语文出版社,2021.

[48] 商金林. 叶圣陶传论[M]. 合肥:安徽教育出版社,1995.

[49] 徐林祥,马磊. 叶圣陶[M]. 北京:语文出版社,2021.

[50] 吕霞. 在抗战中度过的童年[J]. 读库,2017(1705):309-345.

[51] 钱穆. 八十忆双亲·师友杂忆[M]. 北京:生活·读书·新知三联书店,1998.

[52] 杨绛. 杨绛散文[M]. 北京:人民文学出版社,2023.

[53] 陈敏之,顾南九. 顾准日记[M]. 北京:中国青年出版社,2002.

[54] 钱伟长. 在苏州中学求学的日子[N]. 光明日报,2007-11-23.

[55] 75 年前的今天，日本投降矣！成都人当时是这样庆祝的[EB/OL]. (2020-08-15) [2024-11-11] https://weibo.com/ttarticle/p/show?id=2309354538166664101942

[56] 陈炳迢. 评《中国大百科全书·语言文字》[J]. 辞书研究. 1990(5):114-121,78.

[57] 李振荣. 作为编辑家的吕叔湘和周振甫[J]. 中国出版史研究. 2019(3).

[58] 谭楷. 华西坝上大师云集的岁月（一）[N]. 华西都市报,2009-07-03.

[59] 张石城. 抗战时期金陵大学生活追忆[N]. 南京大学报,2013-09-11.

[60] 张伯江. 吕叔湘:语言研究中的破与立[N]. 光明日报,2019-06-10(11).

[61] 杜翔. 现代汉语词典:一本书的"甲子往事"[N]. 经济日报,2019-01-14.

[62] 陈大庆. 吕叔湘的编辑出版生涯[J]. 编辑学刊. 1994(4):22-27,7.

[63] 王菊泉. 汉外对比大有可为:纪念吕叔湘先生《通过对比研究语法》发表 40 周年[J]. 外语与外语教学. 2017(5):9-17.

[64] 杨宪益. 杨宪益自传[M]. 北京:人民日报出版社,2010.

[65] 李宇明. 重读罗常培、吕叔湘《现代汉语规范问题》:纪念罗常培先生诞辰 120 周年[EB/OL]. (2019-08-10)[2024-11-11]. https://www.sohu.com/a /332771833_312708

[66] 朱季康. 童伯章的教育管理思想与实践研究[J]. 江苏教育研究. 2014(08A):42-46.

[67] 丁乙. 淡而有味:杨人楩与吕叔湘一生的交谊[J]. 书屋,2015(10):54-57.

[68] 王久安. 叶圣陶与开明书店[N]. 民主,2012-05-12.

[69] 曹周天. 吕叔湘与人教社[J]. 中小学教材教学,2020(5):13-15.

[70] 穆兆勇. 共和国第一部宪法起草过程中的四位顾问[J]. 党史博览,2003(9):24-25.

[71] 武衡. 中国科学院代表团首次访问苏联[J]. 科学新闻,1999(25):23-24.

[72] 齐芳. 刘半农评传[M]. 北京:中华工商联合出版社,2018.

[73] 岱峻. 风过华西坝:战时教会五大学纪[M]. 南京:江苏文艺出版社,2013.

[74] 李行健. 吕叔湘先生教我做出版工作[J]. 中国出版史研究,2019(3):172-183.

跋

萌生写一部"吕叔湘传"的念头，可以追溯到二十多年前，那是 2003 到 2004 年间的事，由博士论文选题而引发。

2003 年，我幸运地成为上海师大博士生，方向是语言学及应用语言学。博士论文选什么题目呢？导师陶本一和范开泰两位先生建议我考虑"吕叔湘语文教育思想研究"。我欣喜不已，因为这既满足语言学及应用语言学学科要求，又能照顾到我课程与教学论（语文教育方向）的学科背景和知识结构。

不久，我就为自己的"草率决定"而懊悔。尤其是在研读吕叔湘语文教育论著和搜集资料的初始阶段，感觉犹如一个不知深浅的傻小子跳进了深潭。吕叔湘语文教育思想研究方面的参考研究成果寥寥，尤其与"语文教育三老"中的叶圣陶、张志公相比。我曾经疑惑，是吕叔湘不值得研究，还是吕叔湘研究太难？

众所周知，吕叔湘的研究广泛涉及一般语言学理论、汉语语法、汉语方言、汉语史和古代汉语、汉语和外语对比、对外汉语教学、语文教学、文字改革、写作和文风、词典编纂、古籍整理等许多方面。他在这些领域中辛勤耕耘，数十年如一日，成果丰硕。同时，其著述头绪繁密，内容丰赡，语约意丰。

当时，盼望有一本比较全面而系统的吕叔湘传，带我绕过弯路，觅得捷径，助力我多快好省地切入"正题"，早日抵达彼岸。然而，易见的只有：中国社会科学院语言研究所编"吕叔湘画传"（即《吕叔湘：纪念吕叔湘先生百年诞辰》，商务印书馆，2004），吕叔湘《致外孙吕大年》（见于《吕叔湘全集》第十九卷，辽宁教育出版社，2002），朱亮撰《吕叔湘》（小传，见于《中国现代教育家传》第八卷，湖南教育出版社，1988），以及几份生平或著作年表。这些，都偏于陈述其生平经历，且语焉不详，对吕叔湘思想形成的深层揭示还比较有限。

如此背景下，要求我"登高"并"评点"一番，形成有相当容量和质量的文字，其难度可以想见。而且，就本人学养而言，应对吕叔湘语文教育思想研究，当时也是捉襟见肘的。

当时曾萌发过知难而退的想法。不过，转念一想，换选题治标不治本。毕竟，博士学位论文的基本要求摆在那儿，提升和晋级不可能一蹴而就，爬坡过坎中的煎熬，是实现涅槃必经的痛苦和磨难，绕不过去，也省略不掉，只有正面回应。

既选之，则安之。借助迂回出入读书法，通过研读吕叔湘同时代的语文教育家生平、著作及其思想，在导师的指导和帮助下，又请益诸多前辈，如上海师大李杏保教授等，2007 年我顺利地完成了博士论文。这次的研读经历和经验，增强了我撰述吕叔湘传的信心和决心。毕竟，在既有"根据地"内深化和拓展，比舍近求远甚至另起炉灶，有基础，起点高，更经济，易收事半功倍之效。于是，我开启了积攒吕叔湘传写作素材之旅。概而言之，在下述方面持续关注和积累，细大不捐：

一是，"纸读"吕叔湘，在各类书籍中搜寻与"邂逅"与之相关的片纸只字，走近吕叔湘。

试开"名人辉煌与师友情谊"选修课，逼自己将目光专注于吕叔湘的"朋友圈"，从其与师长、亲友的交集中，"打捞"他的生活细节，置身于他的生活时空，还原他的生活轨迹，走近他的精神世界。如，从《学习·工作·经验：在北京市语言学会召开的治学经验座谈会上的讲话》《南京大学百年史》等中，思索当时大学博雅教育对其知识结构形成的积极影响。又如，从《回忆刘北茂》《逝年如水：周有光百年口述》《童伯章的教育管理思想与实践研究》《八十忆双亲·师友杂忆》等，一窥其就读之江苏省立五中的优良传统、中学时期的学习和生活样貌，挖掘其成长共性中的个性特点。再如，从《在抗战中度过的童年》《怀念凤子大哥》《吕凤子传》《唐孝威》等，走近吕叔湘的家乡、家族、家庭等较为隐秘的所在。还如，在翻阅《金庸传》时，了解到金庸祖父查文清曾任丹阳知县的史实，相关史料深化了对吕叔湘出生前的丹阳的认识；在翻阅《中关村纪事》时，了解到吕叔湘入住中关村"特楼"的前前后后，以及吕夫人程玉振担任中关村家属委员会成员等史料。

平时乱翻书，与吕叔湘有关的片纸只字，经常会蹦到眼前，这种"邂逅"，犹如开盲盒，收获惊喜，驱散疲劳。至于有目的、有意识的搜集和探寻，那更是集腋成裘、聚沙成塔所必需，并充实着我的日常阅读和生活。

一是，"走读"吕叔湘，追寻、踏勘他的"足迹"和过往生活空间，走近吕叔湘。

"纸上得来终觉浅，绝知此事要躬行。"有鉴于此，我利用各种机会，陆续"走读"了江苏丹阳、常州、南京、苏州，以及云南昆明、四川成都华西坝、北京等地方，置身于吕叔湘的出生地、求学地、工作地，等等，身临其境感受吕叔湘生活过的空间，探寻大师的精神成长轨迹，深化纸上得来的认识，走近吕叔湘的精神世界。如，2014年暑期，利用学校组织教师到成都休养之机，在华西大学校园（今属四川大学）徜徉了整个下午，希冀捡拾到吕叔湘在华西坝生活过的雪泥鸿爪。又如，2023年暑期，笔者受邀到安徽师大讲学，参观校园时"邂逅"了安徽省立五中旧址，校正了纸上得来的偏差。

再如，2023年底去北京追寻吕叔湘的"足迹"，访问人民教育出版社、中国社会科学院语言研究所、语文出版社等，下榻的沙滩后街55号，恰好是原"北大二院"理学院的原址，人民教育出版社最早的办公地，与吕叔湘1925年至1926年借读北京大学一年的生活空间——北大红楼、银闸胡同等——毗邻。这助益我从纸面走到"地面"，此次"走读"的巧合，强化了我付诸行动，开始撰写吕叔湘传的紧迫感，以及珍惜暴雪预示的祥瑞、襄助纪念吕叔湘百廿年诞辰的契机。

一是，"访读"吕叔湘，走访吕叔湘的家人、学生、部属、朋友等，通过他们的描述，走近吕叔湘。

早在二十年前，我就请教过曾是吕叔湘学生、部属的李行健先生，他审读了我的博士论文《语言学视角　科学化追求：吕叔湘语文教育思想研究》。后来我编著《中国现代著名语文教育人物·吕叔湘》时又得到他的精心指导和具体帮助。2022年在丹阳，吕叔湘中学副校长张京霞老师饱含深情地向我描述，1987年她还是中学生时，从吕叔湘手中接过吕叔湘奖学金奖状时的情景。吕叔湘中学校长朱玉海谈起他与吕叔湘家人的交往故事，不少鲜为人知。丹阳教师发展中心马俊杰、笪红梅、徐林鹏等诸位老师，给我创造了走近吕叔湘的多次机会，提供诸多帮助。在中国社科院语言研究所会议室，吕叔湘秘书和助手、中国社会科学院语言研究所所长张伯江先生侃侃而谈，讲他2004年到丹阳、苏州等地采访的细节。十多年前，我曾寄送拙著请教于吕叔湘长女吕霞教授、吕叔湘女婿唐孝威院士，2023年底又有机会登门拜访，当面聆教于吕霞教授。

以上，我不厌其详地叙述搜集材料的"努力"，是为回顾和梳理本书的资料来源及获取方式，感谢前贤时哲给予的指导、帮助和支持，包括本书参考文献的作者；同时，分享过程中的收获、幸运和充实，感恩陶本一和范开泰两位先生，致敬吕叔湘先生！

另一方面，说一说拟写提纲，寻找吕叔湘传书稿新的结构和框架的"努力"，助益读解传主的多方面成就，希冀揭示其成功的外因和内因。

首先，要突破我驾轻就熟的"吕叔湘传述"之结构框架和惯性，如"吕叔湘语文教育研究的'足迹'"（见拙著《语言学视角　科学化追求：吕叔湘语文教育思想研究》，上海书店出版社，2011），"吕叔湘传述"（见拙编著《中国现代著名语文教育人物·吕叔湘》，语文出版社，2021），都侧重于"语文教育家吕叔湘"之单一维度，且偏于学术写作。

其次，要充分反映传主94载漫长而丰富的人生，不局限于语言学家这一个侧面。即使就语言学研究而言，他涉及本体研究和应用研究两大板块，两者之下又有诸多细分，而且都取得丰硕成果。这对我是一个巨大的挑战，无论在学养和知识结构，还是在写作经验和阅读视域方面。

再次，要体现传记良好的可读性，既具体可感，又有启发。传记面向非专业人士，一般读者，既要写清楚传主学术成就的多个方面，又不能写得过细、过专，写成学术成果的罗列和介绍；还要有故事描写和过程叙述，读起来有趣，不费劲；同时，还要兼顾有所启迪，可资借鉴。

基于上述要求，我反复摸索，思考书稿主题，拟撰书稿提纲，"杂家——大家——通家"几个关键词逐渐浮出水面。

传主的"杂家"功底、经历和理念，早在二十多年前，就给我留下了深刻印象。有时候，所谓"杂家"，说的是此人没有专业本事，什么都知道一点，但什么都不精通；尤其现代科学越来越细化，这个词常含有贬义。但是，传主自称"杂家"，实为自谦，并且揭示了学习和研究的内在规律，即博学而多思，博观而约取，而且揭示了"大家""通家"成长的一般规律。

还有，"杂家"既能体现传主"中和"的语言风格，又具有大众乐于接受的弹性。我们既可以把传主所受的大学博雅教育（即通识教育）理解为"杂家"的底子，还可以把"杂家"理解为他既做高深学问，又热衷于应用和普及工作，即龙虫并雕——"杂家"功夫。这样的"杂家"，在专业主义长期盛行的时代，确实不乏"另类"之感。但正是这种习见概念的认知"突破"，并付诸实践，生动而形象地诠释了传主成长、成才、成功的特点，同时回答了优秀人才甚至杰出人才培养的基本路径。在倡导教育、科技、人才三位一体发展的当下，以及在倡导教育家精神的宏观环境中，"杂家"无疑可以作为通向"大家"（知识结构丰富，多方面成就卓著）乃至"通家"（融会贯通多方面并有成就，步入大师层级）的重要观测点。

此外，传主的这一个案，还形象地回应了"钱学森之问"（为什么我们的学校总是培养不出杰出的科技创新人才），引发我们思考：我们推行专业主义时间较长，用力太猛，惯性较大，并伴随着工业化进程，大有愈演愈烈之势。现在是不是需要一些调和，寻求一些平衡？这是时代的要求，也是读者的关切。同时，必须清醒：我们呼唤大师多多益善，但是大师的数量肯定是少的，不可能多，而且其出现依赖于内因和外因的有机融合，而内因和外因还需要细分，并依赖于诸多要素的汇聚和共同作用。急不得，要有耐心。

于是"杂家——大家——通家"的思路就这样不断清晰，最终成了本书的行文起点，以及书稿的内在逻辑。本书以时间为经，以大事件为纬，以传主生平为线索，侧重叙写传主思想形成和发展过程，即传主"杂家——大家——通家"的成长过程和思想发展轨迹。

上述报告，是本书撰著时的设想和努力，是否实现了、实现了多少，我没有十分把握，心存忐忑。一方面撰写时间仓促，另一方面我自己学养和能力方面有欠缺，纰漏、错误，势所难免，恳请读者和方家匡正，以便有机会修订时优化、完善。赐教函件，请径寄上海市徐汇区中山西路 2271 号（200235），或请语文出版社（北京市东城区朝阳门内南小街 51 号，100010）收转。

初稿甫一完成，上海交通大学人文学院郭曙纶教授通读了全稿，尤其是涉及吕氏语言学研究和著述的内容，提出了十分具体而中肯的修改建议。书稿成型后，我分别寄送给吕霞教授、李行健教授、张伯江所长审读。吕霞教授给予了充分肯定，家属提供了若干照片供选用。李行健教授还寄来相关资料供完善书稿时参考。张伯江教授在褒奖书稿的同时提出了章节题目的优化建议。这些都在本书中有所呈现，谨致谢忱！

感谢中国社会科学院语言研究所张伯江所长在百忙中拨冗为本书赐序。

感谢浙江大学古典文献学专业（中国书画篆刻史学研究方向）博士、浙江艺术职业学院民间文艺研究中心主任史长虹教授在装帧设计中给予的支持。

衷心感谢语文出版社于春迟社长及团队在本书立项、成书、出版和发行等诸多环节给予的鼎力支持和辛勤付出。本书立项的情景至今仍历历在目：2023 年 12 月 15 日，在语文出版社会议室，社长于春迟、副总编辑郑伟钟、主任唐飞等会见江苏丹阳"追寻教育家吕叔湘足迹"寻访调研团。作为寻访调研团成员，我汇报了有意撰述吕叔湘传，纪念吕叔湘先生120周年诞辰的设想，于社长当即拍板语文出版社立项。初稿完成后，于社长即调集精兵强将审读、编校书稿。唐飞主任统筹审校的各个环节和进度。责编黄复雄编辑反复核对史料，斟酌遣词造句，核校引文出处，认真打磨书稿，堪称精益求精。本书简洁、朴素、大气的装帧，足可见徐晓森编辑设计之用心。还有，出版环节中诸多工作人员都为本书的精美呈现贡献了智慧。

在编校、装帧过程中，西安美术学院的李迎新先生、上海商学院的王婷、高安慧老师帮助通读了书稿，在核实引文、订正错讹方面做了诸多工作。吕叔湘中学朱玉海校长提供了校史资料，校读了书稿的相关章节。吕叔湘中学张京霞副校长、丹阳教育家思想研究中心笪红梅女士，在核校史实、提供照片等方面给予了无私帮助。江苏省丹阳市经济发展局王亦飞先生提供了权威的丹阳史料。上海教育出版社刘美文女士提供相关照片。北京外国语大学英语学院李期铿教授核校了部分英文人名、书名。感谢你们的大力支持和无私帮助！

感恩上海商学院为我提供写作和研究的优良平台。长期以来，上海商学院的领导和同事们，给予我持续的支持、关心和帮助。在本书撰写过程中，上海商学院图书馆的老师们在借阅和查找资料方面给予了多方面的支持，上海商学院图书馆文献资源服务群的老师们及时地提供文献检索服务。在此一并致谢！

方有林
2024年（甲辰年）仲冬于上海